國家社科基金重大委托項目“《子海》整理與研究”成果

山東省社科規劃重大委托項目成果

子海精華編

主編　王承略　副主編　聶濟冬

新刊履齋示兒編

（宋）孫奕　撰　　唐子恒　點校

鳳凰出版社

圖書在版編目（CIP）數據

新刊履齋示兒編 / (南宋) 孫奕撰 ; 唐子恒點校.
-- 南京 : 鳳凰出版社, 2017.10
(子海精華編 / 王承略主編)
ISBN 978-7-5506-2667-6

Ⅰ. ①新… Ⅱ. ①孫… ②唐… Ⅲ. ①筆記－作品集－中國－南宋 Ⅳ. ①K245.066

中國版本圖書館CIP數據核字(2017)第245834號

書　　名	新刊履齋示兒編
著　　者	(南宋)孫奕 撰　唐子恒 點校
責任編輯	林日波
出版發行	鳳凰出版社(原江蘇古籍出版社) 發行部電話025-83223462
出版社地址	南京市中央路165號,郵編:210009
出版社網址	http://www.fhcbs.com
照　　排	江蘇鳳凰製版有限公司
印　　刷	南通印刷總廠有限公司 南通市通州經濟開發區朝霞路180號,郵編:226300
開　　本	890×1240毫米 1/32
印　　張	11.25
字　　數	234千字
版　　次	2017年10月第1版　2017年10月第1次印刷
標準書號	ISBN 978-7-5506-2667-6
定　　價	75.00圓 (本書凡印裝錯誤可向承印廠調换,電話:0513-80237871)

國家社科基金重大委託項目“《子海》整理與研究”成果之一

《子海精華編》

工作委員會

主　　任：樊麗明　孫守剛

副 主 任：李建軍　胡金焱　張建康　周　斌

委　　員(按姓氏筆畫排列)：

王　飛　王君松　王學典　方　輝　巴金文　邢占軍

杜　福　李平生　李劍峰　佘江濤　孫鳳收　陳宏偉

劉丕平　劉洪渭

編纂委員會

學術顧問：安平秋　周勛初　葉國良　林慶彰　池田知久

總 編 纂：鄭傑文(首席專家)　王培源

副總編纂：王承略　劉心明

委　　員(按姓氏筆畫排列)：

王　瑋　王　震　王小婷　王國良　李　梅　李士彪

李玉清　何　永　宋開玉　苗　菁　林日波　郝潤華

姜　濤　姜小青　馬慶洲　秦躍宇　高海安　陳元峰

黄懷信　張　兵　張曉生　單承彬　蔡先金　漆永祥

鄧駿捷　蘭　翠　竇秀豔

審稿專家：周立昇　鄭慶篤　王洲明　吴慶峰　林開甲　張崇琛

唐子恒　徐有富　晁岳佩

執行主編：王承略　聶濟冬

執行編纂(按姓氏筆畫排列):

王成厚　王　娜　尹思琦　曲娟娟　李　兵　宋恩來

苗　露　柏　雲　柳湘瑜　張雨霏　賈　兵　蘇運蕾

編　　務:張　櫻　劉　端　孫紅苑　沈　虎

本書審稿專家:林開甲

《子海精華編》出版説明

"子海",即"子書淵海"的簡稱。"《子海》整理與研究"課題係國家社科基金重大委托項目、山東省社科規劃重大委托項目。該課題分《珍本編》、《精華編》、《研究編》、《翻譯編》四個版塊,力圖把子部珍稀文獻、精華文獻進行深層次的整理、研究和譯介,挖掘子部文獻的價值,促進子學研究的發展。

山東大學向來以文史見長。古籍整理與子學研究,是其中的傳統研究方向。"《子海》整理與研究",是在山東大學前輩學者高亨先生積30年之力陸續做成的《先秦諸子研究文獻目録》的基础上,由已故著名古籍整理與研究專家董治安先生參與策劃、設計的大型綜合研究課題。課題立項後,得到了中宣部、教育部、財政部、山東省政府和山東大學的大力支持,學界同仁踴躍參與。《精華編》的整理研究團隊近200人,來自海内外48所高校和研究機構。在組織管理上,《精華編》努力探索傳統文化研究協同創新的新體制、新機制,現已呈現出活力和實效。

華夏文明是由多元文化構築而成的。中國古代子部典籍,以歷代士人個性化作品的形式,系統性地展示了華夏民族的世界觀和方法論,立體性地反映了中華民族對世界文明發展的貢獻。其中,無論是宏篇大論,還是叢殘小語,都激蕩著歷史的聲音,閃爍著智慧的光芒,構成中國古代思想、藝術、科技和生活方式的主體内容。《精華編》通過對子部最优秀的典籍的整理,一方面擷英取粹,爲華夏文明的傳播提供可靠的資源和文本;另一方面以古鑒今,爲當下社會的發展提供智力支持和精神支撑。并希望進而梳理中華傳統文化的多元結構,繼承中華優秀傳統文化的一貫文脈。

根據漢代以後子學發展和子部典籍的實際情況,參照官私目録的分類與著録,《精華編》選取先秦諸子、儒學、兵家、法家、農家、醫家、曆算、術數、藝術、雜家、小説家、譜録、釋道、類書等十四個類目的要籍幾百種,編爲目録,作爲整理的依據,而在成果展現上則不出現具體的類目。爲統一體例,便於工作,《精華編》編有詳細的《整理細則》,并有簡明的《整理要則》,供整理者遵循使用。

《精華編》整理原則是,對每種子書的整理,突出學術性、資料性和創新性,力求吸納已有的整理成果,推出更具參考價值、更方便閱讀的整理文本。所採用的整理方式,大體有三種:一、部頭較大且前人未曾整理者,採用標點、校勘的方式整理;二、前人曾經標點、校勘者,或採用抽换更好或别具學術特色底本的方式整理,或採用集校、集注的方式整理,或採用校箋、疏證的方式整理,或綜合使用以上方式;三、前人已有較好的注本者,則採用集注、彙評、補正等方式整理。

《精華編》採用五次校審、遞進推動的管理程式,即:一、初校全稿。子海編纂中心組織碩、博研究生,修改文稿錯别字,規範異體字,調整格式,發現并標明校點中的不妥之處。二、初審文稿。子海編纂中心的編纂人員根據情況,解決初校時發現的問題,并判斷書稿的整體質量。三、匿名評審。

聘請資深教授通審全稿，全面進行學術把關，消滅硬傷，寫出審稿意見。四、修改文稿。子海編纂中心及時把專家審稿意見反饋給整理者。整理者根據審稿意見修改，做出新文稿。五、終審文稿。待新文稿返回子海編纂中心後，總編纂作最後的學術質量把關。五步程序完成後，將文稿交付出版社。

五次校審的目的是爲了保證學術質量，提高整理水平，減少錯訛硬傷。但校書如掃塵埃落葉，隨掃隨有，《精華編》雖經多道程序嚴加把關，仍難免有錯，懇請方家不吝指教。子海編纂中心將及時總結經驗，吸取教訓，把工作做得更好，以實現課題設計的初衷。

目　録

整理説明

《新刊履齋示兒編》二十三卷，南宋孫奕撰。

孫奕，字季昭，號履齋，廬陵（今江西吉安）人，生卒年及歷官已不可詳考。日本人近藤元粹所編《螢雪齋叢書》中有孫奕撰《履齋詩説》一卷，四十四條，係自《履齋示兒編》卷九、卷十中輯録論詩之語而成。此外，《宋史·藝文志一》著録有"孫季昭《決疑賦》二卷"。

據《示兒編》卷八"作文法"條、卷十"周益公評詩"條所載，孫奕與謝諤（1121—1194）、周必大（1126—1204）有交往，爲同時人，應當於宋孝宗、光宗、寧宗時在世。另，清周中孚《鄭堂讀書記》卷五十六中曾提到孫奕"寧宗時嘗官侍從"。

《示兒編》卷首孫奕《叙》有云：

余之少也，猶不如人，今老矣，所望者惟子與孫。然懶惰無匹，聞學褊隘，上不能進之於聖賢之域，下不能引之於利禄之塗，則以平生之末学者示之，是亦使之知學之意也。苟籯無金，教無經，一再世不爲君子之歸，可不懼哉？於是攷評經传，漁獵訓詁，以立總説、經説、文説、詩説、正誤、雜記、字説,凡七條,大抵論焉而不盡,盡焉而不确,非敢以污當代英明之眼,姑以示之子孫耳,故名曰“示兒編”。使後世賢,廣吾意;不賢,毋謂不汝誨也。吾子其懋戒之哉!開禧元祀九月上潘廬陵孫奕書。

可見,《示兒編》成書於寧宗開禧元年(1205),是孫奕爲教育子孫而撰寫的一部書稿。

該書除自序外,有“總説”一卷、“經説”五卷、“文説”、“詩説”共四卷、“正誤”三卷、“雜記”四卷、“字説”六卷。從各部分的標題即可看出,全書涉及面很寬,大凡平日讀書所見所思,有感即發,各部分下隨文立目,分爲若干條,或長或短,内容廣泛而龐雜。總體看來,大致可分如下方面:

一、對經史典籍中某些語句含義的闡釋。例如卷二“九官相遜不相遜”條、卷三“六官”條、卷六“断章取義”條等。

二、對經史典籍篇章體例的看法。例如卷一“經傳引古”條、卷七“史体因革”條等。

三、結合古籍闡發古代典章制度。例如卷一“校庠序皆在鄉”條、卷三“園廛二十而一”條、卷十七“郡国因革”條等。

四、考證史實,對典籍中記載的史事提出不同看法,或指出古籍記録史事的矛盾。例如卷五“南子”條、卷八“史異文”條、“經史異”條等。

五、指出古籍篇章、詩文的風格,寫作手法上的某些特點或行文的瑕疵。例如卷一“倒文”條、卷三“章句对耦”條、卷八“破題道盡”條、“作文法”條等。

六、對古書文字進行校勘。例如卷二“衍字誤字”條，卷三“脱字”條，卷十“錦宫城”、“韻書脱字”條等。

七、關於古書句讀標點方面的内容。例如卷三“東門之楊”條，卷四“子之哭也壹”條、“聖人之葬人与”條，卷十二“句讀”條等。

八、有關古書文字、音韻、訓詁及字詞使用方面的内容。例如卷一“字訓辯”條、“曾字”條，卷六“少艾”條，卷十八“畫譌”條、“聲譌”條，卷十九“字異而義同”條，卷二十一、卷二十二、卷二十三“集字”各條等。

九、其他知識的介紹或闡述。例如卷一“五行先後不同”條，卷三“黄鳥”條，卷十四“地名異”、“地名同”、“年號同”、“姓名同”諸條等。

縱觀全書，可以發現其中不乏精到之處。例如卷四“死曰嬪”條，以《禮記·月令》、《尚書·堯典》、《詩經·大雅·大明》、《周禮·天官·太宰》、《周禮·天官·内宰》、《左傳·昭公三年》、《爾雅·釋親·釋婚姻》等典籍有關内容説明《禮記·曲礼下》中“生曰妻，死曰嬪”的説法不符合事實。

卷九“聲畫押韻貴乎審”條反映出當時流行許多簡字、俗字的事實，卷二十一“集字”條收集了許慎《説文解字》所引經書用字與今本不同的例子，這些都可以給後來的研究者提供一些資料。總之，正如《四庫全書總目·子部·雜家類五·示兒編》所説：“其中字音、字訓，辨别異同，可資考證者居多。”

《示兒編》亦論及古書校勘、句讀問題。例如，今本《禮記·檀弓下》:"有子與子游立,見孺子慕者,有子謂子游曰:'予壹不知夫喪之踴也,予欲去之久矣。情在於斯,其是也夫?'子游曰:'禮有微情者,有以故興物者,有直情而徑行者,戎狄之道也,禮道則不然。人喜則斯陶,陶斯詠,詠斯猶,猶斯舞,舞斯慍,慍斯戚,戚斯歎,歎斯辟,辟斯踴矣。"《示兒編》卷四"舞斯下脱六字"條指出:

> "舞斯"下脱"蹈矣人悲則斯"六字,當作"人喜則斯陶,陶斯咏,咏斯尤,尤斯舞,舞斯蹈矣;人悲則斯愠,愠斯戚,戚斯歎,歎斯辟,辟斯踊矣"。盖自喜而至蹈凡六变,自悲而至踊亦六变,所謂"孺子慕"者乃在於此,豈有喜与悲之情混者乎?

其分析合情合理。

《示兒編》論詩文創作亦有獨到之處。孫奕推崇杜甫詩,以之爲範例,論詩基本上不涉及詩之思想内容,主要從用字、造句、屬對、修辭等方面對表達技巧加以總結。

例如卷十"出奇"條分析了杜詩中因一字用得好而收到顯著藝術效果的情況,如《漫興九首》之四"二月已破三月來"中的"破",《曲江二首》之一"一片花飛減却春"中的"減",等等。还有"倒用一字,尤見工夫"者,如《草堂即事》之"蜀酒禁愁得,無錢何処賒",《秋巺》之"紅稻啄餘鸚鵡粒,碧梧棲老鳳凰枝"等句。

卷十"練字"條分析杜詩練字之工巧,舉例有《春日江村》

之“過懶從衣結,頻遊任履穿”等句首字;《北風》之“爽携卑湿地,声拔洞庭湖”等句第二字;《復愁》之“野鶻翻窺草,村船逆上溪”等句第三字,《寫懷》之“無貴賤不悲,無富貧亦足”等句尾字,以及《孟冬》之“破柑霜落爪,嘗稻雪翻匙”等句全句。

對於詩歌中的對仗,作者也多所關注。卷九“假對”、卷十“屬對不拘”諸條均以杜詩爲例,指出:“詩律有借對法,苟下字工巧,賢於正格也”;“先生詞源衮衮,不擇地而出,無可無不可,何拘拘譾譾所可議”。卷九“偏枯對”條則列舉杜詩中“以一草木對二草木”、“以一鳥獸對二鳥獸”等所謂“偏枯”的例子,認爲是一種瑕疵。

孫奕對科考詩文的做法給予了一定的關注,如卷八“破題道盡”、“賦湏韻韻意全”、“賦貴巧於使事”、“賦以一字見工夫”、卷九“聲畫押韻貴乎審”、“雙音字貴詳審”、卷十“省題詩更湏留意”等條均與此有關。除文章做法外,孫奕還對以往文章體例、立意、謀篇布局、語言表達等進行點評。如卷七“史重複”、“文重複”、“祖述文意”等條即是如此。

《示兒編》引書十分豐富,其中有些歷代目録罕見著録,其他典籍也很少提及者,或書已亡佚,其他著作又較少引用者,爲今天研究古代文獻提供了許多頗有價值的綫索。

《示兒編》卷十八“聲譌”、卷二十“字同而音異”、卷二十二“集字二”、卷二十三“集字三”等條對歷代典籍中某些字的音讀問題發表了自己的見解,爲後人研究宋代語音保存了許多有參考價值的資料。

《示兒編》中也有不少失之拘泥或值得商榷之處。《四庫全書總目提要》指出該書缺陷説：

其書雜引衆説，往往曼衍，又徵據既繁，時有筆誤。如"經説"類中以《廣雅》、《博雅》竝言，而皆云張揖作，"詩説"類中以杜甫襲用白居易詩，"雜記"類中謂唐太宗納巢剌王妃为妻嫂，"字説"類中謂《詩》有陳佗，案：陳佗之名見於《詩序》，奕以爲《詩》則非。皆失於考訂。以至"荆舒是懲"句，"經説"類中反覆論僖公無此事，故孟子歸之周公，"正誤"類中又謂僖公之事，孟子誤以爲周公。王安石《字説》"霸"字條下，稱其學務穿鑿無定論。"藝苑雌黄"一條，又稱"熙、豐間定有成書，是正舛謬，學者不能深考，類以穿鑿嗤之"，亦間或自相矛盾。"文説"類中契丹空紙祭文一事，尤委巷不根之談。其"經説"類中於"竊比老彭"訓"彭"爲"旁"，於"黽勉從事"訓"黽"爲"蛙"，王士禎《古夫于亭雜録》深取之，實亦附會之論。

《示兒編》對一些具體字詞、語句的解釋存在瑕疵。例如：

"黽勉"、"欝陶"、"猶豫"等均爲連綿字，而卷三"黽勉"條、卷六"欝陶"條則把這樣的詞分開解釋，不可據信。

又如，"景行"一詞出於《詩經・小雅・車舝》"高山仰止，景行行止"。"行"讀如"形"，"景行"義爲"高尚之德行"。一説："景行，大道也。"後世典籍對這兩條意義都有使用。後來，由於《車舝》詩句，使"景行"一詞産生了仰慕義，還産生了

“景仰”一詞，而且“景”也有了仰慕義。這些都是由於出典以及詞語在輾轉使用中因組合關係的作用使詞義發展演變的結果。而《示兒編》卷六“景行”條的論述則過於拘泥，且對“景”的景仰義視而不見。還有，卷二十二“字説”部分“集字二”條，作者所攻擊的“俗書”多是古今字孳乳的結果。這些内容都説明作者還不能客觀公正地看待詞義、漢字的發展變化。

卷七“擬聖作經”條則指責《小爾雅》、《廣雅》爲擬《爾雅》之作，是“其僭之尤者”。卷七“史体因革”條則對司馬遷《史記》中關於項羽、陳勝、吴廣的處理方式表達了不同意見，認爲“司馬迁躋項羽於紀，與帝王並，則失史体”；“諸侯稍卑，當别於天子，故稱世家，然陳勝、吴廣起自群盜”，不當列入世家。這些都説明季昭作爲宋儒，其歷史局限性是很明顯的。

在古書斷句、篇章修辭方面，《示兒編》也有些值得商榷之處。卷四“子之哭也壹”條的斷句不合情理，恐難令人信服。卷七“史重複”條説“小白”、“桓公”重複，“承舛襲謬”條批評“絲竹”、“管絃”重複，是不諳作詩行文的語句節奏及駢文對仗之道。卷十三“赦書弱水”條指責“赦書一日行萬里”爲“無乃太遠乎”，又指責“弱水三萬里”爲“無乃太近乎”，這説明作者不懂誇張。

總之，作爲衆多宋代筆記中的一種，《示兒編》所論涉及面很廣，“辯經傳之同異，核文辞之是非；詩之評，字之正，人物之綺談，奇聞奥旨，靡所不載”（學禮堂本《新刊履齋示兒編》胡楷題誌），内容豐富但也失於蕪雜。書中不乏獨特新奇的見解，也時見值得商榷之處。

《示兒編》原有宋刻本，今已不存。現在可見的版本，根據前人的總結，主要有如下數種：

一、元劉氏學禮堂刻本。爲現存最早的版本，題爲“新刊履齋示兒編”，二十三卷。前有孫奕開禧元祀（1205）自序，目録後有胡楷宋嘉定癸未（十六年，1223）所作題誌。《北京圖書館古籍珍本叢刊》、《中華再造善本》均據此本影印。

二、明萬曆年間潘膺祉如韋館刻本。係據明焦竑所藏抄本刻印，題爲《履齋示兒編》，二十三卷。前有孫奕自序，下有“新安如韋館藏版”七字，又有李維楨、潘膺祉萬曆丁巳（四十五年，1617）題辭。

三、明雪晴齋抄本。題爲《履齋示兒編》，二十三卷。清彭元瑞校勘並作跋文。

四、文淵閣《四庫全書》本。題爲《示兒編》，二十三卷。

五、鮑廷博《知不足齋叢書》本。題爲《履齋示兒編》，二十三卷。此本係以明潘膺祉如韋館刻本爲底本整理刻印，經盧文弨、孫志祖、徐鯤、錢馥、顧廣圻等校勘整理。目録前有潘膺祉《舊刻示兒編題辭》，繼有貝墉嘉慶庚午（十五年，1810）《重刻履齋示兒編序》及孫奕自序。書末附録依次爲：元刻本胡楷題誌、顧廣圻《履齋示兒編辛未年重校補》、鮑廷博附識、顧廣圻《示兒編覆校宋本條録》、鮑廷博嘉慶十五年跋等。

此外，中華書局 2014 年出版了復旦大學侯體健副教授的點校本。

本次整理，以《北京圖書館古籍珍本叢刊》影印之元劉氏學禮堂刻本爲底本，校以文淵閣四庫全書本（簡稱“四庫本”）與鮑廷博《知不足齋叢書》本（簡稱“知不足齋本”）。

學禮堂本多用簡字、俗字，如“禮”作“礼”，“亂”作“乱”，“盡”作“尽”，“獻”作“献”，“劉”作“刘”，“書”作“书”，“繼”作“継”、“继”，“備”作“俻”，“驢”作“馿”，“辭”作“辞”、“辤”、“辞”，“與”作“与”、“与”，“體”作“体”、“躰”，“齊”作“斉”，“面”作“靣”，“學”作“李”，“凡”作“九”，“職”作“耺”，“舉”作“李”，“既”作“旡”，“讀”作“読”，“關”作“関”，“聖”作“圣”，“多”作“夛”，“覺”作“竟”，“齋”作“乣”，“率”作“卛”，“舞”作“舞”，“貌”作“皃”，“畫”作“畵”，“國”作“国”，“置”作“直”，“興”作“兴”，“樂”作“楽”，“廟”作“庿”，“餘”作“余”，“沿”作“沿”，等等。對此，這次整理儘量保持原樣，以求爲感興趣的讀者和有關學者了解元代簡字、俗字流行情況保存一點面貌。

本書的整理主要做了如下工作：

一、標點全書。此次整理運用現代標點符號對全書做了標點。

二、校改誤字。如上所述，底本中所用之簡字、俗字及其他與校本不同之異體字基本保持原樣且不出校，但學禮堂本存在一些誤字，例如卷一“倒文”條“稷黍”誤作“殺黍”，卷十五“人物異名”條注文“明皇”誤作“曰星”等，則據校本改正並出校。引用他書之錯字亦或根據所引之書改正并出校。另外，底本原有缺頁，如卷一缺“惟唯維字”、“有亡字”、“不字”諸條等共677字，卷七“史同文”條下缺390字等，均據校本補足。

三、訂正訛誤。底本引書時有訛誤。例如卷一“字訓辯”條“格，至也，正也，止也”下云“《詩》曰‘祖考來格’”，而“祖考來格”見於《尚書》而非《詩經》。卷四“行李”條云“《僖公七年》曰‘行李之役，共其乏困’”，而《左傳·僖公七年》無此語，《左傳·僖公三十年》有“行李之往來，共其乏困”之句，等等。對此，本次整理一一指出，加以訂正。

在整理過程中，對《知不足齋叢書》本盧文弨、孫志祖、徐鯤、錢馥、顧廣圻諸家的按語以及顧廣圻《校補》中的意見酌情採録，以供讀者參考。

叙

杜子美示宗武有詩，韓退之示兒有詩，学者至今誦之。而東坡先生一以爲聖賢事，一以爲利禄事，[①]殆若有所區别然。君子苟不能忘其子，則隨其資而示以意，使之知学則一而已。余之少也，猶不如人，今老矣，所望者惟子與孫。然懶惰無匹，聞學褊隘，上不能進之於聖賢之域，下不能引之於利禄之塗，則以平生之末学者示之，是亦使之知學之意也。苟籯無金，教無經，一再世不爲君子之歸，可不懼哉？[②] 於是攷評經傳，漁獵訓詁，目立總説、經説、文説、詩説、正誤、雜記、字説，凡七條，大抵論焉而不盡，盡焉而不确，非敢以污當代英明之眼，姑以示之子孫耳，故名曰"示兒編"。使後世賢，廣吾意；不賢，毋謂不汝誨也。吾子其懋戒之哉！開禧元祀九月上潘廬陵孫奕書。[③]

---

① 胡仔《苕溪漁隱叢話》前集卷十八引蘇軾："退之《示兒》詩云：'主婦治北堂，膳服適戚疏。恩封高平君，子孫從朝裾。開門問誰來，無非卿大夫。不知官高卑，玉帶懸金魚。'又云：'凡此座中人，十九持鈞樞。'所示皆利禄事也。至老杜則不然，其《示宗武》云：'試吟青玉案，莫羨紫香囊。應須飽經術，已似愛文章。十五男兒志，三千弟子行。曾參與游夏，達者得升堂。'所示皆聖賢事也。"

② 《三字經》："人遺子，金滿籯；我教子，惟一經。"

③ "潘"，疑爲"浣"字之誤，知不足齋本、四庫本並作"浣"。

題誌

《示兒》一編，孫先生之惠後學者渥矣。辯經傳之同異，核文辞之是非；詩之評，字之正，人物之綺談，奇聞奥旨，靡所不載。歲月弥深，散乱磨滅，學者病之。本堂重加訂正，以壽諸梓。篤意義方者毋惜家置一通。癸未月正元日晚學廬陵胡楷子式誌。

卷之一

廬陵鄉先生孫奕季昭撰

總説

經傳引古

經傳之文，雖出古聖賢之手，然旁舉遠引，亦必有所從始。① 古今皆知《文言》爲孔子之所作。以《左氏・襄公九年》攷之，穆姜之薨，筮之遇《艮》之八。史曰："是謂《艮》之隨。"姜曰："亡。是於《周易》曰：'隨，元、亨、利、貞，無咎。元，体之長也；亨，嘉之會也；利，義之和也；貞，事之幹也。体仁足以長人，②嘉德足以合礼，利物足以和義，貞固足以幹事。'然故不可誣也，是以雖隨無咎。"案穆姜之筮後十四年而聖人生，实魯襄公之二十二年也。又夫子年六十有三乃始繫《周易》，以此言解《乾》卦，故謂之《文言》云。

---

① "所從始"下，四庫本有"如書引人亦有言論語引周任有言之類"十六字。按，《尚書・盤庚上》："遲任有言曰：'人惟求舊，器非求舊，惟新。'"又《牧誓》："古人有言曰：'牝雞無晨，牝雞之晨，惟家之索。'"《論語・季氏》："周任有言曰：'陳力就列，不能者止。'"

② "体仁"上，四庫本有"君子"二字。按，今本《左傳・襄公九年》"體仁足以長人"上無"君子"二字。

昭公十二年，楚靈王聞子革誦《祈招》之詩，而感其不能自克。仲尼曰："古也有志，克己復礼，仁也。信善哉！"及其荅顔淵之問，而曰："克己復礼爲仁。"則是援古志以告之也。

《孟子》論"國家間暇明政刑"一章并荅滕文公以太王去邠事，人皆知其爲孟子之言。及稽諸《家語》，"孔子謂子路曰：'君子而强氣，則不得其死；小人而强氣，則刑戮荐臻。'《豳詩》曰：'殆天之未陰雨，徹彼桑土，綢繆牖户。今汝下民，或敢侮余。'孔子曰：'能治國家之如此，雖欲侮之，豈可得乎？周自后稷，積行累功，以有爵土，公劉重之以仁，及至太王亶父，崇以德遜，其立根置本，備豫遠矣。'初，太王都豳，狄人侵之。事之以皮幣，不得免焉；事之以珠玉，不得免焉。於是屬耆老而告曰：'狄人之所欲，吾土地也。吾聞之，君子不以所養而害人。二三子何患乎無君？'遂獨與大姜去之，踰梁山，邑于岐山之下。豳人曰：'仁人之君不可失也。'從之如歸市焉。'天之與周，民之去殷久矣，若此而不能天下，①未之有也，武庚惡能侮！'《邶詩》曰：'執轡如組，兩驂如儛。'孔子曰：'爲此詩者，其知政乎。'"此夫子訓子路之辭也。孟子一則援以證政刑之説，一則援以證小事大之問，良由此始。

若夫唐明皇序《孝經》，而謂"子曰：吾志在《春秋》，行在《孝經》"，蓋得之於何休序《公羊傳》之文，而何休又得之於《鉤命決》文也。

後漢趙岐序《孟子》，而謂仲尼有云"我欲託之空言，不如載之行事之深切著明也"，蓋取之於《太史公自叙》之語，而太史公又取之於《春秋繁露》也。

---

① "不能天下"，四庫本作"不王天下"。

經解引《易》曰“差若毫釐，繆以千里”，乃出《易緯》之文也。王充《論衡》注詳見毫厘解。

六經主於王

《易》始乎皇而成乎王，《書》作乎帝而繼乎王，《詩》始乎諸侯而終乎王，礼樂制作乎王而《春秋》一乎尊王也。

六經無真字

六經之中無“真”字。非無“真”字也，夫人而不僞也。是故“仙”之一字，聖經所不著，聖人所不言，以至於“佛”若“僧”若“禪”，聖人尤不筆之於書，盖其衛道之嚴也。故佛之敢入中國者，乃在於經籍焚滅之久，礼義衰微之末，二百餘年而後始至也。則六經之有功於人也大矣。

天帝

高而覆物者天也，尊而宰物者帝也，健而不息者乾也，故以形体謂之天，以主宰謂之帝，以運動謂之乾。

后皇烝辟

后，継也，謂継治之君也。皇，大也，謂圖大之君也。烝，衆也，謂御衆之君也。辟，法也，謂立法之君也。君，臨也，謂臨涖天下之君也。主，宰也，謂宰制天下之君也。

皇帝王通稱

皇可以謂之帝,《月令》云“其帝大皞”是也;亦可以謂之王,《礼運》云“昔者先王未有宫室”是也。帝可以謂之皇,《吕刑》云“皇帝清問下民”是也;亦可以謂之王,《大禹謨》云“四夷來王”是也。王可以謂之皇,《文王有聲》云“皇王烝哉”是也;亦可以謂之帝,《歸妹》云“帝乙歸妹”是也。

歲祀年載通稱

《伊訓》“惟元祀”,陸氏《釋文》曰“年也”,又引《尔雅》言:“夏曰歲,商曰祀,周曰年,唐、虞曰載。”則是帝王各有定名也。案《堯典》曰“以閏月定四時,成歲”,《舜典》曰“歲二月東巡守”,則唐、虞不特曰“載”也。《禹貢》曰“作十有三載,乃同”,則夏不特曰“歲”也。《伊訓》曰“太甲元年”,《太甲上》曰“三年復歸于亳”,則商不特曰“祀”也。《洪範》曰“惟十有三祀”,又云“一曰歲”,《周礼》曰“大計群吏誅賞”,則必曰三歲,則周不特曰“年”也。然則四者名異而实同。何哉?蓋“載”以始一歲而終,“歲”以星一歲而周,“祀”以祭一歲而徧,“季”以禾一歲而熟:此名之所以異而實同。

校庠序皆在鄉

三代設斈,果安所在?嘗讀太史公《儒林傳》,謂:“三代之道,鄉里有教,夏曰校,殷曰序,周曰庠。”盖繇是以參諸經,《左氏》則曰“子産不毁鄉校”,是校在鄉矣。《黨正》則曰“屬民飲酒于序”，是序在鄉矣。《鄉飲酒礼》則曰“拜迎賔于庠門之外”，《内則》又曰“虞庠在国之西郊”，是庠在鄉矣。先王盛時，斈校徧于天下，故民於是時仰父俯子，左《詩》右《礼》，无非礼義之教。《斈記》云：“家有塾，黨有庠，術有序。”此又一證也。由是言之，太史公得非有所据而云。

五行先後不同

五行，一也。《大禹謨》則曰：“水、火、金、木、土、穀，惟修。”《洪範》則曰：“一水，二火，三木，四金，五土。”《月令》則曰：“春木，夏火，中央土，秋金，冬水。”其言先後不同，何也？曰：聖經之言，各有攸主。《大禹謨》之所主者，養民之政，故以五行之相尅者言之，尅下爲財故也。《洪範》之所主者，自然之数，故以五行之生数言之，夆生数則成数可知矣。《月令》之所主者，四時之令，故以五行相生之序言之。是以不同也。

問禮楽官名

或謂夫子大聖也，以生知之資，天縱之能，當无所不知，无所不聞，而猶問礼問楽問官名，有諸？曰：於傳有之。《曾子問》曰“吾聞諸老聃”，問礼也；《楽記》曰“唯丘之聞諸萇弘”，問楽也；《昭公十七年傳》曰“仲尼聞之，見於郯子而斈之”，問紀官也。曰：然則何獨於斯三者是斈？曰：五帝殊時，不相沿楽；三王異世，不相襲礼。至於官制，時異事異，沿革尤多，不耻下問，是以謂之聖也。

倒文

六經或倒其文。如《易》之“西南得朋”,“吉凶者失得之象”,類皆有之。唯《詩》爲多,如“中谷”、“中林”、“中河”、“中路”、“中原”、“中田”、“家室”、“裳衣”、“衡從”、“稷黍”、“瑟琴”、“鼓鍾”、“斯螽”、“西南”、“東南”、“下上”、“羊牛”、“樂豈”、“息偃”、“甥舅”、“孫子”、“女士”、“京周”、“家邦”、“鼐鼎”、“齊音資。明”,[①]不一而尽。《記》雖有“吾得坤乾焉”,《書》雖有“月正元日”、“或四三年”、“又北東入于海”,[②]皆有説也。盖《帰藏易》以純坤爲首,其次弟不得不然也。《書》前有“正月上日”,則後不得不以“月正元日”錯綜言之也。此不言“三四”而曰“四三”者,自多而至少,故“四”言於“三”之上也。又且水之勢北折而東,故“東”言於“北”之下也。然倒此一言,不徒其理爲長,而又且文矣。至如《祭義》云“禄爵慶賞”,《祭統》云“備外内之官”,[③]《間居》云“春秋冬夏”,《中庸》曰“設其裳衣”,[④]大率若此。

字訓辯

皇者,大也。

---

① “稷黍”,原作“穀黍”,據知不足齋本改。“西南東南”,知不足齋本顧廣圻校補(以下簡稱“顧氏校補”):“當作‘西南南東’,謂《斯干》之‘西南其户’,《信南山》之‘南東其畒’。履齋之意如《泮水》‘狄彼東南’則順文也。”

② “四三”,原作“三四”,據知不足齋本及《尚書・無逸》改。

③ “外内”,原作“内外”,據知不足齋本及《禮記・祭統》改。

④ “曰”,知不足齋本作“云”。“裳衣”,原作“衣裳”,據知不足齋本及《禮記・中庸》改。

天曰皇天，父曰皇考，母曰皇妣。

王者，大也。

大父曰王父，大母曰王母。

極，中也，正也，至也。

《書》曰“皇極”，《詩》曰“四方之極”，皆中也。《兒寬傳》“天子建中和之極”，師古曰：“極，正也。”《洪範》云“六極”者，窮也。[①]《孟子》曰“使我至於此極也”亦同。

格，至也，正也，止也。

《詩》曰“祖考來格”，[②]《書》曰“格尔舜”，皆至也，來也。《書》曰“格其非心”，《孟子》曰“格君心之非”，皆正也。《學記》云“扞格”者，止也。[③] 格，旧音户革切，或如字。

擾，乱也，馴也。

《書》曰“俶擾天紀”，亂也。《周礼》曰“以擾萬民”，馴也。

亂，亂也，治也。

《書》曰“刑暴亂”，《語》曰“亂大謀”，謂亂也。《周官》曰“亂尔有政”，《語》曰武王“有亂臣”，謂治也。古文《尚書》“治”字作“乿”，與“亂”相類，後人不識古“乿”字，訛以“亂”訓“治”耳。

錫、畀、賚，上予下也。

《書》曰“敷錫”，又曰“不畀”，《詩》曰“賚，予

---

① 底本此句專爲一條，以其同釋“極”字，今移於此。
② “祖考來格”，今《詩經》中無此語，乃出《尚書·益稷》。
③ 底本此句專爲一條，以其同釋“格”字，今移於此。

也”,皆上予下之謂也。如“師錫帝”,“納錫大龜”,此又古者下錫上亦可謂之“錫”也。

貢、獻、供,下奉上也。

《書》曰“任土作貢”,《春秋》“來獻捷”,《孟子》曰“無以供粢盛”,皆下奉上之謂也。

台、卬、朕,我也。

《書》曰“以輔台德”,《詩》曰“人涉卬否”,皆我也。古者上下皆稱“朕”。“巽朕位”,堯自稱也。“朕德罔克”,禹自稱也。秦始皇方不許臣下稱“朕”。

乃、而、若,汝也。

《書》曰“惟乃之休”,又曰“其害于而家,凶于而国”,《項籍傳》“吾與若北面懷王”,皆訓汝也。

覲,下見上也。覿,見也,非上非下也。

《周礼》“秋見曰覲”,下見上也。《語》曰“私覿”,楊子曰“覿君子者問鑄人”,無所不見也。

如,此往彼也。適,往也,非彼非此也。

《春秋》“如齊”、“如晋”,皆之彼也。董仲舒曰“道者所繇適治之路”,則無所不往也。

蕩蕩,廣大也,又放蕩也。

《語》曰“蕩蕩乎無能名焉”,《書》曰“王道蕩蕩”,皆美辞也。《詩》曰“天下蕩蕩,無綱紀文章”,又曰“蕩蕩上帝”,又非美辞也。

囂囂,自得也,又愁歎也。

《孟子》“囂囂然曰”,又曰“人知之亦囂囂”,皆自得也。《詩》曰“讒口囂囂”,又愁声也。

堇堇,少也。

《前地理志》曰："豫章出黄金，然堇堇。"師古曰："堇，讀作僅，少也。"

區區，小也。

《礼樂志》曰"河間區區小国"，《楚元王傳》曰"豈爲區區之礼哉"，謂小也。

鞅鞅，不滿也。

《高帝紀》曰"心常鞅鞅"，師古音於亮反。《韓信傳》曰"居常鞅鞅"，師古音於兩反。

拳拳，勤謹之意也。

《中庸》曰："得一善，則拳拳弗失之矣。"

匈匈，擾擾之意也。

《高帝紀》"天下匈匈"，謂喧擾也。

云云，諄諄之意也。

韓愈詩曰："諧笑方云云。"

往往，意其必然之謂也。

《仲舒傳》："王道往往而絶。"

無限之謂不訾。

《盖寬饒傳》："用不訾之軀，臨不測之險"。

無聊之謂無俚。

《栾布傳》："其畫無俚之至耳。"晉灼曰："楊雄《方言》曰：'俚，聊也。'許慎曰：'賴也。'爲其計畫無所聊賴。"

不難之謂何有。

《語》曰"從政乎何有"，《孟子》曰"於王何有"。

不幸之謂無禄。

《詩》云"念我無禄"。

以詞譏之曰刺。

“刺幽王”、“刺厉王”，皆作詩以刺之，如操刀以刺人然。

以法殺之亦曰刺。

《記》曰：“冦正刑明辟，以聽獄訟，必三刺。”《春秋》魯殺大夫曰刺，言用三刺之法。

因其可傳而继之曰襲。

楊子曰：“襲堯之爵。”

掩其不俻而取之亦曰襲。

《左・莊公二十九年》：“夏，鄭人侵許。凡師有鍾鼓曰伐，無曰侵，輕曰襲。”杜曰：“揜其不俻也。”

爾者，如此也。

《語》曰：“吾無隠乎爾。”

耳者，而已也。

《孟子》曰：“尽心焉耳矣。”

曾字

諸經除人姓及“曾孫”孔安國解《詩・信南山》，郭璞注《尔雅》，曾孫之曾並音層。① 之外，“曾”字並無音。獨《論語》“曾謂泰山不如林放乎”，音則登切；“曾是以爲孝乎”，音增。馬融曰“承順父母顔色乃爲孝也”，《正義》亦引是説，則是“曾”訓“乃”也。至於“曾由與求之問”，雖無音，孔曰“謂子問異事耳，則

① 顧氏《校補》：“‘安國’當作‘穎達’。穎達《信南山》正義云：‘曾者，重也。自曾孫以下無窮皆得稱曾孫。’是履齋所謂‘音層’者可證也。”

此二人之問，安足大乎”，又訓“則”也。《公孫丑上》“爾何曾比予於管仲”，又曰“曾比予於是”，“曾”音“增”。趙云：“何曾，猶何乃也。”丁云：“則也，乃也。”《禮部韻》亦訓“則也”，併援“曾是以爲孝乎”爲證。《檀弓上》：“喪三年，以爲極亡，則弗之忘矣。”鄭曰：“則之言曾也。”二説皆通，而“乃”字勝。嘗以類推之，《詩》曰“曾不容刀”、“曾不崇朝”、“曾是不意”、“曾莫惠我師”，《孟子》“曾不知以食牛干秦穆公之爲汙也”，《荀子·榮辱》篇“偷生淺知之属，曾此而不知也”，《楊子·問神》篇“曾范、蔡之不若”，漢周勃張相如“兩人言事曾不出口”，及近世文集中有“曾不聞”、“曾不知”之類，皆作“層”字讀，更説不通，合盡讀如“曾是以爲孝乎”之“曾”。

屑字

“屑”之一字，先儒於《書》訓“尽”，於《詩》於《孟子》訓“潔”。以今驗之，凡物之爲屑皆輕，故屑之言輕也。如《多方》“大淫圖天之命，屑有辞”，則言輕有辞説。又曰“爾乃屑播天命”，言輕播棄天命。《谷風》曰“宴爾新昏，不我屑以”，言宴安於新昏而於我舊室則不輕用。《君子偕老》曰“不屑髢也”，言婦人髪美，不輕用他人之髪爲髢。《公孫丑上》“是亦不屑就已”，“是亦不屑去已”，《告子上》“蹴爾而與之，乞人不屑也”，[1]《告子下》“予不屑之教誨也者，是亦教誨之而已矣”，

---

[1] “告子”下有缺頁。自“上蹴爾而與之”至下文“然亦庸夫難曉況禮部”止，共六百七十七字，原脱，據四庫本補。所補部分含“惟唯維字”、“有亡字”、“不字”三個條目，此三條底本原目録中均有。

宜一以“輕”釋之，非潔也。不然，《盡心下》有云“欲得不屑不潔之士而與之，是獧也”，何以既言“不屑”又言“不潔”乎？

惟唯維字

六經有“惟”、“唯”、“維”三字，或從心，或從口，或從糸，皆通作助辭，又訓“獨”，但從心者又訓“思”。《尚書》皆從心，乃盡爲助辭，如“我則末惟成德之彦”，“洪惟我幼沖人”是也。《詩》皆從糸，亦多是助辭，至如“縶之維之”則訓繫，“四方是維”、“紼纚維之”則有維持之義。止有一字從心，乃作思惟之義，曰“載謀載惟”是也。《左氏傳》亦皆以“唯”爲助語。《論語》“乃”、“惟”字亦助辭，但“唯仁者”、“唯上智”、“唯我與爾”、“唯天爲大，唯堯則之”從口，而訓獨也。《孟子》亦有此句，則作“惟”，故亦訓獨。其餘如“非惟百乘之家爲然”之類，皆訓獨也。蓋字畫不一而所訓有同異，學者當隨其文意求之。若夫《周易》之“无”字，《周禮》之“灋”字，雖畫異於他經之“無”與“法”，而音義同。

有亡字

《記》曰“凡養老，五帝憲，三王有乞言”，《内則》。鄭康成讀“有”爲“又”；《周禮》曰“量其力有三均”，《弓人》。鄭康成讀“有三”爲“又參”；《書》曰“朞三百有六旬有六日”，《堯典》。東坡讀二“有”爲“又”；《詩》曰“不日有曀”，《終風》。蘇黄門云“古有又通”，則經意甚明，如本字讀則説不通。《集韻》四十九“宥”韻中“又”二十七，而“有”字與其一，注云：“復也，通作又。”《論語》曰“有若亾”、“我獨亾”、“亾而爲有”、“今亾矣夫”、“焉能爲亾”、“不如諸夏之亾也”、“今也或是之亾也”，以上舊讀作“存亾”之“亾”者非，當讀爲“無”。唯“孔子時其亾也”、“自牖執其手曰亾之”，合如本字讀。諸子史以“亾”作“無”者甚多，未能槩舉，當隨意是正之。

不字

世俗語言及文字中，所急者惟“不”字，極關利害。韻書中如“府鳩”、“方久”二切者，施之於詩與賦，押韻無不可者。至於市井相與言，道塗相與語，官吏之指揮民庶，將帥之號令士卒，鄉校之教訓童蒙，凡出諸口而有該此字者，非以“逋骨反”者呼之，斷莫能喻。陳正敏《遯齋閒覽》云：“‘不’字本‘方鳩切’，人皆以‘逋骨反’呼之，遍檢諸韻，並無此音，竊謂舉世同詞，必有所自始，‘逋骨切’殆不可廢。”按《廣韻》“八物”韻中“不”與“弗”同，則近於‘逋骨’聲，然亦庸夫難曉。況《禮部韻》不出此音，①徒見於佛經有曰“不也世尊”，廼作“弗”聲讀，亦可一證。今以司馬公《切韻圖》考之，明舉一“杯”字以發声，曰“杯彼貝不”，②即是與“逋骨切”同音，信乎此音不可廢矣。是字也，本有四音。自陳正敏之説興，而人始疑；自温公之圖出，而音始定。第温公之圖近行於世，知音尚希，故表而出之。

---

① “禮部韻”下，四庫本有“略”字。

② “彼”，原漫漶不清，此據知不足齋本。“杯彼貝不”下，知不足齋本有盧文弨注：“《切韻圖》作‘奔本奔不’，今作‘杯彼貝’者，傳寫誤也。”

卷之二

廬陵鄉先生孫奕季昭撰

經説　易

易有象數

《易》之爲書也，潔静精微，有象焉，有數焉，不可偏廢也。夫天、地、雷、風、水、火、山、澤，爲《易》之象；木上有水曰“井”，頤中有物曰“噬嗑”，爲卦之象；《坤》之“黄裳”、《困》之“赤紱”、《剥》之“牀”、《涣》之“机”，爲爻之象：人皆知之也。五十有五爲天地之数，五十爲大衍之数，二篇之策當萬物之数，人皆知之也。然釋“鳴鶴在陰，其子和之”，則論君子之言行；釋“同人先號咷而後笑”，則論君子之出處語默。以“幾事當密”釋“不出户庭”，以“藏器待時”釋“射隼于高墉”，則人不知之也。盖夫子之於《易》又未始屑屑以象數泥者也。

乾元坤元

“乾”、“坤”獨備四德，“屯”、“隨”、“臨”、“無妄”、“革”卦間亦有之，惟六子之卦俱不以“元”稱，何哉？盖“乾”父“坤”

母也，六子者皆其所生也。父母既稱“元”，六子不復謂之“元”。是以乾元曰“大”，坤元曰“至”，“坤”且不得以擬“乾”之尊，況六子乎？

用九用六

諸卦惟“乾”爻純乎九，乃專用陽剛之道，故曰“用九”；惟“坤”爻純乎六，乃專用陰柔之道，故曰“用六”。

富以鄰不以鄰

《易》在《小畜》則曰“富以其鄰”，在《泰》與《謙》皆曰“不富以其鄰”，何邪？夫“小畜”則德之小也，“泰”、“謙”則德之大也。故左右相比謂之鄰，人君之與萬民，九重之與四海，中國之與四夷，無非鄰也。人君之所以撫萬民，綏四海，御四夷，德有餘者不假於富，德不足者非富莫行也。

六五童蒙吉

六五以柔順之才，居聖君之位。居聖君之位而猶以童蒙自處，盖以人視我則聖君也，以我自視則童蒙耳。其不自居其聖，而求師於其臣，養其正性以冀聖學之高妙，非聖益聖明益明者不能也。古之聖帝明王，有志於聖學者，初不以形迹拘，故箕子爲武王陳《洪範》，反覆以“汝”稱，周公爲成王作《洛誥》，作《立政》，終始以“孺子”呼而無嫌也。

七日來復

"七日來復"者,昔之計月,非其正歲則以日數之,即《豳詩》"一之日"、"二之日"是也。謂陰自"姤"而"遯"而"否"而"觀"而"剥"而"坤",①蓋六日耳,及陽受之而復,乃七日焉。其來也,"剥"而至"復",已歷七日,是天数之運也。

先甲先庚

《蠱》之卦曰"先甲三日,後甲三日",《巽》之卦曰"先庚三日,後庚三日"。夫"先甲三日"者,辛也;"後甲三日"者,丁也。言聖賢當事之蠱壞,必有飭蠱之道,既更新於其先,又丁寧於其後,則天下復歸於治矣,故於《蠱》言"甲"。"先庚三日"者,丁也;"後庚三日"者,癸也。言聖人當令之申行,必有發施之道,既丁寧於其先,又揆度於其後,則天下無不順矣,故於《巽》言"庚"。一説甲木主仁,以示其令之寬也;庚金主義,以示其令之嚴也。

屨校滅趾

《噬嗑》初九曰:"屨校滅趾,無咎。"蓋"噬嗑",用刑之卦也。用刑之卦,不絶於其初,其終必難制,故此卦於初爻言之,蓋慮罪小之時不爲之懲戒,則必至於大惡,故滅趾,使不得行,則其惡不能肆也已。

---

① "姤",原作"遇",據四庫本、知不足齋本改。

頤取龜虎

《易》之有《頤》，所以觀其養也。作《易》聖人初九既取於龜，六四又取於虎，二者之不相侔，何哉？蓋古之制，簠簋，刻龜於蓋，以龜之爲性不嗜食者也。仲冬之月虎始交，則虎之爲性，其交有時者也。大凡飲食男女，人之大欲存焉，有一溺其所欲，則必伐其良心，戕其正性，烏有所謂自養哉？故聖人断断乎有取於不嗜食之龜、交有時之虎，以明君子之自養者如此。

夬五陽一陰

夫以五陽而決一陰，猶衆君子而去一小人之象也。以常人処之，則必健而暴，決而剛。今也不然，健而済之以説，決而乘之以和，則君子之待小人以忠厚，欲其改過如此。

麗澤兑

"麗澤，兑，君子以朋友講習"，此言《兑》之爲卦，兑上兑下，是澤鄰於澤，瀦蓄者深，交相灌溉，互相流通，此深有益於彼，彼深有益於此，誠得朋友之象也。夫同門合志之友，以善相資，以文相接，有過相箴，有難相済，两有所利，而無寡陋之患，此所謂以附麗爲悦，而有朋友之義也。

衍字誤字

人有常言《易》以卜筮，獨免秦火之戹，得爲全書。然讀其書，繹其義，不無可疑者。

《繫辭》曰“能説諸心，能研諸侯之慮”，“侯之”二字是必傳寫之誤。嘗求之於《明爻》有曰“能説諸心，能研諸慮”，乃知去是二字則辭切意明。

《雜卦》曰：“‘晋’，晝也；‘明夷’，誅也。”先儒以爲“誅夷”之“誅”。然以“晝”與“誅”對，則非反對之卦矣。嘗求之《象》則曰：“明入地中，明夷。”又求之於《明卦》有曰“明夷務闇”，《卦略》又曰“明夷爲闇之主”，則知明出地上爲“晝”，明入地中爲“昧”，當作“明夷，昧也”，若以爲“誅”，豈聖人《雜卦》之旨耶！

書

汝作士

“帝曰：‘臯陶，蠻夷猾夏，寇賊姦宄，汝作士’”，《爾雅》曰：“士，察也。”《周禮·士師》注曰：“士，察也，主察獄訟之事也。”孔安國曰：“士，理官也。”理盖獄官也，欲得其曲直之理，故謂之理。其謂之士者，則欲致其察故也。《月令》曰“命理瞻傷，察創，視折，審断決，獄訟必端平”，得此之意也。鄭康成曰：“有虞曰士，夏曰大理，周曰大司寇。”今士曹改爲司理，其源盖本此。

九共

“《九共》九篇”。九共者，即“九州之志，謂之九丘”之“丘”。孔安国爲隸古定書於序言，則是於此復以爲共，非是九州異土殊俗，故有九篇，一篇言一州之事也。

無教逸欲

《臯陶謨》曰：“无教逸欲有邦。”比之前漢王嘉上封事云：“咎繇戒帝舜曰：‘亡敖佚欲有国，兢兢業業，一日二日万機。’”顔曰：“言有国之人不可傲慢逸欲，但當戒謹危懼，以理万事之機也。敖讀曰傲。”則以“教”字爲“敖”，其理尤長，盖自古未有人君教臣下佚欲者也。按“幾”字《尚书》作“幾”，訓“微也”，《漢史》作“機”則非。①

九官相遜不相遜

“舜命九官，済済相遜，和之至也。”刘向此言，古今以爲真得九官之用心。然禹、垂、益、伯夷固相遜矣，若稷、契、臯陶、夔、龍皆不見其相遜之辞，何耶？且以此之遜是，則彼之不遜非；以彼之不遜是，則此之遜非。曰：皆是也。夫舜之命禹、垂、益、伯夷也，皆出於僉言。惟其出於僉言，故不容於不相遜。至於稷、契、臯陶之与夔、龍也，則不待於僉言。惟其

① “漢史”：似當爲“漢書”。

不待於僉言，故不用於相遜。然則相遜者所當然，其不相遜者亦所當然，皆无一毫之偽者也。所以衆賢和於朝，独爲稱首。

冀州不言山川

《禹貢》皆言山川，示其域民以封疆之界也。如“済河惟兖”、“海岱惟青”之類，八州莫不皆然。獨冀州不言山川之界，何耶？禹之意若曰：天子以四海爲家，以中國爲室，一民莫非其臣也，尺地莫非其有也。且祭則天下名山大川咸与焉，饗則四海九州之美味咸有焉，無此疆尔界之限，无内夏外夷之辨，豈容以一山一川局之如餘州者哉？禹之意微妙如此。

要蔡

“五百里要服”，薛肇明云“要，讀如要約久要之要”，則約之而已，非治之也。孔安国云“要束以文教”，亦此意。陸音“一遥反”，非是。“二百里蔡”，當讀如《左氏》“蔡蔡叔”之“蔡”，音素葛反，杜預曰：“蔡，放也。”薛肇明曰“放罪人於此，故謂之蔡”，則讀如本字非。

要荒

“五百里要服，三百里夷，二百里蔡。五百里荒服，三百里蠻，二百里流。”盖要、荒皆在九州之外。曰夷者，以夷礼待之，若《春秋》之杞、鄫也；曰蠻者，以蠻俗待之，若《春秋》之楚、越也。輕罪則蔡於要服，重罪則流於荒服，蔡近於夷，流近於蠻，則知中国之罪人尚可变蛮夷之俗也。

兼弱攻昧

《仲虺之誥》曰："兼弱攻昧，[①]取乱侮亡，推亡固存，邦乃其昌。"載之於《書》，不過如此。《襄公十四年》中行獻子曰："仲虺有言曰：'亡者侮之，乱者取之，推亡固存，国之道也。'"又《三十年》子皮曰："《仲虺之志》云：'乱者取之，亡者侮之，推亡固存，国之利也。'"此言一唱，其汩乱聖經爲甚。孔安国從而和之曰："弱則兼之，闇則攻之，乱則取之，有亡形則侮之，有亡道則推之，有存道則輔而固之。"嗚呼！信斯言也，則仲虺是誠何心哉？幸災樂禍之人也。焉有佐克寬克仁之君，可出是言乎？竊謂兼人則自弱，攻人則自昧，取人則自乱，侮人則自亡，推人則益自亡，惟能保固人則所以自存，德至於此，国乃昌盛也。不然，引君於非道，豈告戒之辭哉？

放諸桐

"大甲既立，不明，伊尹放諸桐。"甚哉，"放"字流傳之誤，有以漏經旨也！今夷考於《書》，並無"放之"之文。自"大甲

① "弱"，原作"若"，據四庫本、知不足齋本及《尚書·仲虺之誥》改。

既立,不明也”,乃舉湯顧諟天命以訓之;及其“罔念聞也”,又夆湯之坐以待旦以訓之;至于“未克变也”,乃始營于桐宫,密迩先王其訓。其終始告戒啓迪之意,無非訓之而已,孰謂伊尹而肯爲放君之醜耶?原伊尹之意,不處太甲於亳而処於桐,使近先王之墓,以終其喪,故曰“王徂桐宫居憂”而已。惟其克終允德,所以惟三祀十有二月朔,以冕服奉王歸于亳,乃即吉服也,故獨止於三年之久焉。虽復辟之後,猶以終始惟一之説反復訓戒之,未始少忘,而曰伊尹爲放君,吾不信也。況《書》曰“客迩先王其訓”,《孟子》亦曰“太甲悔過以聽伊尹之訓己”,則知《書》序爲“教諸桐也”明矣。且舜放驩兜,則驩兜之罪不可赦;湯放桀,則桀之惡不可揜;大甲不明,初无大過,何放之有?則知《書》序爲非“放諸桐”也益明矣。“放”、“教”字相近,以隸古定者遂從而譌久矣。當讀作“伊尹教諸桐”。且《書》序之譌,不寕惟是。《泰誓》曰:“惟十有三年春,大會于孟津。”序則曰“惟十有一年,武王伐殷,一日伐午,師渡孟津。”①

四爲字

“臣爲上爲德,爲下爲民。”孔氏、王荆公“爲上”字去声,“爲德”字平声,下句同。東坡解“爲上”字平声,“爲德”字去声,下句同。皆有義。今四“爲”字皆作去声,理尤明。或謂

---

① “一日”,當爲“一月”之誤。“伐”當爲“戊”字之誤。按,《尚書·泰誓上》:“惟十有一年,武王伐殷。一月戊午,師渡孟津,作《泰誓》三篇。泰誓,惟十有三年春,大會于孟津。”

上句二“爲”字當上側下平，下句二“爲”字當上平下側。

君子所其无逸

“周公曰嗚呼君子所其无逸”至“則知小人之依”，“所”与《曲礼》“拜受於尊所”之“所”同，“依”，尤归也。[1] 君子所在皆无逸，其先知者則稼穡艱難之事，乃若自暇自逸，則知其爲小人之归也必矣。

文王卑服

“文王卑服，即康功田功。”文王知君臣之分不可犯也，故卑躬以服事殷而已。惟其卑以事殷，則安时處順而得以日勤於民田之事，是故既就其安民之功，又就其力田之功，然則卑服之効其大如此，豈先儒所謂卑其衣服者所得而尽焉。

誥毖誥教

“厥誥毖庶邦”至“祀兹酒”，“誥教小子”至“无彝酒”，此見文王之於臣民，處之各尽其道。其戒飲酒也，於庶邦則曰“誥毖”，於小子則曰“誥教”。“庶邦”指士大夫而言，故以“毖戒”之“毖”之爲辞嚴；“小子”指民而言，故以“教戒”之“教”之

① “尤”，四庫本、知不足齋本作“猶”。

爲辟寬。嚴以責士大夫，寬以責民，各當其用者也。①

其勿誤于庶獄②

周公作《立政》，初稱"庶言庶獄庶慎"者一，中則畧"庶言"而稱"庶獄庶慎"者三，終乃畧"庶慎"而獨以"庶獄"告，何哉？周公之意謂"庶言"、"庶慎"皆不可誤，而獄乃人之司命，尤爲當謹。苟殺一不辜，則不仁甚矣，此周公所以惓惓再三，特舉"庶獄"一事戒之。至於卒章，復以"式敬爾由獄，以長我王國"歸美於司寇蘇公，謂典獄在於克用常人。嗚呼！孰謂愛君愛民之心，猶有切至如周公者哉！

執鋭③

《顧命》"一人冕，執鋭"，陸音"以税反"，孔氏云："鋭，矛屬。"考之《韻畧》、《集韻》十七"準"，出一"鈗"字，注云"侍臣所執"，引《周書》"冕執鈗"爲證，從金從允，其義爲當，乃讀作"允"亦是，而陸音非。然今文《尚書》及孔傳、陸音從"兑"，皆非。凡一時所執兵器，如惠、刅、劉、鉞、戣、瞿，皆芒鋭犀利，何獨於此執矛爲鋭哉？《韻畧》指侍臣所執曰鈗，按許氏《説文》曰"一人冕，執鈗"，蓋有所據。而《玉

① "當其用者也"，原脱，據四庫本補。

② "其勿誤于庶獄"條一百四十九字，原無，而原目録中有"其勿誤于庶獄"、"執鋭"、"費誓秦誓"，説明此處有缺頁，據四庫本補。

③ "執鋭"條一百四十一字，原脱，據四庫本補。

篇》、《廣韻》不收，又何耶？[①]

費誓秦誓[②]

上世帝王之《書》，終之以《文侯之命》，何升《費誓》、《秦誓》而殿焉？夫子之意爲平王設也。平王東遷之初，有犬戎弑父之讎，當卧薪嘗膽，無湏臾寧，廼疆顔苟安五十一年，[③]而恬不知報。在位時惟以王子余並立之患未除爲己憂，[④]今得文侯爲我殺之，當思厚報，故錫文侯惟恐不及，曾未聞有一言及於不共戴天。夫子見其如此，知其無討賊之心，又無撥亂之材，而泰然有自安之意，深痛王室於此衰矣，王道於此絶

① 按，《説文解字・金部》："鈗，侍臣所執兵也。從金，允聲。《周書》曰：'一人冕，執鈗。'讀若允。"段注："按《顧命》作'執锐'，僞孔傳云：'锐，矛屬也。'陸氏音義云：'锐，以税反。'不言《説文》作'鈗'，讀若允。與其《説文》作'粉'、作'戕'、作'彝'、作'凭'、作'詬'，詳引許書之例不合，此可疑一也。顧氏《玉篇》無'鈗'字，有'锐'字，云'徒會切，矛也'，在'鈒''鋋'之下，'鉈''鏦''錟'之上，正與《説文》列字次弟同，惟易'鈗'爲'锐'耳，此可疑二也。《漢書・長楊賦》'兖鋋瘢耆'，張佖引《説文》同。今本以釋'兖'，謂'兖當作鈗'。是《説文》今本至南唐張佖乃見之，與小徐本同，此可疑三也。《廣韵》十七'準'無'鈗'字，惟十四'泰'：'锐，杜外切，矛也。'是可知陸法言《切韵》、孫愐《唐韵》皆無'鈗'矣，此可疑四也。《集云》十四'太'：'锐，徒外切，矛屬。'毛氏《禮部韵略》、黄氏《韵會》皆同。以至毛居正《六經正誤》云：'锐，矛屬。許氏《説文》音兑，《廣韵》徒外切。今音以税切，非也，當從《説文》、《廣韵》音。'岳珂《九經三傳沿革例》云：'《顧命》執锐，《説文》以爲兵器，《注》中釋爲矛屬，是則南宋時所據許書古本尚有釋锐爲兵器，讀若兑者，非純用大小徐本也。'此可疑五也。竊謂《顧命》本作'鋭'，《説文》亦本有'鋭'無'鈗'，'鋭'篆廁於'鋋'下'鉈'上，訓曰：'矛屬，從金兑聲。《周書》曰：一人冕，執鋭。一曰芒也。'次出剡篆，訓云：'籀文鋭也。'今校《説文》，當如是改移，而徑删'鈗'篆。又徒外切者，'執鋭'舊音，必許云'讀若兑'，故相沿如此音也。以税切者，訓芒之音。《尚書音義》'以税反'，恐是李昉、陳鄂所擅改，而非陸氏本書也。"

② "費誓秦誓"，原脱，但原目録中有，據原目録及四庫本、知不足齋本補。

③ "疆"，四庫本、知不足齋本並作"彊"。

④ "王子"下，四庫本有"攜"字。

矣，故序其書曰："平王錫晋文侯秬鬯、圭瓚。"非褒也，蓋傷之也。今也幸而有能治戎，如魯侯悔過，如秦穆公使平王幡然而改，以魯、秦之心爲心，則君父之讎庶幾可復，王轍之東庶幾可與。夫魯、秦，諸侯耳，其眡堂堂三代未易續貂。特因其治戎有備，悔過有素，東周以來，僅有此尔。雖欲不升，烏得而不升？夫子之定《書》豈苟然哉！

卷之三

廬陵鄉先生孫奕季昭撰

經説　詩

章句對耦

章句始於《詩》，對耦亦始於《詩》，故三言若“深則厲”之類，四言若“關關雎鳩”之類，五言若“于嗟乎騶虞”，六言若“狂童之狂也且”，七言若“遭我乎猺之間兮”，八言若“十月蟋蟀入我牀下”。是以後世由三言至七言，皆自此始。如“覯閔既多，受侮不少”，“誨尔諄諄，听我藐藐”，“發彼小豝，殪此大兕”，“豈不爾受，既其女遷”，“念子懆懆，視我邁邁”之句，無一字非的對，則世之駢四儷六抽黄對白者，得非又發端於是與？

相鼠

“相鼠有體，人而無禮”，“胡不遄死”，相，州名。陸璣云：“河東有大鼠，能人立，交前兩脚於頭上跳舞，善鳴。”故退之《城南聯句》云：“禮鼠拱而立。”按《地志》，相州屬河北，與河東相隣,則知相州有此鼠,能拱而人立,其有禮之體如此,詩人盖取譬焉。毛氏以相爲視,信如毛説,則視物之有體與皮者皆可喻禮,何取於鼠哉?或謂"相州"當平聲呼,非也。世言相纈亦有所本。陳無己詩云"相州紅纈鄂州花","相"字可平音呼哉?東坡《指掌圖》亦云"河亶甲居相",即今相州是也。

凱風

"《凱風》,美孝子也。衛之淫風流行,雖有七子,之母猶不能安其室。"當以"之母"屬下"猶不能安其室"爲句。如經云"之子于歸",《莊子》云"之人也,之德也"、"之二蟲又何知"之類。

黄鳥

黄鳥有二種,名同而實異,小大殊也。如"黄鳥于飛,集于灌木,其鳴喈喈","睍睆黄鳥,載好其音",鶯也,詩人取其善鳴者也。如"交交黄鳥,止于棘"、"于桑"、"于楚"者,黄雀也。詩人言其交交而集于楚、棘者,衆多也。如"黄鳥黄鳥,無啄我粟"、"我梁"、"我黍",亦黄雀也。盖啄其粟與黍、梁,正今人稻粱熟時,黄雀群集于田壠以啄,爲人所羅所逐者,正謂此耳。毛氏、陸氏謂黄鶯一名摶黍,能摶黍,則亦當是黄雀。況黍熟于七八月之間,亦無復有鶯矣。

鴇兎

古語有曰："鴇無舌，兔無脾。"人皆疑焉。嘗以《鴇羽》、《兔爰》二詩推之，信其有證。盖聲出乎舌，鴇之爲禽無舌，則无声也。故詩人以《鴇羽》刺君子久從征役，①不得養其親，而无舌以訴其情也。脾屬土，土主信，兔之爲獸无脾，則无信也。故詩人以《兔爰》刺桓王之失信，而无脾以表其信也。

鸒斯

《小弁》："弁彼鸒斯。"孔謂："此鳥名鸒，而云斯者，語辞。"其説誠有据。及攷董氏，則信《尔雅》、《禽經》師曠。以二字爲名，②李适中則又信楊子以二字爲名，③曾不思詩人以"斯"爲語助者多矣。如"彼何人斯"，"哀我人斯"，"湛湛露斯"，"彼旃旐斯"，"恩斯勤斯，鬻子之閔斯"，"以詛尔斯"，"天難忱斯"，"無射於人斯"，類皆云然。何董、李獨信諸子百家而不信經耶？借曰《詩》亦有以"螽斯"名蟲，然《七月》云"斯螽"，其实一物，容可以一切已前之語辞者顛倒其文，而均指爲物名乎？不然，此篇又有"柳斯"、"鹿斯"，亦將併以二字爲柳、鹿名，可乎？

---

① "久"，原作"下"，據四庫本及《詩經》改。
② "師曠"，二字原混入正文，據知不足齋本改。
③ "适"，知不足齋本作"迺"。

居諸

《柏舟》曰:"日居月諸,胡迭而微。"孔曰:"居、諸者,語助也。"《日月》曰:"日居月諸,照臨下土。"毛曰:"日乎月乎照臨之也。"予謂《孟子》"注諸海"、"求諸遠",《左氏》"拘諸原"、"免諸国",此"諸"訓"於"也。而《韻釋》"於"字亦訓"居"也,"諸"尤"於"也,"於"尤"居"也。① 言日月皆有所在,未嘗失其軌度,獨仁人不遇於頃公,莊姜不見荅於莊公,此二詩所以自傷而作也。孔皆以爲助語,脱或讀作"何居"之"居"則可,如本字讀則不可。毛並謂之"乎",以"乎"字釋"諸",則是以釋"居"字義似不通。韓文公"爲尔惜居諸"之句誠有味,當求之。

死生契闊

"死生契闊,与子成説。""契"旧音"挈"非,當作"契合"之"契"。説,如字。契,合也;闊,離也。謂死生離合,与汝成誓言矣。

衡門

《衡門》一篇,誘掖其君之詩也。凡誘掖之説,必使之心競而力争,盖自卑者抗之使高,自惰者激之使勤,自退者揚之使進,自用者恢之使大,如雖愚必明,雖柔必强,乃所謂懦而

① 二"尤"字,四庫本、知不足齋本並作"猶"。

有立志者也。説者謂“衡門雖小,可以棲遲。泌水非廣,可以枲飢。食不必魴鯉,娶不必姜子”,非也。此詩三章,首章言“可以棲遲”,“可以枲飢”,先發其端也。中、末二章言“食必魴鯉,娶必姜子”者,次陳其説也。若曰:衡門可棲遲,泌水可枲飢,則何其食魚者必須魴鯉之美味,娶妻者必須姜子之大姓?則知前曰可者,真不可也;後曰必者,不得不必也。此乃見其君愿而无立志,故作是詩以誘掖之也。説此詩者,死於語下則失之。

東門之楊

“《東門之楊》,刺時也。婚姻失时,男女多違,親迎,女猶有不至者也。”當以“親迎”二字爲句。

七月兼夏周正

周公作《七月》,備陳一歲之事,而正則迭用夏、周,何也?意其夏正建寅,順四時之序,便於農事,乃以月言。周正建子,明一陽之生,以改正朔,乃以日言。盖周公以日月分陰陽,謂陰生於午,是以五月、六月、七月、八月、九月、十月皆屬陰,故以月言之。謂陽生於子,是以一之日、二之日、三之日、四之日皆屬陽,故以日言之。若夫夏之五月,不曰“五之日”而曰“春日載陽”,言可蚕之候,所謂“季春之月躬桑以勸蚕事”也。《月令》。夏之四月不曰“六之日”而曰“四月秀葽”,盖正陽之月嫌於旡陰,亦猶十月嫌於旡陽,謂之歲亦陽止也。

常棣

《常棣》,“常”字諸家並旡音,合如字讀。《采薇》曰“維常之華”,毛謂“常”爲常棣,亦無音。“常棣”与“唐棣”異,俗或書作“棠棣”尤非。其四章曰:“兄弟鬩于牆,外禦其務。每有良朋,烝也無戎。”陸音“‘務’如字”,鄭曰“務,侮也”。《爾雅·釋言》亦云“侮也”。按《僖公二十四年》富辰曰:“《詩》曰:‘兄弟鬩于墻,外禦其侮。’”《韓詩外傳》曰:“周文公之詩曰:‘兄弟鬩于墻,外禦其侮。’”《国語》富辰諫襄王曰:“古人有言:‘兄弟讒鬩,侮人百里。’”比《毛詩》以“務”爲“侮”,其義明甚。“戎”字叶韻當作“戍”,“戍”亦禦也。①

黽勉

“黽勉從事”者,黽,鼃屬也。“蟈氏掌去鼃黽”注謂:“鼃爲蟈;黽,耿黽也。蟈與耿黽尤怒鳴。”退之《雜詩》:“蛙黽鳴無謂,閤閤秪亂人。”即其蟲也。蛙黽之行勉强自力,故曰“黽勉”,如猶之爲獸其行趦趄,故曰“猶豫”。

南山有臺

賢才不在野則聚于朝,勢也,亦理也。南山北山,皆賢者昔日窮處之地,今徒見其有臺萊之草,桑楊杞李栲杻枸楰之

---

① 知不足齋本錢馥注:“《詩·民勞》、《嵩高》、《烝民》、《韓奕》箋并云:‘戎,猶汝也。’‘戎’、‘汝’同聲……古音相通,戎叶音戍之説非也。”

木盛多如此，而無一賢之遺逸於其間，故作《南山有臺》之詩。而序則曰"樂得賢也"，五章反復詠歎而美之，皆是意也。非謂山之有草木，喻国之有賢人衆多也。

天保

"君能下下以成其政"，陸音"下下俱户嫁反"，[1]非"上下"字。依旧音"下下"字亥雅反。

思斉

以"思斉"名篇，序詩者偶无其説，釋者无所考。信直以"斉"訓"莊"，似非文王儀刑于大姒之本意。"斉"當讀如"見賢思斉"之"斉"。文王有圣德，以刑于寡妻，故大姒既思有以同於大任，又思有以順於周姜也。謁媚訓順。不然，首章何以云"思斉大任"、"思媚周姜"？

下武

"《下武》，継文也。"下者，尤言不上也。不上武，則是下其武事以継文德，此武王之本心，其或用武，盖不得已耳。即非右武之君，故曰"一戎衣天下大定"，示天下弗復用也。不然，篇名"下武"而此詩未始一言及"武"，詩人之作盖有深意。

---

① "陸"，原作"六"，據四庫本、知不足齋本改。

周禮

六官

成王作《周官》,見之於《書》,自三公、三孤之外,有六卿,分職率屬,各有司存,未嘗以象天地四時。今攷《周礼》,无所謂三公、三孤。借曰既載之《書》,不必贅可也,而《書》謂"冢宰掌邦治",此乃以爲天官,況天事多在春官,而臣不可稱天乎?"司徒掌邦教",此乃以爲地官,況地事本主於司空,而司徒可稱地乎?以宗伯掌禮之官而曰春官,春主生物而屬仁,反主禮乎?以司馬掌兵之官而曰夏官,夏物盛而方長,反主兵乎?惟以司寇掌刑爲秋官可矣。至以司空掌土爲冬官,① 豈理也哉?設若成王果以象天地四時,則《書》必載之;《書》所不載,則亦无是事也。以《周官》之言質《周禮》之六官,相戾如此,信乎《周禮》非周公之全書也。

八柄

《太宰》:"以八柄詔王馭群臣。"夫八柄之法,先叙賞而後論罰,賞多而罰少。盖爵禄予置生者,賞之柄也;奪、廢、誅者,罰之柄也。賞先而多,罰後而少,周家忠厚不在兹乎?

---

① "土",四庫本作"工"。

宫正

《宫正》:“凡邦之事,蹕宫中,句。廟中則執燭。”言王有祭祀之事,宫正則爲王蹕于宫中,祭于廟中,則主執燭之役焉。盖廟中不蹕也。

宗伯獨不垂法於象魏

《周禮》一書,其載制度紀綱庶事備,自昔論者皆以爲六官之所掌,无一或闕也。然以今攷之,則惟五官垂法於象魏,而宗伯獨畧於是焉,是則若有可疑者。然治教政刑事均曰象者,實畫所用治具之象於魏闕也。其闕之上既可垂又可斂,使万民而觀者,必有具之可指焉。凡可以隨其治具而圖寫之,特其治之粗迹耳。若夫宗伯,不布法,非畧也,不容以象言也,亦不容以粗迹著也。經禮三百,曲禮三千,以和邦國,以諧万民,進退揖遜之儀,冠昏喪祭之用,班朝治軍之式,莅官行法之制,防民爲乱,禁民爲非,盖舍此孰能使之然也。故天下之人日用常行,而不可須臾離,曾何待於有司之詔告,而可以一象魏盡之哉!

侯服

职方氏辨九州之圖,“方千里曰王畿,其外方五百里曰侯服”。按孔安國以謂斥候,孔穎達以謂“侯”声近“候”,且曰“斥候謂檢行險阻,伺候盜賊”,見《禹貢》解。其發明多矣,故附于此。

園廛二十而一

《載師》:"凡任地,國宅無征,園廛二十而一,近郊十一,遠郊二十而三,甸稍、縣都皆無過十二,①惟其漆林之征,二十而五。"②説者以爲田税,非也。竊詳鄭康成謂"園廛亦輕之者,廛無穀,園少利",鄭已得其説而未尽。盖在国之園廛旣二十而一,如近郊、遠郊、甸稍、縣都之園廛,自近而遠虽漸增,亦不過乎十二。讀《礼》者當自近郊至縣都以上,皆承上園廛之文而求之,不然,漆林之征何以止於二十而五也?

載師閭師

《載師》:"凡宅不毛者,有里布;凡田不耕者,出屋粟;凡民無職事者,出夫家之征。"《閭師》:"凡無職者出夫布。凡庶民不畜者,祭無牲,不耕者祭無盛,不樹者無椁,不蠶者不帛,不绩者不衰。"其责一何或重或輕耶? 載師之法,掌士大夫受地之賦;而閭師之法,掌庶民受田之賦者也。夫所謂不毛,不耕,無職事者,盖士大夫有分地而縱其民游情末作,故罰其受地之人也重。士大夫受地旣多,則其責也不得不重。夫所謂無職,不畜,不耕,不樹,不蠶,不绩者,盖庶民受井田而或至於惰游廢耕,故责其受田之人也輕。民受百畝,則其責也不得不輕。

---

① "甸",原作"旬",據四庫本、知不足齋本及《周禮》改。
② "二",原作"三",據四庫本、知不足齋本及《周禮》改。

脱字

按《地官·廛人》之後有“胥師”,《釋文》亦有“胥師”,而正經止曰“胥”,當是脱字。

司險

司險隸夏官司馬,又儕於司固、司疆,蓋周公謹固封守之戢也。是以五溝者,設壕塹五重以捍患防盜也;五塗者,即壕上爲五路以通車徒兵馬也。鄭康成乃以五溝爲遂、溝、洫、澮、川,五塗爲徑、畛、塗、道、路,是指爲田畝,則失其旨。

萍氏

“萍氏掌幾酒,謹酒。”《神農書》曰:“萍能勝酒。”取其不沉溺於酒也。

卷之四

廬陵鄉先生孫奕季昭撰

經説　禮記

餕餘不祭

或人有問："父不祭子，夫不祭妻，而時人多祭之，何也?"曰："胡不以《礼經》上文觀之? 上文自'餕餘不祭'，而後継之以'父不祭子，夫不祭妻'二句。所謂'餕餘'者，食物之餘，雖妻、子皆卑，而父與夫亦不以食餘之物而祭之，嫌其黷也。然則非食物之餘焉有不祭者乎?"

死曰嬪

《曲礼下》："生曰妻，死曰嬪。"案下文有曰："天子有后，有夫人，有世婦，有嬪，有妻，有妾。"①又曰："天子有夫人，有嬪。"②《月令》曰："后妃帥九嬪御。"《堯典》曰："嬪于虞。"

① "天子有后"數語，今本《禮記》在"生曰父曰母曰妻"數語之上，而非"下文"。

② "天子有夫人有嬪"，今本《禮記》無此語。

《大雅》云:“曰嬪于京。”《天官》:“七曰嬪婦,化治絲枲”,“内宰以陰礼教九嬪”。又:“贊九嬪之礼事。”又:“九嬪掌婦孝之法,教九御。”《昭公三年》:“君若不棄敝邑,而辱使董振擇之,以備嬪嫱。”《尔雅·婚姻》云:“嬪,婦也。”徧閲群經,皆以生爲嬪,獨此以死爲嬪,而一篇之中,自相背馳,信乎漢儒之説雜之。

舞斯下脱六字

“舜斯”下脱“蹈矣人悲則斯”六字,[①]當作“人喜則斯陶,陶斯咏,咏斯尤,尤斯舜,舜斯蹈矣;人悲則斯愠,愠斯戚,戚斯嘆,嘆斯辟,辟斯踊矣”。盖自喜而至蹈凡六变,自悲而至踊亦六变,所謂“孺子慕”者乃在於此,豈有喜与悲之情混者乎?

子之哭也壹

“孔子過泰山側有婦人哭於墓者而哀夫子式而觀之使子路問之曰子之哭也壹似重有憂者而曰然”,讀《礼》者當以“哭也壹”爲句,“似重有憂者”屬下句。按下文曰:“昔者吾舅死於虎,吾夫又死焉,今吾子又死焉。”是死者三人,其哭之声壹而不雜,聖人所以問之,盖知其憂之甚也。今洪慶善注昌黎

---

① 今本《禮記·檀弓下》即作:“人喜則斯陶,陶斯咏,咏斯猶,猶斯舞,舞斯愠,愠斯戚,戚斯歎,歎斯辟,辟斯踊矣。”

《元和聖德詩》云“一似堯禹”，輒引《礼記》“一似重有憂者”爲釋，且謂退之作文，老杜作詩，無一字无來处，誠是也，而以此“一似”字指爲黄魯直之所取在是，吾恐聖經不如是之膚淺也。

聖人之葬人与

“子夏曰聖人之葬人与句絶。人之葬聖人也子何觀焉”，此与“古之人与？古之人也”同此句法，見《仲尼燕居》。

爾以人之母嘗巧

“般爾以人之母嘗巧則豈不得以其母以嘗巧者乎”，鄭氏於“豈不得以”釋之，又改“以”爲“已”字，隔“其母以嘗巧者乎”於下句，既不可讀，又不可説。當依方氏作一句爲是，又免改字之患。下“母”字舊音“無”亦非。

千里之外曰采

“千里之内曰甸，千里之外曰采，曰流。”“采”當作“蔡蔡叔”之“蔡”。此綏服之制，内外皆千里也。

鷹化爲鳩

《月令》於仲春言“鷹化爲鳩”，盖喜其能变不仁之心也。如《王制》言“鳩化爲鷹，然後設罻羅”，《周礼·司裘》注亦云

“仲秋,鳩化爲鷹”。而《月令》於仲秋當言而不言者,嫌其变而之不仁,故不記也。

養老於學

《内則》曰:“有虞氏養国老於上庠,養庶老於下庠。夏后氏養国老於東序,養庶老於西序。殷人養国老於右學,養庶老於左學。周人養国老於東郊,養庶老於虞庠,虞庠在国之西郊。”四代之養老必於斈,何也?盖人君之養老,[①]所以教天下之孝也。爲人子止於孝,而父子有親者,人倫之始也。《孟子》曰“三代之斈所以明人倫”者,其謂此夫。然則於此而養老,豈不得其所哉?《祭義》又曰:“食三老五更於太斈,所以教諸侯之弟也。祀先賢於西斈,所以教諸侯之德也”;“是故鄉里有齒而老窮不遺,强不犯弱,衆不暴寡,此由大斈來者也”。即是而觀古之聖人,莫不於此爲重,所以治効如此其盛。

燕居閒居

或者謂《礼記》名篇,既有“仲尼燕居”,又有“孔子閒居”,無乃贅乎?荅曰:鄭氏不云乎?“退朝而処曰燕居”,“退燕避人曰閒居”。王昇亦云:“退朝曰燕,退燕曰閒。”孔子可以即安,故次之以“燕居”、“閒居”。

---

① “之”下,四庫本、知不足齋本並有“於”字。

毫釐

《經解》引《易》曰:“君子慎始,差若毫釐。”《漢·東方朔傳》引《易》“失之毫釐”。按今《易》中無此語。顔師古曰:“《易》象之别記也。”陳正敏《遯齋閑覽》曰:“歐永叔作《傳易圖序》云:[①]‘予讀《經解》至引《易》曰差若毫釐,繆以千里之句,怪今《易》無此文,疑《易》非完書。’且《經解》所引,按王充論注乃《易緯》之文,永叔於《易經》求之,誤矣。”則又与顔師古之説小異。及考字書,“毫釐”當用“氂”字,而太史公用“釐”者,借而用之也。[②] 世用“毫釐絲忽”者,皆假“釐”字用之。《説文》:“釐,福也”,“理也,氂牛尾也”。[③] 十毫曰氂。而《前漢·五行志》曰:“天漢三年八月,天雨白氂。”師古曰:“凡言釐者,毛之彊曲者。”[④]《志》用“氂”字而師古注用“釐”字,則知“釐”、“氂”二字通用久矣。

盤銘

湯之盤銘曰:“苟日新,日日新,又日新。”場屋屢出“盤銘又日新賦”及“盤銘詩”。孶者往往多因方氏誤指爲燕器,故国孶詩有“食息不遑安”之句,殊昧經旨。按《正義》曰:“湯沐

---

① “歐”下,四庫本、知不足齋本並有“陽”字。
② “太史公用‘釐’”,《漢書》乃班固作,作者誤。又今本《漢書》作“氂”。
③ 今本《説文·犛部》:“氂,犛牛尾也。”
④ 今本《漢書·五行志中之上》作:“天漢元年三月,天雨白毛。三年八月,天雨白氂。”顔師古注作:“凡言氂者,毛之强曲者也,音力之反。”與季昭所見本不同。

浴之盤，而刻銘爲戒。必於沐浴云者，戒之甚也。”盖取其澡身浴德常加之意，故有“日新”而“又新”之義。抑嘗觀諸《荀子》曰：“君者，盤也；水者，民也。盤圓則水圓。”謂之“盤圓則水圓”，則盤非沐浴之器而何？

春秋

春秋書法

《春秋》之辭簡而嚴，《春秋》之旨婉而微，然所書大約有三断。自隱公而下訖于獲麟，首正而繫月，首月而繫事，以一天下之統。先王人而黜諸侯，先諸侯而黜大夫，以明天下之分。内其国而外諸夏，内諸夏而外夷狄，以正天下之势。仰觀天時之災異，俯察人事之善惡，褒貶予奪，一帰乎大中之道，此《春秋》所書之大約也。

春秋用周正

《春秋》紀元，必書“春王正月”，所以尊周也。尊周必用周正。周正以建子爲首歳，在夏爲十一月，不得四時之正，惟取其一陽生之月而已。若建寅則便於民事，故《堯典》所尚則夏正，誠万世不易之典也。

或謂夫子作《春秋》，以夏時冠正月，垂法後世，以周正紀事，示无位而不敢自専，殆不然也。且以《僖公五年》書“正月辛亥朔，日南至”觀之，实夏之十一月也。使属夏之春，日有南至乎？又以《莊公七年》“秋大水，无麥苗”觀之，实夏之五月也。使屬夏之秋，麥尚有苗乎？《定公元年》“冬十月，隕霜殺菽”，《襄公二十八年》“春无氷”，若非周之春冬，氷霜何足爲灾乎？《文公二年》“自十有一月不雨，至于秋七月”，[1]《十三年》“自正月不雨，至于秋七月”，若非周之秋，不雨何足爲傷乎？由是而言，則知《春秋》之用周時无疑矣。且周公，周之家宰，改用建子，乃其制作之大者。使夫子之於《春秋》反不用其時，是敗常乱紀，自夫子倡之，尚何以律它人乎！益知夫子修周公之法，豈苟作云乎哉！

矢魚觀社

隱公矢魚于棠，五年。莊公如齊觀社，二十三年。《春秋》皆書，云譏其舉動之非也。矢者，射也。夫矢魚，乃有司之事，於己所不當射而射。齊社，乃它国之事，於我所不當觀而觀。二者胥失之，《春秋》書以示貶，益知人君不當親舉者也。

家父求車

《威公十有五年》："天王使家父來求車。""使"音踈吏切。言使者私有求於魯，即非致天子之命，致天子之命則不得謂之"求"。故《春秋》書"家父"而加"天王使"於其上以貶之，謂既爲天王之使而來，則不當私有所求也。

---

① "十有一月"，今本《春秋·文公二年》作"十有二月"。

儉德之共

《左氏·莊公二十四年》:“春,刻其桷,皆非禮也。御孫諫曰:‘臣聞之:儉,德之共也;侈,惡之大也。’”按司馬温公《訓儉文》援此語而申之曰:“共,同也。”乃作“共”。後漢翟酺上疏曰:“儉,德之恭。”直作“恭”。今詳杜預以不丹楹、刻桷爲共之説,則讀爲“恭”者非,況陸氏無音。

陳殺其大夫洩冶

孔子嘗曰:“邦有道,危言危行;邦無道,危行言孫。”盖君子処世之法不可苟也。聖人於甯武子,取其得智愚之道;於蘧伯玉,取其得仕卷之理;至於史魚,則一之以直而已矣。夫邦有道,直可也,邦无道而直,豈不速其禍哉!危行言孫,足矣。今洩冶之諫陳靈公,斥之以宣淫之醜,指之以公卿之惡,其言无隱,可使人畏,可使人愧。然訖不能回靈公荒淫之心者,盖當无道之時,不能雍容開陳,引其君於當道,必欲軒然以直鳴,是所以殺其身而已矣。夫子于《春秋》書“陳殺其大夫洩冶”。書“陳”以其君与二卿同殺之也。書“大夫”言其刑不當上及而自取之也。稱“洩冶”,則咎其以訐直殺身也。殺諫臣者,必亡其国,所以有徵舒弑君、楚子滅陳之禍。

税畝丘甲田賦

宣公之“初税畝”,十五年。譏其始什二而税也。成公之“作丘甲”,元年。譏其賦增四分之一也。哀公之“用田賦”,十二年。譏其既什二而税其田,又什二而歛其才也。[1] 一説用田賦者,田以足食,賦以出兵。使田出賦,民何以堪乎!

築囿

宣公之十三年夏,築蛇渊囿以游觀,[2]而勞民也;成公之十八年八月,築鹿囿以養獸,而勞民也;昭公之九年冬,築郎囿,以遠築而勞民也。魯侯不道,既煩其役,又非其時。斯三者皆貶之,故曰:"无囿猶可,无民其可乎?"

見易象春秋

韓宣子適魯,見《易象》與《魯春秋》,曰:"周礼尽在魯矣。"夫《易》自《易》,《春秋》自《春秋》,初无与於礼。而宣子乃云耳,何耶?蓋礼之爲礼也,辨尊卑,别貴賤,正君臣,定名分,数者不失其所,即周礼之所在也。故《繋辝》有之曰:"天尊地卑,乾坤定矣。卑高以陳,貴賤位矣。"此《易象》之體也。《孟子》有之曰:"孔子成《春秋》而乱臣賊子懼。"此《春秋》之體也。惟其辨尊卑,别貴賤,正君臣,定名分,夆不外此,孰謂周礼而非《易象》、《春秋》耶?且言偃嘗問曰:"夫子之極言礼也,可得聞欤?"孔子曰:"我欲觀夏道,是故之杞,而不足徵也,吾得夏時焉。我欲觀殷道,是故之宋,而不足徵也,吾得坤乾焉。坤乾之義,夏時之等,吾以是觀之。"去孔子亦以夏

---

① "才",四庫本作"十",知不足齋本作"財"。作"財"義長。

② "築蛇渊囿",《春秋·定公十三年》:"夏,築蛇淵囿。"杜預注:"无傳,書不時也。"此言"宣公",誤。

殷之《易》而觀夏殷之礼者,皆是義也。豈非《易》之所見者象,礼之所形者器?《繫辞》不云乎:"以制器者尚其象。"則觀其《易》固可以知其禮。況坤乾者,天地也,夏時者,四時也,天地有上下之位,四時有先後之序,礼之實如斯而已。因觀《易》以知礼,則觀《春秋》可知矣。

行李

《襄公八年》:"不使一个行李告於寡君。"杜預曰:"一个,獨使也。行李,行人也。"陸音:"个,古賀反。"一本作"介"。按李正文《資暇集》云:"李字,人姓之外,更无別義。《左傳》'行李之往來',杜不究意理,注云'行李,使人也'。[①] 今遠行,結束次第謂之行李,而不悟是'行使'耳。按舊文'使'字作'岑',傳寫誤作'李'。"使"岑""山"下"人","人"下"子",則"岑"與"李"相近,乃知杜之説是而讀非。《僖公七年》曰:"行李之役,共其乏困。"[②]《昭公十三年》又云:"行理之命,无月不至。"既謂爲"行李之役",又謂爲"行理之命",則是"行使"无疑也。但"理"、"李"字異,讀《管子·五行》篇"黄帝得后土

① "正文",原作"文正",據知不足齋本改。《左傳·僖公三十年》:"若舍鄭以爲東道主,行李之往來,共其乏困。"杜預注:"行李,使人。"孔穎達疏:"《襄八年傳》云'一介行李',杜云:'行李,行人也。'《昭十三年傳》云'行理之命',杜云:'行理,使人。''李'、'理'字異,爲注則同,都不解'理'字。《周語》'行理以節逆之',賈逵云:'理,吏也,小行人也。'孔晁注《國語》,其本亦作'李'字,注云:'行李,行人之官也。'然則兩字通用,本多作'理',訓之爲吏,故爲行人、使人也。"整理者按,《左傳·昭公十三年》杜注爲:"行理,使人通聘問者。"《國語·周語中》韋昭注:"行理,小行人也。"

② "行李之役,共其乏困",今《僖公七年》無此語,疑當即《僖公三十年》"行李之往來,共其乏困"之誤。

而辯于北方”,“故使爲李”。又曰:“冬,季也。”[①]注云:“李,獄官也。”益知古者多以“李”爲“理”矣。

宰木

《左氏傳》:“蹇叔哭之曰:‘孟子,吾見師之出而不見其入也!’公使謂之曰:‘爾何知! 中壽,爾墓之木拱矣!’”《穀梁傳》作“子之冢木已拱矣”,《公羊傳》作“宰上之木拱矣”,注曰:“宰,冢也。”合三傳而求之,《左氏》曰“墓”,即《穀梁》曰“冢”也。“冢”、“宰”字相近,《公羊》乃譌而爲“宰”,注則又譌以傳譌。

論語[②]

總説

《論語》一書,凡稱“子曰”者,與弟子答問之辭也。稱“孔子對曰”者,皆荅君之辭也,荅異邦之君亦然,蓋示其敬也。於昭公、定公、哀公不稱其國,於齊景公、衛靈公則稱之者,蓋夫子魯人也,以示其莫非臣也,其爲敬君莫大焉。至如孔門之高弟,莫顔子若也,其書尚以名稱,獨有若、曾參得以“子”稱,又見是書成於有子、曾子之門人,故不敢斥其名,所以尊師也。以至於羣弟子,則稱名,於子産、蘧伯玉則稱字,又别其非同門之友矣。

---

① “得后土”,原作“待后土”,據四庫本、知不足齋本及《管子》改。

② “論語”,原與“總説”爲同一標題,據全書體例改。

作經本末

聖賢之書，豈苟作云乎哉？嘗觀《論語》顛末，夫豈无他說？斷斷乎首以“學”名篇，以“學而時習之”冠于首，而必終之以“堯曰”者，謂學者必以聖王爲師，而聖王則莫堯若故也。① 是以荀卿之書，首標以《勸學》，首發端以“學不可以已”，而以《堯問》之篇終之。楊雄之書亦首名以“學行”，首發端以“學，行之，上也”，而必以“唐矣”一言終之，蓋有望於後之君子復古云。

三年無改

子曰：“父在，觀其志；父没，觀其行。三年無改於父之道，可謂孝矣。”此章觀人子之所爲也。言其父在，吾則觀其子所以善繼志之志者如何；其父没，吾則觀其子所以善述事之行者如何。若觀以三年之久，不改于父日用常行之道，則可謂盡子之孝道矣。蓋謂他人觀其子之志行，非子自觀其父之志行者也。學者於此，當於“觀”字上求之，以三年觀之，見其不改，則知終身無改矣。然則歐公《三年無改問》，不疑可也。

貧而樂

子曰：“可也。未若貧而樂，富而好礼者也。”較之《史

① “堯”，原作“克”，據四庫本、知不足齋本改。

記·仲尼弟子傳》、《後漢·東平王論》皆曰“貧而樂道”,多一“道”字,必是脱文。

從心

“七十而從心所欲,不踰矩。”“從”字无音,或作“縱”字,非也。當以“從心所欲”爲矩。

視其所以

“所以”者,其意也。楊子曰:“得其言,未得其所以言。”所以言者,則其意所指也。謂聖門之於人也,初詳視其意指,中泛觀其從迹,終深省其定向,[①]則自始及終,无不見之,何所匿其情哉!

攻乎異端

子曰:“攻乎異端,斯害也已。”“攻”如“攻人之惡”之“攻”;“已”如“末之也已”之“已”,已,止也。謂攻其異端,使吾道明,則異端之害人者自止。如孟子距楊墨,則欲楊墨之害止;韓子闢佛老,則欲佛老之害止者也。

---

① “終”,原作“中”,蓋涉上文“中泛觀”而誤,下文云“自始及終”可證,據四庫本、知不足齋本改。

卷之五

廬陵鄉先生孫奕季昭撰

經説　論語

哀公問社

"哀公問社於宰我"至"既往不咎"：按，哀公患三桓之侈也，欲以諸侯去之。公遇孟武伯，問曰："余及死乎？"三問不對。公欲以越伐魯而去三桓。哀公二十七年。則哀公懷去三桓之心久矣，而患其彊，故假古人"弗用命則戮于社"之意以問焉。《甘誓》。宰我謂"周人以栗，使民戰栗"，勸之以誅也。聖人警之以"成事不説，遂事不諫，既往不咎"之三語，謂三桓自宣公以來至于今，勢偪公室，積威五世，莫能制之也，一旦而欲誅之，則昭公之事可鑒矣。昭公二十三年，季平子作乱，①昭公奔斉。哀公苟知自治，則三桓之禍自息，无事於誅也。

① "季平子"，原作"季平半子"，衍"半"字，據四庫本、知不足齋本删。按，查《左傳》，昭公奔齊事在昭公二十五年，而非二十三年。《史記・孔子世家》："孔子年三十五，而季平子與郈昭伯以鬬雞故得罪魯昭公，昭公率師擊平子，平子與孟氏、叔孫氏三家共攻昭公，昭公師敗，奔於齊，齊處昭公乾侯。"孔子年三十五，正當魯昭公二十五年。

不以其道得之

“子曰:冨与貴,是人之所欲也”至“不去也”:盖冨貴,人之大欲存焉。善処冨貴者,必以其道;苟不以其道而得処冨貴,則不処之也。貧賤,人之大惡存焉。善去貧賤者,必以其道;苟不以其道而得去貧賤,則不去之也。

觀過斯知仁矣

子曰:“人之過也,各於其黨,觀過,斯知仁矣。”“黨”,謂偏也。偏則過之所由起也。觀吾有偏而不正之処,於此乎識之,則過不得著見矣。非仁者能之乎?

朝聞道夕死可矣

孔子豈尚未聞道者?苟聞天下之有道,則死亦无遺恨矣,盖憂天下如此其急。

孰謂微生高直

此言微生高於乞醯之際,尽其委曲之道。先儒泥於“孰謂微生高直”之句,乃解“乞諸其鄰”爲不直,是直情徑行而无委曲周旋之義,豈善与人交者哉?嗚呼!聖人之意决不如是。故曰:“孰謂微生高爲直情徑行之直?”

先難後獲

子曰："仁者先難而後獲。"此章救樊遲之失也。自其孛稼孛圃觀之，則遲避害趨利之心勝，故夫子於問仁，則對以"先難後獲"，問崇德，則對以"先事後得"，蓋抑其利欲之心，而勉之義理當爲之事。苟能先義後利，非仁者之用心乎？

南子

説者皆引《史記》以謂孔子見衛靈公之寵姬南子。《仲尼弟子傳》。[①] 以愚觀之，必非衛之南子。蓋嘗攷《家語》曰："孔子適衛，子驕爲僕。顔刻，字子驕。《史記》作"顔高"。衛靈公與夫人南子同車出，而令宦者雍梁驂乘，使孔子爲次乘，遊過市，孔子恥之。"且聖人方以季桓子受斉女樂而去魯適衛，至衛而又恥爲靈公、南子次乘，豈肯輕身以先於匹婦哉？又且六經以至《魯論》、《家語》皆無見衛南子之文，不知子長何所本而云。然則南子者爲誰？是必魯之南蒯也。何以知之？以佛肸召、子欲往而知之也。佛肸以中牟畔，子路不欲之往，而夫子有"吾豈匏瓜"之喻。南蒯以費畔，子路亦不悦其見。昭公十二年，南蒯以費畔，遂奔斉。十三年，[②]費人畔南氏，即南蒯也。蓋昭公十四年南蒯之奔齊也，侍飲於景

---

① 按，子見南子事不見於《史記·仲尼弟子列傳》而見於《孔子世家》。
② "三"，原誤作"二"，據四庫本、知不足齋本及《左傳》改。

公。公曰:"叛夫?"對曰:"臣欲張公室也。"杜預曰:"張,強也。"南蒯欲弱季氏而强公室,此夫子所以見之,將以興魯也。与佛肸事不約而同。故知其必非見衛之南子,而見魯之南子也昭昭矣。

民鮮久矣

子曰:"中庸之爲德也,其至矣乎!民鮮久矣。"言中庸之德,其極至難能之事,斯民之所日用常行者也。然行之者能暫而不能久,故曰"民鮮久矣"。

老彭

"竊比於我老彭",按《太有卦》"匪其彭",陸音"步郎反",子夏作"旁"。"老彭"當讀如"匪其彭"之"彭",音"旁"。旁,側也,欲自比於老子之側,盖謙辞也。老子,古之好道者,宜孔子之所自比。嘗攷諸《曾子問》,有記孔子聞諸老聃者屡矣。《家語》亦曰:"孔子問礼於老聃。"此誠孔子欲自附於老子之側之驗也。舊説以老彭爲彭祖,然六經所不載,聖人所不道,非夫子之願比者,今不取。

束脩

漢儒説"自行束脩以上",皆以十脡脯爲束脩,盖因《礼記》"束脩之問不出竟"及"束脩一犬"以誤之也。觀鄭玄注《論語》謂"年十五以上也",《後漢》杜詩薦伏湛曰"自行束脩,訖無毀玷”，注云：“謂年十五以上。”①然以經意詳之，初非此意。聖人設教，虽互鄉闕黨童子所不拒，長少何擇焉？惟《延篤傳》：“吾自束脩以來，爲人臣不陷於不忠，爲人子不陷於不孝。”注云：“束脩，謂束帶脩飾。”此説稍通，然以“脩”爲“脩飾”則是，以“束”爲“束帶”則非，不若以“檢束脩飾”爲正，如《鄭均傳》曰“均束脩安貧”，太守薦劉般“束脩至行”，皆同一意。方性夫解《禮記》“束脩之問”，以爲與《論語》名同而實異，其説謂“約治其身，則無不誨之”，真得所謂“人潔己以進，與其潔也”之意。

聞韶

人皆以“聞韶不知肉味”爲喜之之辞，吾獨以爲怒之之辞。何也？曰食旨不甘者，悲而不知也。曰發憤忘食者，怒而不知也。曰在齊聞韶者，亦怒而不知也，未聞有人喜而不知者矣。盖韶，帝楽也；齊，侯国也。夫子在齊，忽聞侯国僭作帝楽，又至三月之久，是以怒而不知肉味，故曰“不圖爲楽之至於斯也”，非怒辞而何？一説以“子在齊”絶句，韓退之改“三月”爲“音”字，亦穿鑿。“聞韶三月”絶句。

---

① 按，《後漢書·伏侯宋蔡馮趙牟韋列傳》載南陽太守杜詩上疏薦湛曰：“臣詩竊見故大司徒陽都侯伏湛，自行束脩，訖無毀玷，篤信好學，守死善道，經爲人師，行爲儀表。”李賢注：“自行束脩，謂年十五以上。”按，《後漢書·鄧張徐張胡列傳》：“使束脩守善，有所勸養。”此“束脩”與《伏湛傳》之“束脩”均爲約束修養義，與《論語》、《少儀》之“束脩”異。

文莫吾猶人也

欒肇曰："案燕齊之間謂勉强爲文莫，今語猶然。"肇深於《論語》，此説必有所授。杜詩有"久拚野鶴同双鬢，遮莫鄰雞下五更"。"遮莫"二字殆不可曉。嚴有翼以"侭教"之説發明之，其旨遠顯。予喜其文相若，故併有取焉耳。《草堂詩箋》云"遮"音之夜反。

無間然

子曰："禹，吾無間然矣。"間，隙也，猶玷缺也。孔子謂禹之所爲，我無以見其玷缺之可議也。由其菲飲食、惡衣服、卑宫室言之，似儉不中礼也；由其致孝乎鬼神、致美乎黻冕、盡力乎溝洫言之，則誠無玷缺之可議：是以始終言其"無間然矣"。

食不厭精

厭，讀如"厭飫"之"厭"，言食與膾雖精而細，亦不厭飫而食之。盖夫子嘗曰"食無求飽"，又曰"謀道不謀食"，故知其於精細猶不求其厭飫，況饐、餲、餒、敗、臭、惡、失飪，則不食也必矣。

先進後進

"子曰先進於礼樂"至"吾從先進"：先進，指三代而上；後進，指三代而下也。謂三代而上，教行俗美，而禮樂達天下，雖野人亦能之，況君子乎？三代而下，政異俗殊，而禮樂有壞闕，惟君子能之，野人則莫之能行也。所以夫子必欲從三代之盛時也。

皆不及門也

"子曰從我於陳蔡者"至"子遊子夏"：門，非門庭之門，乃門目之門。夫子歎其從陳蔡之徒，其同患難如此，苟不幸不保首領以没，皆不及門目之側，無以表於後世，是有遺恨也，可不念歟？遂舉四科之目，以歸於顔、閔而下十人焉。

子樂

"閔子侍側，誾誾如也；子路，行行如也；冉有、子貢，侃侃如也。"此三句非夫子之言，乃當時記事者之言也。繼之以"子樂若由也不得其死然"云者，乃是夫子因子路行行，遂指其胷中之病，而爲是言。則"子樂"當作"子曰"，聲之誤也。"曰"、"悦"聲相近，寫者既誤以爲"悦"，又轉"悦"爲"樂"故也。既以由也爲不得其死，又何樂之有？

論篤是與

子曰："論篤是與，君子者乎？色莊者乎？""與"如"吾與點也"之"與"，論其篤厚，則所與者君子之人乎？色莊之人乎？君子則躬行者，色莊則色厲而内荏者。

不可則止

“所謂大臣者，以道事君，不可則止。”大臣以道格君心之非，則無復有發於政、害於事者。此所謂“不可則止”也。

忠告而善道之

“子貢問‘友’。子曰：‘忠告而善道之，不可則止，毋自辱焉。’”言忠告，即不可則止也；言善道之，即毋自辱焉也。“自”非“自取”、“自求”之“自”，乃訓“從”也。凡有不可處，即止之，豈非忠告乎？毋從取辱之事以導之，豈非善道之乎？何謂從恥辱之事以導之？凡非禮非義之事，一或導之，則辱身也；不忠不孝之事，一或導之，則辱君親也。既辱身又辱君親，非朋友之罪而誰罪？

必也狂狷乎

子曰：“不得中行而與之，必也狂狷乎？狂者進取，狷者有所不爲也。”此章歎無中道之可與也。聖門之學，不容有去偏之失。[1] 大過之偏流爲狂，[2]不及之偏流爲狷。故子張之病在大過，子夏之病在不及，聖人皆指其偏以拒之焉。有狂狷而尚與之者乎？乃知此言“乎”者，疑辞也。疑則不與可知。與狂者乎？則狂者進取，即大過也。與狷者乎？則狷者

---

① “去”，四庫本、知不足齋本並作“一”。
② “大過”，四庫本、知不足齋本並作“太過”。下一“大過”同。

有所不爲,即不及也。中道安在哉?聖人深歎無中行之可與,故發是言也。

禹稷躬稼

南宫适曰:“禹稷躬稼而有天下。”初夫子雖不之荅,終也必曰:“君子哉若人!”且禹尽力於溝洫而有天下,則然矣;稷播種百穀,不過一諸侯耳,而云“有天下”,何哉?得非積功累仁,至文武而興乎?

桓公殺公子糾

“子路曰:桓公殺公子糾,召忽死之,管仲不死,曰未仁乎”至“如其仁”;“子貢曰:管仲非仁者與,桓公殺公子糾,不能死,又相之”至“經於溝瀆而莫之知也”:桓公,齊襄公之弟也。初,襄公之立也,政令無常,故公子小白奔莒,齊地。公子糾奔魯。公孫無知弑襄公,齊人殺無知,[①]大夫高傒先有以陰召小白,故小白自莒先入而得齊,是爲桓公,非取諸子糾之手也,乃殺子糾。小白誠惡矣,然齊实納小白也。《春秋·莊公九年》書:“公伐齊,納糾,[②]齊小白入于齊。”《左氏》誤多“子”字。《公》、《穀》皆無“子”字,是也。何稱“糾”而不稱“子”,言“小白”而又言“齊”?是糾不當立,而小白當立者也。九月又書:

---

① “殺”,原作“弑”,蓋涉上“弑襄公”而誤,據四庫本改。又《春秋·莊公九年》“九年春,齊人殺無知”,可證。

② “納糾”,今本《公羊傳》、《穀梁傳》並同,《春秋左氏傳》經傳均作“納子糾”。

“齊人取子糾殺之。”以糾謂之“取”，傷糾之在魯，魯不能覆護，齊得而殺之，所以甚齊之惡，而譏魯之不競也。以“子”繫之“糾”，蓋子糾兄也，弟其可殺乎？所以重小白之不弟也。管仲雖嘗爲子糾之傅，然子糾未嘗爲世子，不當争立，是以管仲明此之義，終身不讎桓公，而得相之以霸也。

嘗觀伊川之説，以桓公爲兄，子糾爲弟，往往因薄昭《與淮南厲王》書曰“齊桓殺其弟以反國”，遂誤之，晦庵又附會而援其説，蓋不之審也。按《史記·齊世家》云：襄公立，殺誅数不當。群弟恐禍及，故次弟糾奔魯，小白之莒。十二年，公孫無知弑襄公而自立，高、國陰召小白於莒，[①]高傒立之，爲桓公。《左氏·莊公八年》注云：“子糾，小白庶兄。”鄧驥《左氏指縱》云：“桓公，襄公之季弟也。”《世家》既云“次弟糾”，《左氏》注又云糾爲“小白庶兄”，《指縱》又云桓公爲季弟，則子糾兄也，小白弟也，無疑矣。故《荀子》亦曰：“齊桓殺兄而争國。”《仲尼》篇。伊川之説誠爲誤矣。

鄉原

“鄉原，德之賊。”晦庵先生云“‘原’與‘愿’同”，非也。愿之爲言慤也。愿慤則爲謹厚之人，必不肯同流合汙。所謂鄉原，即推原人之情意，隨波逐流，佞僞馳騁，苟合求媚於世，故曰“一鄉之原人”，是以爲德之賊也。司馬温公解《揚子》“賊仁近鄉原”，謂所至之鄉，徇衆隨俗，[②]求媚於人者，其説盡之。

---

① “召”，原脱，句不成義，據四庫本、知不足齋本補。

② “徇”，四庫本作“狥”。

卷之六

盧陵孫奕季昭撰

經説　論語①

作者七人

《藝苑雌黄》記“作者七人”，②不取包氏、鄭氏之説，固是；獨取王弼之説，亦非。至謂“《伊川語録》云：‘伏羲、神農、黄帝、堯、舜、禹、湯，制法興王之道，非有述於人者也。’此説亦不敢從”，予謂《雌黄》未可信也。“作”即“作者之謂聖”之“作”，伊川所言，蓋有所本，此而不從，將焉從哉？嘗讀《易大傳》，見夫伏犧之畫八卦，无非具天地人物之理。而神農於耒

① “論語”，原無，據全書標題體例補。

② 按，《藝苑雌黄》，北宋嚴有翼撰，原書已佚，後人輯録八十餘條，無論“作者七人”者。《論語・憲問》：“子曰：‘賢者辟世，其次辟地，其次辟色，其次辟言。’子曰：‘作者七人矣。’”何晏《集解》引包咸注：“作，爲也。爲之者凡七人，謂長沮、桀溺、丈人、石門、荷蕢、儀封人、楚狂接輿。”邢昺疏：“王弼云：‘七人：伯夷，叔齊，虞仲，夷逸，朱張，柳下惠，少連。’鄭康成云：‘伯夷、叔齊、虞仲，辟世者；荷蓧、長沮、桀溺，辟地者；柳下惠、少連，辟色者；荷蕢、楚狂接輿，辟言者。七當爲十字之誤也。’”

耜，則取諸“益”；日中爲市，則取諸“噬嗑”。与黄帝、堯、舜衣裳之制，九舟楫、杵臼、弧矢、宫室之制，皆天理人事之不可廢者。是以夫子推其所從始，而云“伏犧氏作”，“神農氏作”，“黄帝、堯、舜氏作”，豈無謂歟？後乎堯、舜而九疇之義未著，於是夏后氏作，而叙九疇。後乎禹而夏桀之悪方熾，於是殷湯氏作，而伐夏弔民。此賢聖之君六七作，要皆開端創始者之爲也。信乎，孔子之言作者爲万世之公論，而伊川之取作者之名爲万世之至當云。

友便辟

按《前漢・佞幸傳贊》曰“咎在親便嬖，所任非仁賢，故仲尼著‘損者三友’”，正引此語。“嬖”字從“女”，與《孟子》“便嬖不足使令於前”同，則“辟”讀爲“寵嬖”之“嬖”亦通，舊音婢亦切。

其爲東周乎

子曰：“如有用我者，吾其爲東周乎！”“乎”，反辞也，言公山氏如用孔子，則必興起西周之盛，而肯復爲東周之衰乎？揚子雲擬《論語》直謂：“如其好問仲尼，則魯作東周矣。”釋者便謂：“使魯能好問仲尼，則魯亦可使復興西周之盛於東周之地尔。”此特爱揚子而爲之説，曾不知夫子之所謂“乎”与揚子之所謂“矣”，二字大相遼絶，孝者冝辨之。

患得患失

“其未得之也，患得之；既得之，患失之。”按《家語》：“其未得之也，患不得之；既得之，患失之。”比《論語》多一“不”字，辞意甚明。

在人

子貢曰：“文武之道未墜於地，在人。贤者識其大者，不贤者識其小者，莫不有文武之道焉。”“在人”二字爲一句，謂文王武王之道未墜，猶在於人，言人皆有之也。故賢者則能識文武之道之大者，雖不賢亦能識文武之道之小者，所以無不有文武之道也，非在人而何？

仕優學優

子夏曰：“仕而優則學，學而優則仕。”仕優而不劣，則仕盡善矣。仕盡善，則雖曰未學，吾必謂之學也。學優而不劣，則學盡善矣。學盡善，則是亦爲政，奚其爲政也？

君子不施其親

按《開元五經文字》：“君了不弛其親。弛，音始，易也，棄忘也。舊音昌移切，非。”予謂即孔子云“親者毋失其爲親”是也。

舉逸民

“舉逸民，天下之民歸心焉。”何晏謂“逸民者，節行超逸也”。林少穎亦謂“逸”爲“俊逸”之“逸”，如俊民之義，非隱逸也，其義可取。

孟子

孟子篇目

《前漢・藝文志》曰：儒家有《孟子》十一篇。以今攷之，篇目少於前，何也？曰：合今之七篇與《外書》四篇，即十一篇矣。昔嘗聞前輩有曰：“親見館閣中有《外書》四篇，曰《性善辨》，曰《文説》，曰《孝經》，曰《爲政》。”則時人以“性善辨文”爲一句，“説孝經爲正”爲一句，甚乖旨趣。古文“辯”、“辨”，“正”、“政”通用。

見梁惠王

“孟子見梁惠王”与“孟子見梁襄王”，皆下見上之“見”，並當與“暴見於王”，“他日見於王”同音“現”。孫宣公前前“見”字无音，[1]爽。學者相承如字讀，非也。案《史記列傳》：孟子游事齊宣王，不能用，去齊適梁。是以古史亦謂孟子先事齊宣王，後乃見梁惠王。及攷《司馬温公年譜》，孟子見惠

① “前前”，四庫本作“説前”，知不足齋本作“前二”。

王時，乃當梁惠王之三十四年，齊威王之四十三年，是時宣王尚未即位，故七篇之書以《孟子見梁惠王》冠其首，以齊宣王之問継其後，則先後有序可見矣。故《列傳》爲難信，而《年譜》有所據云耳。

智足以知聖人汙

"宰我子貢有若智足以知聖人汙不至阿其所好"，當以"智足以知聖人汙"七字爲句。汙，小也。三子之智可以知聖人之小者，不至阿私所愛而空譽之。

四端

惻然而傷，隱然而痛也。羞恥己之惡，惡憎人之惡也。辞卻以舍己，讓推以与人也。是曰是，非曰非也。端，始也。有惻隱、羞恶、辞讓、是非之心，即爲仁、義、礼、智之始也。

龍斷

"龍"音"壟"，"断"如字。龍断者，岡壟断而崛起之小山也。四顧无礙，可左右望而見其商旅負贩之來者，以羅取一市之利。故曰："必求龍断而登之，以左右望而罔市利。"

草尚之風必偃

尚，謂加也。加之風，则草必偃伏。"尚"与《論語》"上"

字亦通。

行辟人可也

"歲十一月,徒杠成;十二月,輿梁成,民未病涉也。君子平其政,行辟人可也,焉得人人而濟之?"杠、梁,皆橋也。通徒行者曰徒杠,通車輿者曰輿梁。辟,法也。言君子平其政,則行所謂"徒杠成"、"輿梁成"之法於人可矣,安能尽以所乘之車載而渡之哉?

詩亡然後春秋作

孟子曰:"《詩》亡然後《春秋》作。"文中子曰:"《小雅》廢,《春秋》作。"一言《詩》亡,一言《雅》廢,何也? 自平王《黍離》之詩降爲《国風》,則天下无復有《雅》,而《春秋》始於平王矣。桉平王之孫桓王、[1]《兔爰》,刺桓王失信。曾孫莊王《丘中有麻》,刺莊王不明。猶有風,二詩皆見《王国風》。則是王者之《雅》亡而《春秋》作,王通之言良以此夫!

戎狄是膺

"《魯頌》曰:'戎狄是膺,荆舒是懲。'周公方且膺之。"《滕文公上》。此僖公之詩也。孟子以爲周公方且膺之,人皆疑焉。桉《春秋》書"公子遂如楚乞師",則僖公之畏楚甚矣。《僖

---

① "桉",四庫本、知不足齋本並作"按"。下條"桉"字同。

二十六年》。書“公會齐侯于淮”，則僖公之服齐久矣，《僖十七年》。寧有“膺之”之势？及即《明堂位》《礼記》。質之，周公踐祚，朝諸侯，而九夷、八蛮、六戎、五狄之国，隨方各至，則知孟子所謂“膺之”，良以此夫。然詩人独以頌僖公，何邪？曰：史克知僖公之心在於尊祖之功業，乃爲之作頌，一以推尊周公，併以美僖公，盖詩人之意也。説者直以爲僖公時事，不當其義，此孟子所以兩言“周公膺之”也。

則枉尋直尺而利

“且夫枉尺而直尋者，以利言也。如以利，則枉尋直尺而利，亦可爲与？”當以“枉尋直尺而利”爲句，以明有計利之心，則雖枉多伸少而有所利，亦可爲之耶？甚言其不可也。

小德役大德

“天下有道，小德役大德，小賢役大賢；天下无道，小役大，弱役强。斯二者，天也。”有道之世，人以德勝，故德賢之小者爲德賢之大者役。无道之世，人以力勝，皆不修德，故小而弱者役於大而强。此天理之必然者也。

故者以利爲本

“天下之言性也，則故而已矣。故者以利爲本。”此孟子以水喻性，乃指其迹以示人也。故者，即故道也，有迹可見者也。利，猶順也，謂自然之勢也。勢有二，自然与使然也。人性之善也，猶水之就下也。人无有不善，水无有不下，此自然也。今夫水搏而躍之，可使過顙；激而行之，可使在山。是豈水之性哉？其勢則然也，此使然也。今之所謂故，如禹之行水，亦因其故道而導之，未嘗有一毫之拂逆，所以无横流之害也。

少艾

“人少則慕父母，知好色則慕少艾。”嘗遍攷載籍，“艾”字並无美好之説。《曲禮》：“五十曰艾，服官政。”《魯頌》：“俾尔耆而艾。”《荀子》：“耆艾而信，可以爲師。”皆謂老也，初无一言以爲幼而美。殆因流俗承誤爲此説，①陳晋之又改“艾”字爲少女。孟子知言之要，豈不經如此之甚！原《孟子》之意，即《荀子》所謂“妻子具而孝衰於親”之義。“人少”當音去声，“慕少”當音上声，“艾”讀如“夜未艾”之“艾”，艾之爲言止也。謂人知好色，則慕親之心稍止也。

鬱陶

“象曰：‘鬱陶思君尔。’忸怩。”謂象思之甚而氣不伸，猶陶瓦処煙氣，欝而不散也。② 故来見而有忸怩之慙色。

---

① “殆”，原作“始”，據四庫本、知不足齋本改。
② 按，“鬱陶”爲連綿字，與陶瓦無關，季昭所言恐非。

舜爲法於天下

“舜爲法於天下，可傳於後世。”舜遭人倫之变而不失天理之常，故使頑嚚之親而尽子道，[①]封傲很之弟而尽兄道，刑于二女而尽夫道，歷試諸難而尽臣道，凡人倫之至者，舜无一之不善也，宜乎可爲天下後世之法也。

不屑之教誨

“教亦多術矣，予不屑之教誨也者，是亦教誨之而已矣。”[②]多術，言非一端也。屑，軽也。“不憤不啓，不悱不發，举一隅不以三隅反，则不復也”，即孔子不軽之教誨也。謂軽易以教之，其孝则不固。使其人若能因此退自修省，则是亦我教誨之也。

聖人然後踐形

“形色，天性也。惟聖人然後可以踐形。”形色，外也；天性，内也。有諸内必形諸外，则外即内也。人肖天地之貌，懷五常之性，则發見於形色之間，皆天性也，此之謂能踐人之形。一爲情慾所汩，以乱其天性，则虽有人之形，而不能踐其形矣。故惟聖人然後可。

---

① “使”，四庫本、知不足齋本並作“事”。

② “是”，原作“其”，據四庫本、知不足齋本及《孟子》改。

過化存神

君子，在上之君子也。“所過者化，所存者神”，謂所過於人者化，所存於己者神，故其德与天地同流，可謂其益无方矣。

性之反之

孟子曰：“堯、舜，性者也；湯、武，反之也。”安而行之者，性也；勉强而復者，反之也。堯、舜存其天性，湯、武還其天性，及其成功，一也。

奮乎百世之上

“聞柳下惠之風者，薄夫敦，鄙夫寬，奮乎百世之上”爲断句，“百世之下”連下句“聞者莫不兴起也”讀之。

孝經

景行

序有曰：“朕嘗三復斯言，景行先哲。”按“景行”二字，佗无所見，實本於《車舝》“景行行止”之語。[①] 此若依舊音去声讀，则“景行先哲”一句，亦難强通。今質之東莱《讀詩記》，於

① “舝”，原作“牽”，據四庫本及《詩經》改。

“景行”下注云:“《釋文》下孟反,當不音。”又引晦庵:“朱氏曰:景行,大道也。”則“行”字平讀无疑。蓋詩人以“高山”對“大道”而言,皆取喻之辞,若德行則不類。然晦庵於《詩》,則以“景”訓“大”,“行”訓“道”,乃謂大路之可行。此序則當以“景”訓“明”,“行”訓“踐”,而謂明踐先聖之訓,則辞意曉然。或者不審“景行”之音訓,徃徃泥此一句,便隨声是非,倡爲景慕之説。慱攷經傳,“景”之爲言大也,明也,“景”、“慕”二字徃徃因《孝經叙》而言之。近世尺牘中,間有用之者。殊未聞有以“景”一字訓“慕”也。或有以“景顔”、“景蘇”命名,已无謂矣,甚者有“景賢”之称,則是自名曰“大賢”可乎?嗚呼!音訓之不講,其敝至此。①

断章取義

聖人之於六經,造理高遠,去取隨意,无溺於本文,无泥於一句。故《孟子》有“不以文害辞,不以辞害志”之説。如曰“一人有慶,兆民頼之”,本非爱敬事,孔子則取以證天子之孝;“如臨深渊,如履薄氷”,本非諸侯事,孔子則取以證諸侯之孝。或以“赫赫師尹,民具尔瞻”證三才,或以“有覔德行,四国順之”證孝治。② 夫如是,然後見夫子於《孝經》之書断章取義,无所不可,而不經之道通矣。③ 若乃自天子至于卿士,每章或引《書》,或引《詩》,独於《庶人章》无之,此又見聖人之於貴賤有别焉。

---

① “敝”,四庫本、知不足齋本並作“弊”。
② “治”,原作“經”,此據四庫本、知不足齋本、《孝經》及本篇上文體例改。
③ “不經”之“不”字蓋誤,四庫本作“孝”,知不足齋本作“六”,未詳孰是。

哭不偯

偯，舊音哀。觀《礼記·間傳》曰："大功之哭，三曲而偯。"《釋文》："於起反。声餘從容也。許氏《説文》作'倞'，云：'痛声。'"《廣韻》、《玉篇》、《集韻》皆音"於豈反"。舊音不攷諸家而誤爲之音。

卷之七

盧陵鄉先生孫奕季昭撰

文説

史重複

書有意異而言同者，有意同而言異者。如“矜而不爭，群而不黨”，言同而意異者也；“足食，足兵，民信之矣”，言異而意同者也。然前之言，人皆知之；後之言，無子貢三者之問，孰知其兵、食之外，又有信也？

古人之立言，深嚴如此，若夫後世則不然。良史之才，古今莫不以遷、固爲稱首。《史記·孟嘗君傳》言馮公“形容狀貌”，乃四字而一意；《西漢·張禹傳》言“後堂理絲竹筦絃”，乃四字而二物。《昭帝贊》言“周成有管、蔡四国流言之变”，夫舉四国則管、蔡已在其中矣，乃四字而駢文。《南史·恩幸傳序》云：“謀於管仲，齊桓有召陵之師；邇於易牙，小白掩陽門之扇。”[①]小白即齊桓也，不亦重複乎？獨韓退之作《王仲舒碑》，又作《誌》，蘇子瞻作《司馬君實行狀》，又作《碑》，其事

---

① “扇”，原作“善”，據知不足齋本及《南史》改。

雖同,其辞則異。雖然,《左氏》此患,亦或不免。《文公五年》:"臧文仲聞六與蓼滅,曰:'皐陶庭堅不祀忽諸。'"六、蓼二国皆皐陶之後,楚滅之。按《文公十八年》"才子八人"注云:"庭堅,皐陶字也。"則此既言"皐陶"又言"庭堅"何耶?

文重複

漢人文章,最爲近古,然文之重複,亦自漢儒倡之。賈生《過秦論》曰"席卷天下,包舉宇内,囊括四海之意,并吞八荒之心",四句而一意也。至於陸士衡《文賦序》曰"妍蚩好惡",四字而二意也。① 張景陽之《七命》既曰"甇鼇爲之擗摽",②又曰"嫠老爲之嗚咽",豈"甇鼇"、"嫠老"果二義乎?③ 既曰"桉以商王之箸",④又曰"承以帝辛之杯",豈"商王"、"帝辛"果二人乎?既曰"蹙封豨",又曰"僨馮豕",豈"封豨"、"馮豕"果二物乎?

承舛襲譌

"絲竹"、"管絃"均二物耳,班孟堅既不之審,遽書此以爲

---

① "蚩",四庫本、知不足齋本並作"媸"。
② "甇鼇",四庫本、知不足齋本並作"甇嫠"。
③ "甇鼇",四庫本、知不足齋本並作"甇嫠"。
④ "桉以商",四庫本、知不足齋本並作"按以商"。按,"桉"、"按"恐均誤,似當爲"接"。今本《文選·張協〈七命〉》作:"接以商王之箸,承以帝辛之杯。""接"與"承"對文。李善注:"商王、帝辛,皆謂紂也。《史記》曰:'帝乙崩,子辛立,是爲帝辛,天下謂之紂。'《六韜》曰:'殷君陳玉杯象箸。'《韓子》曰:'紂爲象箸。箕子曰:象箸玉杯,不盛菽藿者也。'"

張禹後堂之盛，王羲之又拾以序蘭亭，則承舛襲謬而不自知也。

祖述文意

歐陽文忠公初得昌黎文，嘗曰："苟得禄矣，當尽力于斯文，以償于素志。"居無幾何，公以文章獨步當世，而於昌黎不無所得。觀其詞語豐潤，意緒婉曲，俯仰揖遜，步驟馳騁，皆得韓子之體。故《本論》似《原道》，《上范司諫書》似《諫臣論》，《書梅聖俞詩藁》似《送孟東野序》，《縱囚論》、《怪竹辯》断句皆似《原人》，盖其横翔捷出，①不減韓作，而平澹詳贍過之。若夫《羅池碑》曰"春與猿吟兮，秋鶴與飛"，則退之又自深得《離騷·東皇太一》歌"吉日兮辰良"之句法。②《寄崔立之》詩曰："歡華不滿眼，咎責塞兩儀。"則又深造乎班固《賔戲》"福不盈眦，禍溢於世"魏人章疏亦云："福不盈眦，禍將溢世。"之遺意。其前輩各相祖述類如此。

---

① "其"，四庫本作"有"。

② 按，《羅池碑》即韓愈《柳州羅池碑》。陳善《捫虱新話》："《楚辭》以'日吉'對'良辰'，以'蕙殽蒸'對'奠桂酒'，沈存中云：'此是古人欲錯綜其語以爲矯健故爾。'予謂此法本自《春秋》。《春秋》書：'隕石于宋五。是月，六鷁退飛過宋都。'説者皆以石、鷁五、六先後爲義，殊不知聖人文字之法正當如此。且如既書曰'隕石于宋五'，又曰'退飛鷁于宋六'，豈成文理？故不得不錯綜其語，且以爲健也。《楚辭》正用此法。其後韓退之作《羅池碑》云：'春與猿吟兮，秋鶴與飛。'以'與'字上下言之，蓋亦欲語反而詞健爾。今《羅池碑》石刻古本如此，而歐陽公以所得李生《昌黎集》較之，只作'秋與鶴飛'，遂疑石本爲誤。惟沈存中爲始得古人之意，然不知其法自《春秋》出，蓋自予始發之。"存中，沈括字，"此是"云云，見沈括《夢溪筆談·藝文一》。《東皇太一》，見《楚辭·九歌》。

祖意而勝

東坡《喜雨亭記》云"使天而雨珠,則寒者不得以爲襦,使天而雨玉,則飢者不得以爲粟",即劉陶《改鑄大錢議》有曰"就使當今沙礫化爲南金,瓦石变爲和玉,使百姓飢無所食,渴無所飲"之遺意。然不如東坡辞婉意明,所謂出藍更青者也。

擬聖作經

作經以擬聖者,其後儒之僭者乎? 自非僭者,則揚雄不作《大元經》以擬《易》,[1]漢。王長文亦不作《通元經》以擬《易》,晋。劉向不作《洪範五行傳》以擬《書》,漢。陳黯亦不作《禹誥》以擬《書》。唐。而《虞卿春秋》、趙相。《吕氏春秋》、秦相吕不韋《楚漢春秋》、陸賈。《吴越春秋》、趙曄。《晋春秋》、[2]檀道鸞。《唐春秋》吴兢。之類無聞焉。《漢尚書》、孔衍。《隋尚書》、王劭。《後漢尚書》、《漢魏尚書》、[3]並孔衍。《續書》、王通。《續尚書》唐陳正卿。之類無有焉。揚雄不作

① "大元",四庫本、知不足齋本並作"太玄"。按,"大"、"太"古字通。"元"當作"玄",清人避康熙帝諱改。

② "《晋春秋》",知不足齋本徐鯤注:"檀道鸞書名《續晋陽秋》,晋人避諱改'陽'爲'春'也。孫盛、鄧粲書名《晋陽秋》,又有習鑿齒《漢晋陽秋》。"整理者按,唐人杜延業據南朝梁蕭方等《三十國春秋》中有关晋朝事迹删輯而成《晋春秋》二十卷,一作《晋春秋略》,記述三國魏齊王嘉平元年(249)至東晋恭帝元熙二年(420)史事,原書久佚。

③ "漢魏尚書"疑當作"後魏尚書"。

《法言》以擬《論語》之精微，王通不作《中説》以擬《論語》之緼奥。

嗚呼！《孝經》，孔子所論也。孰知郭良輔又变爲《武孝經》，唐。鄭氏又易爲《女孝經》，唐侯莫陳邈妻。以至《農孝經》、皇朝賈元道。《酒孝經》，不著撰人名氏。紛紛而出。《爾雅》，周公所記也。孔鮒又轉爲《小尔雅》，不著撰人名氏，擬爲楚孔鮒撰，後乃别行。張揖又衍爲《廣雅》，魏。以至《博雅》、[①]《埤雅》陸農師。譊譊而興。配《孝經》者，又有馬融之《忠經》，林少穎《羣經辨惑》云："馬融作《忠經》。"《崇文總目》又載："海鵬撰《忠經》，失其姓氏。[②]"準《論語》者，又有宋尚宫之《女論語》，唐内人宋若莘著，見《唐書·宋若昭傳》。皆其僭之尤者乎！

史体因革

自編年變爲紀、爲書、爲表、爲世家、爲列傳也，司馬迁躋項羽於紀，與帝王並，則失史体。迁、固列吕后於紀，不没其實，則合《春秋》法。

《史記》始制八書，《前漢》改爲十志，《東觀漢書》曰"記"，

---

① "《博雅》"，知不足齋本孫志祖案："《博雅》即《廣雅》也，避隋煬帝諱改名，季昭乃誤以爲二書。"顧廣圻《校補》則云："'張揖'當作'曹憲'。《玉海》以魏《廣雅》、隋《博雅》並列，云'憲改廣爲博'，又云'因張揖《廣雅》附作音訓，更爲十篇。《書録解題》《廣雅》魏博士張揖撰之下有隨齋批註云：《博雅》乃隋曹憲撰。'是當時類以《廣雅》屬揖，《博雅》屬憲，故履齋兩言之也。傳寫者誤'曹憲'爲'張揖'，乃與上文複而不可通。"

② "失其姓氏"，知不足齋本孫志祖案："海鵬姓海，何云'失其姓氏'？"

華嶠《後漢》曰“典”，張勃曰“録”，《吴録》。何法盛曰“説”，《晋中興書》。《五代史》曰“考”，《司天考》。其實一也。如迁曰《平準》，固曰《食貨》；《前》曰《地理》，《後》曰《郡国》；“書”曰《河渠》，“志”曰《溝洫》；“書”曰《封禪》，“志”曰《郊祀》。班易《天官》爲《天文》，范易《礼楽》爲《禮儀》。①“律”與“歷”、“禮”與“楽”、“兵”與“刑”，或分或合。《百官》、《輿服》固所無，曄增之；《五行》、《藝文》馬所闕，班補之。《隋》獨著《經籍》，②《唐》特出《選舉》。沿革紛如也。

自大史公效《周譜》以爲“表”，桓譚説。何法盛改“表”爲“注”。以至諸侯稍卑，當别於天子，故稱世家，然陳勝、吴廣起自群盜，迁不應特舉而列之。唯《三国》以吴、蜀儕之列国爲當傳之爲躰，大抵記公卿之行事。

迁始傳《循吏》，《晋》曰《良吏》，《三国》則闕。曄始傳《文苑》，《隋》曰《文學》，《唐》曰《文藝》。《後漢》爲《獨行》，《唐》爲《卓行》，《五代》《一行》焉。《後漢》爲《方術》，《魏》爲《方伎》，《晋》《藝術》焉。自《晋》至《唐》改東都《逸民》爲《隠逸》，自《唐》以来改《南唐》《孝義》爲《孝友》；《列女》不見於《西漢》，《義兒》獨見於《五代》。迁、固皆作《佞幸》，《南》、《北》曰《恩幸》。《魏》、《晋》俱作《后妃》，五季曰《家人》。稱號雖異，躰制不殊也。

---

① 按，《後漢書》紀傳部分为南朝宋范曄撰，其《志》爲西晋司馬彪撰，此云“范易”，誤。知不足齋本徐鯤案：“誤以司馬彪爲范蔚宗。”本條下文稱“《百官》、《輿服》固所無，曄增之”，亦誤。

② “隋”，原作“隨”，據四庫本、知不足齋本改。

古今之言詳略

聖人之言,文約而意已盡,自然不可易,而非若後世君子好自立論也。

觀孔子之言,性曰“相近”而已,而孟子曰“善”,荀子曰“惡”,楊子曰“混”,何其彰彰也。觀孔子之言三代相因,曰“損益可知”而已,而董仲舒曰“上忠”、“上敬”、“上文”,太史公曰“忠以野”、“敬以鬼”、“文以僿”,何其紛紛也。至於“行夏之時”,一語而已,後世乃有建子、建丑、建寅三正、三統之擾擾。《禮記·大傳》“改正朔”疏云:周子,商丑,夏寅,是改正也;周夜半,商雞鳴,夏平旦,是易朔也。三正、三統,見《前漢·律歷志》篇。《春秋》之書一編年而已,後世遂变而爲“紀”、“書”、“世家”、“列傳”,甚者“書”变而爲“志”爲“表”,“志”又变而爲“攷”,《五代史》。“列傳”又衍而爲“敍傳”。《前漢》。

“河出圖,洛出書”,《論語》与《易大傳》两言之而已,《春秋緯》乃云:“河以通乾,出天苞;洛以流坤,吐地符。河龍啚發洛,龜書感《河啚》有九篇,《洛書》有六篇。”

“中人以上”、“中人以下”,曰可与不可語上而已,《語》六。芋尹无宇辞曰“人有十等”,《昭公七年》。班固《古今人表》分九等,《前》。司馬迁儒之外五家,孟堅儒之外八流。盧景亮撰《于𩓥神道碑》。或增或損,或因或革,紛紛籍籍,殆有不可勝言者矣。

句法同

伊尹有“不被堯舜之澤,若己推而納之溝中”,張平子得之於付曰：[①]“人或不得其所，若己納之於湟。”范雎“一飯之德必償，睚眦之怨必報”，孔融得之於書曰：“睚眦之怨必讎，一餐之惠必報。”[②]

黄魯直《孝優齋銘》曰“孝哉身哉，身哉孝哉”，句法使班孟堅《典引》曰“唐哉皇哉，皇哉唐哉”，其祖出《益稷》曰“臣哉鄰哉，鄰哉臣哉”。

杜子美《南郊賦》曰：[③]“九五之後，人人自以爲遭唐虞；四十年來，家家自以爲稷卨。”句法使曹子建《与楊德祖書》曰：“人人自謂握靈蛇之珠，家家自謂抱荆山之玉。”其源出崔駰《達旨》曰：“家家有以樂和，人人有以自優。”及楊雄《解嘲》曰：“家家自以爲稷卨，人人自以爲皐陶。”

退之《進孝解》曰：“口不絶吟於六藝之文，手不停披於百家之篇。”句法使夏侯湛《抵疑》曰：“志不輟著述之業，口不釋《雅》、《頌》之音。”李白《上裴長史書》曰：“何王公大人之門，不可揮長劒乎？”句法用鄒陽《上吴王書》曰：“何王之門不可曳長裾乎？”

唐啖助曰：“設教於本，其敝且末；設教於末，敝將柰何？”句法使唐太宗《帝範》曰：“取法於上，僅得其中；取法於中，不免爲下。”并正觀二十二年徐惠上疏曰：“作法於儉，猶恐其奢；作法於奢，何以制後。”[④]其祖出渾罕曰：“作法於凉，其敝猶貪；作法於貪，敝將若之何？”《昭四年》。

① “付”，四庫本、知不足齋本並作“賦”。

② “睚眦”二句，見《後漢書·鄭孔荀列傳》載路粹《爲曹公與孔融書》。此云“孔融得之”，誤。

③ “賦”，原誤作“付”，據四庫本、知不足齋本改。

④ “猶”，四庫本、知不足齋本並作“尤”。“制”，四庫本作“示”。

文意同

《孟子》"不教民而用之，謂殃民"，《告子下》。即孔子"以不教民戰，是謂棄之"之遺意。《論語》十三。

《孟子》"分人以財謂之惠，教民以善謂之忠"，《滕上》。即孔子"爱之能勿劳乎，忠焉能勿誨乎"《憲問》。之遺意。

孟子曰"子産惠而不知爲政"，《娄下》。即孔子曰"子産惠人也"《憲問》。之遺意。

孟子曰"大人者言不必信，行不必果"，《娄下》。即孔子曰"言必信，行必果，硜硜然小人哉"《子路》。之遺意。

《孟子》"詖辞知其所蔽，淫辞知其所陷，邪辭知其所離，遁辞知其所窮"，《丑上》。即《易大傳》"將叛者其辞慙，中心疑者其辞枝，吉人之辞寡，躁人之辞多誣，善之人其辞游，失其守者其辞屈"之遺意。

《祭統》云"養則觀其順也，丧則觀其哀也，祭則觀其敬而時也，尽此三道者，孝子之行也"，[①]即《孝經》"居則致其敬，養則致其楽，病則致其憂，喪則致其哀，祭則致其嚴，五者備矣，然後能事親"之遺意。

《左傳序》"斈者優而柔之，使自求之，厭而飫之，使自趍之"，即与東方朔《答客難》"枉而直之，使自得之，優而柔之，使自求之，揆而度之，使自索之"同。

《中庸》曰"施諸己而不願，亦勿施於人"，即子曰"己所不欲，勿施於人"《語》十五。之遺意。

---

① "時"，原作"順"，據四庫本及《禮記》改。

《荀子》曰“勞苦之事則争先之，[1]饒樂之事則能讓”，即子曰“仁者先難而後獲”之遺意。《語》六。

經同文

舜告禹曰：“衆非元后，何戴？后非衆，罔与守邦。”伊尹告太甲曰：“民非后，罔克胥匡以生；后非民，罔以辟四方。”

《曲礼》：“爱而知其恶，憎而知其善。”《大學》：“好而知其恶，恶而知其美。”

《儒行》：“礼之以和爲貴。”有子曰：“礼之用，和爲貴。”

《礼器》曰：“經礼三百，曲礼三千。”《中庸》曰：“礼儀三百，威儀三千。”

《少儀》曰：“士依於德，游於藝。”子曰：“依於仁，游於藝。”《語》七。

《仲尼燕居》曰：“明乎郊社之義，禘嘗之礼，治国其如示諸掌而已乎。”《中庸》曰：“明乎郊祀之礼，禘嘗之義，治国其猶示諸掌乎。”

子産曰：“夫礼，天之經也，地之義也，民之行也，天地之經而民是則之。”《昭二十五》。子曰：“夫孝，天之經也，地之義也，民之行也，天地之經而民是則之。”《三才章》。

孔文子之將攻大叔也，訪於仲尼。仲尼曰：“胡簋之事，則嘗斈之矣；甲兵之事，未之聞也。”《哀公十一》。衛靈公問陳於孔子，孔子對曰：“俎豆之事，則嘗聞之矣；軍旅之事，未之斈也。”《語》十五。

---

① 後一“之”字，今本《荀子·修身》無。

經異文

《周官》曰：唐虞百官，夏商官倍。《書》。《明堂位》曰："有虞氏官五十，夏后氏官百，殷二百，周三百。"

《孟子》曰："夏曰校，殷曰序。"《明堂位》曰："序，夏后氏之李也。"

《礼記》曰："五十不從力征。"[1]《周礼》曰：国中六十，野則六十有五，皆征之。

《記》曰：天子有世婦，有嬪。《周礼・天官》所序先是九嬪，[2]次則見世婦。

《王制》、《孟子》皆載公侯地方百里，伯七十里，子、男五十里。《周礼・大司徒》云：諸公之地封疆方五百里，諸侯之地封疆方四百里，諸伯之地三百里，諸子之地二百里，諸男之地方百里。

《地官・遂人》："凡治野，夫間有遂，十夫有溝，百夫有洫，千夫有澮，万夫有川。"《冬官・匠人》："爲溝洫，田首謂之遂，井間謂之溝，成間謂之洫，同間謂之澮。"

《孟子》言"有布缕之征，粟米之征，力役之征"。《周礼・載師》言"宅不毛者有里布，田不耕者出屋粟，凡民无戢事者出夫家之征"。

《語》曰："夫子之道，忠恕而已矣。"《語・里仁》。《中庸》曰："忠恕違道不遠。"

子曰："夏礼吾能言之，杞不足徵也。殷礼吾能言之，宋

① "征"，今本《禮記・王制》作"政"。
② "是"，四庫本、知不足齋本並作"見"。

不足徵也。文獻不足故也。足，則吾能徵之矣。”《八佾》。孔子曰：“吾欲觀夏道，是故之杞，而不足徵也，吾得夏時焉。吾欲觀殷道，是故之宋，而不足徵也，吾得《坤》、《乾》焉。《坤》、《乾》之義，夏時之等，吾以是觀之。”《礼運》。

子曰：“夫民，教之以德，斉之以礼，則民有格心；教之以政，斉之以刑，則民有遯心。”《緇衣》。子曰：“道之以政，斉之以刑，則民免而无耻；道之以德，斉之以礼，有耻且格。”《爲政》。

《檀弓》曰：“兄弟，吾哭諸廟；父之友，吾哭諸廟門之外；師，吾哭諸寢；朋友，吾哭諸寢門之外；所知，吾哭諸野。”《奔喪》曰：“哭父之黨於廟，母妻之党於寢，師於廟門外，朋友於寢門外，所識於野，張帷。”

《曲禮》曰：“父之讎，弗與共戴天；兄弟之讎，不反兵；交游之讎，不同国。”《檀弓》曰：“子夏問於孔子曰：‘居父母之仇，如之何？’夫子曰：[①]‘寢苫，枕干不仕，弗與共天下也。遇諸市朝，不反兵而鬭。’曰：‘請問居昆弟之仇如之何？’曰：‘仕弗與共国，銜君命而使，雖遇之不鬭。’曰：‘請問居從父昆弟之仇如之何？’曰：‘不爲魁，主人能，則執兵陪其後。’”《調人》曰：“凢和難，父之讎辟諸海外，兄弟之讎避諸千里之外，從父兄弟之讎不同国。”

楊子曰：“子游、子夏得其書矣，未得其所以書也；宰我、子貢得其言矣，未得其所以言也；顔淵、閔子得其行矣，未得其所以行也。《君子》篇。”與《論語》“德行”、“政事”、“言語”、

① “夫”，原作“交”，據四庫本、知不足齋本及《禮記·檀弓》改。

“文斈”之説太異。[1]

《左氏》曰“裨諶謀於野則獲，謀於邑則否《襄三十一年》。”，與《論語》“爲命裨諶草創之”之説太異。

史同文

蒯通爲漢言之，則曰：“秦失其鹿，天下共逐。”蘇世長爲唐言之，則曰：“隋失其鹿，天下共逐。”

狄仁傑爲張光輔言之，則曰：“一越王死，百越王生。”房琯爲第五琦言之，則曰：“一國忠死，百國忠生。”[2]

“衛青在位，淮南寢謀”，何武上封事之語也。《漢·辛慶忌傳》。“汲黯在朝，淮南寢謀”，韋處厚上疏之語也。《唐·裴度傳》。

“富貴不歸故鄉，如衣錦夜行”，項籍思歸之語也。《前》。“富貴不歸故鄉，如衣繡夜行”，漢武爲朱買臣言也。《前》。

蘇章曰：“今夕蘇孺文與故人飲者，私恩也；明日冀州刺史按事者，公法也。”遂舉正其罪。《後漢》。源懷曰：“今日源懷與故人飲酒之座，非鞫獄之所也。明日公庭始爲使人檢鎮將元尼須。罪狀之處。”既而懷欲劾尼須。《後魏》。

文帝勞軍細柳，先驅至，不得入。都尉曰：“軍中聞將軍令，不聞天子詔。”上至，使使持節詔將軍，乃開壁門。後戒太子曰：“周亞夫真可任。”《亞夫傳》。太宗使宦官至段志玄所，

---

① “太”，四庫本、知不足齋本並作“大”。下文“太異”同。

② 自“琦言之”起至下文“畫地爲獄埶不入削木爲吏議不對畫”，連同其間原注共三百九十字底本原缺，據四庫本補。

志玄謂軍門："不可夜開，手敕不辨真僞。"留之至明。太宗曰："真將軍。"《唐》。

貢禹曰："冠一免，可復冠乎？"《前》。司馬騰曰：①"門一杜，其可開乎？"《晋》。

叔孫通曰："本一摇，天下震動。"狄仁傑曰："本一摇，天下危矣。"

張釋之曰："廷尉天下之平也，一傾，民安所措手足？"李素立諫高祖曰："三尺之法一摇，則民無所措手足。"

堯"朝有進善之旌"，《漢·文紀》。"舜有告善之旌"。《管子·威公問》。

"畫地爲獄埶不入，削木爲吏議不對"；司馬子長《報任少卿書》。"畫地爲獄議不入，刻木爲吏期不對"。《路温舒傳》。

"敢於殺人而不敢於養人"，《前·刑法志》。② "忍於殺人而不忍於刑人"。仲長統《昌言論》。

"死諸葛走生仲達"，《晋·宣帝紀》。"死姚崇筭生張説"，《唐明皇録》。"死劉楨茈生顧揔"。《幽怪録》。

"寧我薄人，無人薄我"，《宣十二年》。"寧我負卿，無卿負我"，《魏氏春秋》。"寧我負人，無人負我"③。孫盛《雜記》。

"野禽殫，走犬烹"，《前·蒯通傳》。"狡兎死，良狗烹"無

① 按，《晋書·隱逸傳·氾騰》："氾騰，字無忌，敦煌人也。舉孝廉，除郎中。屬天下兵亂，去官還家。太守張閟造之，閉門不見，禮遺一無所受。歎曰：'生於亂世，貴而能貧，乃可以免。'散家財五十萬，以施宗族，柴門灌園，琴書自適。張軌徵之爲府司馬，騰曰：'門一杜，其可開乎！'固辭。病兩月餘而卒。"此云"司馬騰"，蓋季昭誤記。

② 按，此語見於《漢書·禮樂志》而非《刑法志》，原注誤。

③ "無"，《三國志·魏書·武帝紀》"太祖乃變易姓名，間行東歸"裴松之注引孫盛《雜記》作"毋"。

異。《韓信傳》。

“使羊將狼，皆不肯爲用”[1]；《張良傳》。“其治如狼牧羊，不可令治民”。《義縱傳》。

---

① “肯爲”，原誤作“爲肯”，據四庫本、《漢書・張良傳》改。

卷之八

盧陵鄉先生孫奕季昭撰

文説

史異文

《前・高帝贊》曰："劉向頌云：'漢帝本系，出自唐帝。'……由是推之，漢承堯運，德祚已盛"。《敘傳》又曰："皇矣漢祖，纂堯之緒。"後漢杜林議郊祀制乃謂："漢業特起，功不緣堯。"

《宣帝紀》曰：神爵三年八月，詔："益吏百石以下俸十五。"韋昭曰："若食一斛則益五斗。"荀悦《漢紀》云："益吏百石以下俸五十斛。"

劉輔上書曰："腐木不可以爲柱，卑人不可以爲主。"《荀紀》云："腐木不可以爲柱，人婢不可以爲主。"①

《東漢・仇覽傳》：爲蒲亭長，化不孝子陳元。謝承以爲

---

① "腐木"二句，《資治通鑑・漢紀・成帝永始元年》："里語曰：腐木不可以爲柱，人婢不可以爲主。"《考異》曰："《劉輔傳》云：'腐木不可以爲柱，卑人不可以爲主。'荀《紀》'柱'作'珪'，'卑人'作'人婢'。今'柱'從《漢書》，'人婢'從荀《紀》。"

陽遂亭長,化不孝子羊元。

《唐書·來濟傳》“宣城石仲覽”,《高智周傳》“江都石仲覽”。

《唐·百官志》云“平章事自李靖始”,《郭正一傳》“自正一始”。

《百官志》云“大宗設官七百三十員”,《曹確傳》乃曰“大宗著令文武官六百四十三”。①

《兵志》曰:“天下府兵六百三十有四,而在関中者二百六十有一。”陸贄奏議謂:“置府兵八百,而関中五百。”

《太宗實録》云:“正觀四年,天下断死罪二十九人。七年天下死囚几三百九十人自詣朝堂。”《實録》乃云“二百九十人”。白居易《楽府》云:“死囚四百来歸獄。”《舊·本紀》、《統紀》、《年代記》皆云“二百九十人”。② 温公《考異》曰:“今從《新書·刑法志》。”《新書·刑法志》云:“正觀四年,天下断死罪二十九人。六年,親録囚徒閔死罪者三百九十人,縱之還家,期以明年秋即刑。及期,囚皆詣朝堂,無後者。太宗嘉其誠信,悉原之。”

班固《賓戲》曰:“孔席不煖,墨突不黔。”《淮南子·修務訓》篇曰:“孔子無黔突,墨子無煖席。”

---

① 二“大”字,四庫本、知不足齋本並作“太”。

② “皆云‘二百九十人’”,顧氏《校補》:“《太宗實録》云‘正觀四年’,鈔及明刻皆如此,今刻依或校改‘實録’爲‘本紀’,大非。温公《考異》之文曰‘四年《實録》云天下斷死罪止二十九人,今年《實録》乃有二百九十九人,何頓多如此’云云,履齋全取彼,然則下文‘《實録》’者,七年《實録》也,上文‘《實録》’者,四年《實録》也,不得改爲‘本紀’甚明。又,‘《實録》乃云二百九十九人’,鈔及明刻皆脱下‘九’字,今刻亦欠,當補。”

《前・食貨志》晁錯曰："堯、禹有九年之水，湯有七年之旱，而国亡捐瘠者，以蓄積多而備完具也。"《荀子・富国》篇云："禹十年水，湯七年旱，而天下無菜色者，十年之後，年穀俱熟而陳積有餘，是無他故焉，知本末源流之謂也。"

晋荀勗曰："省吏不如省官，省官不如省事，省事不如清心。"唐李德裕曰："省事不如省官，省官不如省吏。"

《白居易傳》云"九歲暗識聲律"，元稹《白氏長慶集》云"五六歲識聲韻"。

又《白氏長慶集》云"雞林賈人求市其詩頗切，自云本国宰相每以百金换一篇"，《本傳》乃云"雞林行賈售其国相，亦十篇易一金"。

經史異

《易》曰："養賢以及萬民。"蕭何曰："養其民以致賢人。"

《舜典》曰："四罪而天下咸服。"《前》鮑宣《時政書》曰："堯放四罪而天下服。"

《孟子》曰："夏曰校，殷曰序，周曰庠。"《前・儒林傳》曰："夏曰校，殷曰庠，周曰序。"

《孟子》曰："庾公之斯李射於尹公之佗。"《离婁下》。《左氏・襄十四年》："尹公佗李射於庾公差。"

《孟子》曰："《詩》亡然後《春秋》作。"《文中子》曰："《小雅》廢，《春秋》作。"

《文中子・王道》篇："叔恬曰：'舜一歲而廵五嶽。'"《舜典》止廵四嶽。

破題道盡

爲文有三難：命意，上也；破題，次也；遣辭，又其次也。不善遣辭，則莫能敷暢其意；不善涵蓄題意，破題何自而道尽哉？則是破題尤難者也。嘗即是而觀古文，第一句便道尽題意，而尽善尽美者，我国朝得三人焉。

歐陽文忠公《縱囚論》曰："信義行於君子，刑戮施於小人。"則一句道尽太宗求名之意矣。其後《韓文公廟碑》，蘇文忠有"匹夫而爲百世師，一言而爲天下法"，又一句道尽昌黎之道義矣。百有余年而至周益公必大。《三忠堂碑》，①其曰："文章，天下之公器，万世不可得而私也；節義，天下之大閑，万世不可得而踰也。"謂文忠歐陽公以文鳴，忠襄楊公、忠簡胡公俱以忠義鳴，故首句已道尽三公平生事實。然太宗、文公二人耳，②皆易道；三忠既三人，又两塗，尤難道。公两句無一字無來処，殆与歐、蘇争光。

不寧惟是，以言乎表，則《誕皇孫賀重華宫》曰："有天下傳之子，初微黄屋之心；受帝祉施于孫，俶誕青宫之胄。"《乞致仕》曰："三千同臣心，甫際興王之運；七十致君事，適臨告老之年。"《謝復益国公》曰："華陽黑水，裂地而封；旧物青氈，從天而下。"以言乎啓，則《賀陳右相》曰："厎績政塗，奮庸揆路。済巨川，汝作舟楫，式資利涉之功；若和羹，尔惟盐梅，更賴均調之助。"《賀王德言除工部侍郎》曰："擢登起部，仍直鑾坡。閶闔晨趨，班冠貳卿之玉筍；絲綸夜草，燭摇内相之金

① "余"，四庫本、知不足齋本並作"餘"。

② "二"，四庫本作"一"。按，作"一"義長，言歐陽修《縱囚論》評論唐太宗一人，蘇軾《潮州韓文公廟碑》亦概括韓愈一人。每篇僅道一人，故云"皆易道"。

蓮。”《賀直院楊給事椿。》曰：“塗歸東省，儤直北門。論事激昂，百辟憚回天之力；摛文掞麗，四方傳擲地之声。”《謝刘守再送朱墨錢》曰：“長者賜，不敢辭，正惟禮屈；小人腹，已屬饜，過爲身謀。”凡此皆字字破的，篇篇出奇，只在首聯，其題意粲然，靡所不載，可謂文中虎也。公平昔所著可觀，不可殫，姑夅此，則嘗鼎一臠可知矣。

作文法

艮齋先生謝公昌国自起部丐祠歸渝上，嘗往謁焉。春容挾日，无所不論，因求作文之法。先生曰：“余少時讀昌黎文，得四字，取爲文法，平生用不盡。”乃跽而請曰：“四字謂何？”答曰：“奇而法，正而葩。《易》、《詩》之体，尽在是矣，文体亦不過是。然文貴乎奇，過於奇則黷，故濟之以法；文貴乎正，過於正則朴，故濟之以葩。奇而有法度，正而有葩華，两两相濟，不至偏勝，則古作者不難到，况今文乎？”

又嘗得尚書張公茂献《文箴》曰：[①]“作文有三病：意到而辞不達，如訟者抱直理，口訥莫伸，一病；辞達而調不工，如委巷相爾汝，俚鄙厭聞，二病；調工而躰不健，如堂堂衣冠美丈夫，而無精神，三病。”又曰：“非積氣之清以爲日月星辰，則日月星辰不足以爲天下之文；非馭氣之正以爲充实之文，則文雖文，不足以議自然之文。”是説也，雖詩人之優遠、騷客之靚深、史家之詳贍一舉而兼之，又豈特舉子之文而已哉！

---

① “尚書張公茂献”，未詳。宋人有章穎（1141—1218），字茂獻，寧宗朝曾任禮部尚書，未知是否爲此人。錢鍾書《談藝録》有“拙文中已引宋張茂獻《文箴》”語。

賦要識題

前輩"作賦湏看韻脚",誠不易之論。然近年主司亦有以韻脚誤人者。如吉州出"明哲通天地之心",韻脚云"此其实通而無間者",而所取不主禮刑。"三代有道之長",韻脚云"三代長久其故可知",而所取乃專主教太子。筠州出"明主謹養其和",以"知本末源流之謂也"爲韻,而所取不主財貨。乃知作賦湏就題熟認,不可參入外意。必若太夆出"天子當陽",韻脚云"天子當陽,照臨萬国",則以"陽"字爲大陽,①却不可不從。

賦湏韻韻意全

賀方回言:"學詩於前輩,得八句云:'平澹不流於淺俗,竒古不流於怪癖。題詠不窘於物象,敍事不病於聲律。比𠔥深者通物理,用事工者如己出。格見於成篇,渾然不可雋;氣出於言外,浩然不可屈。'尽心於此,守而勿失。"請借此以爲八韻之法,茍妙達此旨,始可言賦。

昔秦少游賦《郭子儀單騎見虜》,第四韻云:"玆盖事方急則冝有異謀,軍既孤則難拘常法。遭彼虜之勁悍,属我師之困乏。較之力則理必敗露,示以誠則意當親狎。我得不徹衛四環,去兵兩夾,雖鋒無鏌鎁之鋭,而势有泰山之壓。踞鞍以出,若無擒虎之威;失隊而驚,如棄華元之甲。"押險韻而意全若此,乃爲尽善。九八韻皆即此,可反三隅矣。

---

① "大",四庫本、知不足齋本並作"太"。

近歲效莆陽体者雖貴意全,然疊字多而失之冗,句法長而失之强,此非善學柳下恵者也。若解試、省試,尤貴得体,切宜知之。

賦貴巧於使事

高安解試《由也升堂賦》,滿場皆苦其無故實。林振体狀題意,獨得活法,只用孔門同時之事映帶。其第六聯云:"攀鱗附翼,仰窺在寢之淵;聞《禮》學《詩》,下視過庭之鯉。"主文李先之朴。撫案稱賞曰:"秪銷此聯,[①]已見由也果又。在堂上矣!"遂寘首選。

艮齋先生謝尚書嘗云:未第時,試《仁義天下之表制賦》,當時從游場屋者衆,皆閣筆,無以躰表制者。自作第四韻,散句有曰"民多拱極之星,世絶駭輿之馬",爲表制設也。有學生曾其姓者,巧於移掇,上添两句云:"如天其大,民皆拱極之星;若路以由,世絶駭輿之馬。"非特喚醒得題目意透,又以星襯仁天,馬襯義路,表制在其中矣。較有工夫,乃占第一,予次之。作者不可不知。

賦以一字見工夫

東坡有曰:"詩賦以一字見工拙。"誠哉是言!嘗記前輩説歐公柄文衡,出《堯舜性仁賦》,取劉煇天下第一。首聯

① "銷",四庫本、知不足齋本並作"消"。

曰：[1]"世陶極治之風，雖稽於古；内積安行之德，盖禀於天。"劉来謁謝，頗自矜。公雖喜之，而嫌其"積"字不是性，爲改作"藴"，劉頓駭服。

紹興己夘，庐陵秋試《大衍天地之樞賦》，劉明老破題八字云："法著大衍，理関万殊。"主司喜其"関"字包尽題意，取爲冠場，有用"該"字者皆末綴其後。太亭復出，魁者亦不過用此八字。郭昌明首冠，《宜春賦》曰："重明麗正化天下。"第三隔云："德增日日之新，斯能凝命；世被風風之教，孰不胥然。"以"風風"對"日日"，真不經人道語也。

① "聯"下，四庫本、知不足齋本並有"句"字。

卷之九

廬陵鄉先生孫奕季昭撰

文説

聲畫押韻貴乎審

初誠齋先生楊公考校湖南漕試，同寮有取《易》義爲魁。先生見卷子上書“盡”字作“尽”，必欲擯斥。考官乃上庠人，①力争不可。先生云：“明日揭榜，有喧傳以爲場屋取得箇‘尺二秀才’，②則吾輩將胡顔？”竟黜之。

廬陵出《聖武爲天下君賦》，小賦押“君”字者，隔句皆押“能羣”韻，而多寫作“群”。當時有数人作者，賦甚工，意必前列，而竟不掛名。後主文出院，与勸駕言及此，甚嗟惜之。且云：“二十‘文’韻中無‘群’字，凡如此寫者皆不敢取。”又出《三代有道之長賦》，三字韻或押“殽函”者，並行黜落。盖“函”音“諴”，見二十七“咸”，其与三字同韻乃“函人唯恐傷人”之“函”。胡南切。臨江軍出《順天爲日新之教賦》，“教”字

① “庠”，原作“痒”，據四庫本、知不足齋本改。

② “場”，原作“塲”，據知不足齋本改。四庫本作“塲”。

韻“效”、“傚”二字，寫出“効”、“倣”，不從“文”而從“力”者，並不取。所謂顏魯公有《干禄字》，即此可知後之人凡書者不可不辨其畫，押者不可不審其聲。

雙音字貴詳審

林德頌垌《賦文精義》云：[①]“如《車攻宣王復古賦》，‘復’字本獨音扶又反，俗音伏。熊淳押‘旧’字，云：‘苟根本之謀在我素講，則統緒之托指期可復。’皆本音也。沈之万押‘肅’字，云：‘所嗟古制之久泯，豈謂此詩之能復。’此用俗音也。理當從《經釋文》是，然恐主文用俗音，故須上請。”予按《經釋文·車攻序》“復古”、“復文”皆无音，唯“復會”獨音“扶又反”。“復古”之“復”當音伏，訓“反也”，“復會”之“復”訓“又也”，則此“復古”，熊淳押去声非是，沈之万押入声乃是，林德頌顧第弗深究也。

林又云：“如‘渾天仪’字本音胡本反，葉重開《天行健賦》云：‘爰有稚圭，擬形容於轉轂，故令平子妙制，作於渾仪。’此誤作平音用也。如姚鳳《渾天羲和之旧器賦》云‘妙契洪造，器名渾天’此是矣。”予稽諸《楊雄傳》“大潭思渾天”，顏師古音胡昆反，[②]《楊子·重黎》篇“或問渾天”，温公音胡本切，則二音皆得通押，不可謂誤。

張教授炳在廬陵郡斈，出《孟荀羽翼六經賦》，“羽”有两音，上声者五音之“羽”，去声者“羽翼”之“羽”，有上請者，許

---

① “垌”，知不足齋本作“坰”。按，林垌，未詳。宋有林駉，字德頌，寧德（今屬福建）人，領嘉定九年鄉薦，有《古今源流至論》。

② “師”，原作“思”，據四庫本、知不足齋本改。

押上声,乃是落韻。

協韵虽亦作字不可重押[①]

如秦少游《君臣相正国之肥賦》第五韵云[②]:"因知正主而御邪臣者,難以成乎安强;正臣而事邪主者,不能浸乎明昌。美亚時之會聚,常直道以更相。盖上下交孚兮,若從繩之糾昼;故民俗阜蕃也,常飽德以康强。所以舜申后稷之忠,民或飢而可救;[③]唐相韓休之鯁,己虽瘠以何傷!"係中魁選。有訟其重疊用韵,遂殿峑。朝旨令後詩賦如押安强,即不得押康强矣。[④] 盖十陽韵中"强"字亦作"强"故也。[⑤]

用事貴審[⑥]

凡用事須深究本文,不可以虛對實。如陳傅良《漢斲琱爲樸賦》云:"吏尚刻深,弊見於乾封、元鼎;意多穿鑿,機形於五鳳、黄龍。"按《漢·郊祀志》:武帝封泰山,改元封元年。明年夏旱,公孫卿曰:"黄帝時,封則天旱,乾封三年。"乃下詔曰:"天意欲乾封乎?""乾"音干,則"乾封"非年號也,以對"五鳳"則爲偏矣。

---

① "虽亦作字",四庫本無此四字。
② "秦",原作"游",據四庫本、知不足齋本改。
③ "飢",四庫本作"饑"。
④ "强",知不足齋本作"彊"。
⑤ "强字亦作强",四庫本作"强字亦作疆",知不足齋本作"彊字亦作强"。
⑥ "貴"下,四庫本有"詳"字。

祭文簡古

世傳北狄来祭皇太后文，楊大年捧讀，①空紙无一字，即自撰曰："惟霊巫山一朵雲，閬苑一團雪，桃源一枝花，秋空一輪月，豈期雲散雪消，花殘月缺。伏惟尚享！"時仁皇深喜其敏速。歐陽文忠公奉母夫人喪帰庐陵，道過臨江，李觀以著作佐郎知清江縣，太守命作祭文。應声而成，曰："孟軻亞聖，母敎之也。夫人有子如軻，虽死何憾？尚享！"公听之甚悲感，且擊節称賞。

二者虽皆祭文，然体律簡古，詞意超絶，真得尹師魯止用五百字可記之法。使施之它文，无不可者，故表而出之。

對用人名

觀皇甫嵩《醉鄉日月》，②有徵人名，必分品類，則用字之法，貴乎親切，於是略試申之。如**風雲**中用朱雲、斛律明月，則申以李淳風、南霽雲。高霞寓，韋雲起；袁天綱，崔日用。**鳥獸**中用魏豹、扁鵲，則申以伯虎、仲熊。叔豹，季騧；梁鴻，高鳳；賈彪，郭象；陳龜，朱鳳；崔駟，朱虎；孔鯉，祝鮀；石季龍，韓擒虎。**草木**中用鄧艾、越椒，則申以薛柳、張松。張華，崔寔；王筠，盧杞；元德秀，高仙芝。**布帛**中用季布、爰絲，則申以黄裳、黥布。伍被，陸扆；田布，常衮。**顔色**如衛青、李

① "大"，原作"太"，據四庫本、知不足齋本改。

② 按，《醉鄉日月》三卷，唐皇甫松撰，已佚。此謂"皇甫嵩"，蓋誤。

白，則申以陶朱、李赤。師丹，李絳；朱邑，黄香；白圭，黄霸；龔黄，元白；赤松子，黄石公。**形体**如張耳、伯牙，則申以隸首、姜肱。骿臂，公肩；[1]班叔皮，習鑿齒。**親族**如王郎、衛子夫，則申以竇王孫、嬰。嚴公子。彭祖。羊叔子，祜。劉伯祖。祐。**家具**如刘盆子、闕。[2] 公孫杵臼，則申以袁盎、京房。臧宫，渾室；管輅，張衡；劉盆子，高甑生。**州郡**如馮唐、孔光，則申以王吉、法真。欒廣，李通；張衡，李歆；賈夔，杜抚；栾巴，馮道；馬嚴，李賀。

又以門目觸類而長之，如**国名**用馬周、董晋，李漢、馮唐，吴漢、路隋，孫楚、蘇秦，唐儉、虞翻，西周、東周，前漢、[3]後漢。**帝王**用趙堯、王舜，貢禹、張湯，田文、蘇武。**卦名**用楊震、来恒，李巽、苗復，唐臨、崔涣，蘇安恒、温大有，賈敦頤、韓思復，程知節、韋思謙，薛大鼎、沈既済。**金玉**用韓瑗、唐璿，蘇瓌、蕭瑀，周瑜、李珏，王珪、房琯，郭璞、庾琛，衛玠、劉琨，蔣琬、劉璋，張守珪、李抱玉。**數目**用九方皐、百里奚，員半千、武平一，張九齡、權万紀，雷万春、程千里，武三思、方万頃，張万福、鄂千秋。**山川**用刘元海、馬子山，安禄山、倪若水，段干木、韋巨源，孔北海、李西河，賈山、和嶠，賈島、李源，韋淮、李峴，王潮、李漢，袁崧、温嶠，山簡、江淹。**四時**用子夏、杜秋，雷万春、車千秋，韋夏卿、趙冬曦。**四方**用東園公、北宫錡，姚南仲、公西華，東方朔、西門豹，南宫适、[4]北宫黝，

---

① 按，季昭蓋以“骿臂”爲複姓，以與“公肩”相對。

② “劉盆子”，四庫本無此三字，知不足齋本空三格。

③ “前漢”，顧氏《校補》：“其‘前漢’之‘前’疑‘薛’字形近之譌（薛漢有傳，在《後・儒林下》），餘未知其審。”

④ “适”，原作“括”，據四庫本、知不足齋本改。

東施、西施，南阮、北阮。

以至高皇、[①]小白，倪寬、王猛，夏馥、黄香，劉晨、叔夜，谷永、牟長，傅喜、馮驩，李固、徐堅，梅福、王祥，許遠、袁高，娄敬、杜欽，周仁、韓信，馮道、刘德，祖逖、宗均，張衡、郤鑒，祖已、仲壬，田甲、庖丁，謝安、穆寧，陽虎、楽羊，牛崇、馬援，来濟、到洽，馬良、羊祜，宰我、夷吾，京房、渾室，伯夷、儀狄，灌夫、馮婦，徐孺子、来護兒，金安上、白敏中，司馬迁、公羊高，徐有功、蘇無畏，華無傷、申不害，蘇味道、娄師德，史叔賔、宗楚客，堯辟邪、《北史》：堯暄，字辟邪。霍去病，冉伯牛、桑弘羊，刘黑闥、杜黄裳，田仁會、崔信明。凢此皆可以類求，所謂世間未有無對者也。

詩説

假對

詩律有借對法，苟下字工巧，賢於正格也。少陵《北鄰》云："爱酒晋山簡，能詩何水曹。"《贈張四孝士》云："紫誥仍兼綰，黄麻似六經。"又："無復隨高鳳，空餘泣聚螢。"《送楊六使西蕃》云："子雲清自守，今日起爲官。"《寄韋有夏郎中》云："飲子頻通汗，懷君想报珠。"《九日》云："坐開桑落酒，来折菊花枝。一作"把"。"盖用"山簡"對"水曹"，"兼綰"對"六經"，"高鳳"對"聚螢"，"子雲"對"今日"，"飲子"對"懷君"，"桑落"對"菊花"。亦"清秋方落帽，子夏正离羣"

① 按，"高皇"蓋非人名。

之比也。如:少游与子瞻同席,自矜髭髯之美,曰:"君子多乎哉!"子瞻戲曰:"小人樊湏也!"《邵氏聞見後録》。尤借對之的者,况又全用經語。

偏枯對

詩貴於的對,而病於偏枯,雖子美尚有此病。如《重過何氏》曰:"手自栽蒲柳,家緫足稻粱。毛氏注《詩》云:"楊柳,蒲柳也。""《寄李白》曰:"稻粱求未足,薏苡謗何頻。"《田舍》曰:"櫸柳枝枝弱,枇杷樹樹香。"此以一草木對二草木也。《贈崔評事》曰:"燕王買駿骨,渭老得熊羆。"《得舍弟消息》曰:"浪傳烏鵲喜,深負鶺鴒詩。"《寄高詹事》曰:"天上多鴻鴈,池中足鯉魚。"《寄李白》曰:"幾年遭鵩鳥,獨泣向麒麟。"又曰:"麒麟不動炉煙轉,孔雀徐開扇影還。"此以一鳥獸對二鳥獸也。《秋野》曰:"吾老甘貧病,榮華有是非。"《寄李白》曰:"未負幽棲志,兼全宠辱身。"《偶題》曰:"作者皆殊列,声名豈浪垂。"《上韋左相》曰:"聰明過管輅,尺牘倒陳遵。"是以二字對一意也。《人日》曰:"氷雪鶯難至,春寒花較遲。"是以二景物對一物也。《归鴈》曰:"見花辞漲浪,避雪到羅浮。惠州二山。"是以一水對二山也。《月夜》曰:"遥怜小兒女,未解憶長安。"是以二人對一郡也。《上韋左相》曰:"巫咸不可問,鄒魯莫容身。"是以一人對二国也。《贈太常張卿均》曰:"友于皆挺拔,公望各端倪。"是以歇後對正語也。《龍门》曰:"往還時屡改,川水日悠哉。"是以实對虚也。大手筆如老杜則可,然未免爲白圭之玷,恐後學不可効尤。

倒用字

詩中倒用字，獨昌黎爲多。《醉贈張秘書》曰："元凱承華勛。"《赴江陵》云：[①]"所孝皆孔周。"《归彭城》云："閭里多死飢"，"下言引龍夔"。《城南聯句》云："戞鼓侑牢牲。"又："百金交弟兄。"[②]《赴江陵》云："殷勤謝友朋。"《孟東野失子》云："薄厚胡不均。"《重雲》云：[③]"身体豈寧康。"《送惠師》云："超然謝朋親。"《荅張徹》云："碧海滴瓏玲。"《苦寒》云：[④]"調和進梅盐。"《東都遊春》云："渚牙相緯經。音徑。"《雜詩》云："詩書亙後前。"《寄崔立之》云："不約論財資。"又："无人角雄雌。"《孟先生》云："應對多差參。"又："此路轉嶇嶔。"[⑤]《符讀書》云："寒飢出无驢。"《人日登高》云："盤蔬冬春雜。"《南内朝賀》云："不見酬稗稊。"又："磨淬出角圭。"《晚秋聯句》云："惟孝平貴富。"《贈唐衢》云："坐令四海如虞唐。"《八月十五夜贈功曹》云："嗣皇继聖登夔皐。"《贈刘師服》云："後日懸知漸莽鹵。"《杏花》云："杏花两株能白红。"又："百片飄泊隨西東。"《感春》云："兩鬢雪白趨埃塵。"《和盤谷子》云："推書撲筆歌慨慷。音康。"皆倒字類也。

---

① "云"，原作"去"，據四庫本、知不足齋本改。

② 按，"戞鼓"、"百金"二句均孟郊句而非韓愈句。

③ "雲"，原作"云"，據知不足齋本改。按，《重雲》當指韓愈《重雲李觀疾贈之》。

④ "苦"，原作"若"，據四庫本、知不足齋本改。

⑤ "路"，原作"格"，據四庫本、知不足齋本改。

雙字

詩人下双字不一，然各有旨趣。如盧子諒“摵摵芳葉零”。① 韓吏部“淮之水舒舒，楚山直叢叢”；②“野晴山簇簇，霜曉菊鮮鮮”；“晨遊百花叢，朱朱兼白白”；“剥剥啄啄，有客至門”；“角角雉雊”，“羣雌粥粥”；“鵲声鳴楂楂，烏噪声擭擭”；“蛙黽鳴无謂，閣閣秪乱人”。“膈膈膊膊雞初鳴”；“月吐窻囧囧”。韋蘇州“漠漠帆來重，冥冥鳥去遲”。杜工部“野日荒荒白，江流泯泯清”；“无边落木蕭蕭下，不尽長江衮衮來”。荆公“新霜浦漵綿綿白，薄晚林峦往往青”。東坡“浥浥炉香初泛夜，離離花影欲摇春”。六一翁“霜雲映月鮮鮮色，③風葉飛空摵摵声”；“古屋醉吟灯豔豔，畫廊争听雨瀟瀟”。④ 聖俞“淡淡平田水，濛濛半嶺雲”。虽隨事命詞，要不苟也。

遞相祖述

老杜《戲爲》詩曰：“未及前賢更勿疑，遞相祖述復先誰。”所謂“夫子自道也”。嘗觀其《後出塞》曰：“借问大將誰，恐是霍嫖姚。”句法得之郭景純《遊仙詩》“借問此句誰，⑤云是鬼谷子”。《送十一舅》云：“虽有車馬客，而无人世喧。”句法得

① “盧”，原作“庐”，據四庫本、知不足齋本改。

② “直”，原作“且”，據四庫本、知不足齋本改。

③ “霜雲”，原作“霜云”，據四庫本改。知不足齋本作“霜華”。按，“霜雲”二句見歐陽修《内直奉寄聖俞博士》，今本正作“雲”。

④ “畫”，原作“尽”。按，“古屋”二句見歐陽修《聖俞在南省監印進士試卷有兀然獨坐之歎因思去歲同在禮闈慨然有感兼簡子華景仁》。

⑤ “此句”，知不足齋本作“此爲”，四庫本作“此何”。

之渊明《雜詩》“結庐在人境，而无車馬喧”。《春日憶李白》云：“何時一樽酒，重与細論文。”即孟浩然“何時一杯酒，重与李膺傾”之体。《復愁》云：“月生初孛扇，雲細不成衣。”即李乂府“鏤月成歌扇，裁雲作舞衣”之体。《醉歌》云：“天開地裂長安陌，寒尽春生洛陽殿。”即靈運“日映昆明水，春生洛陽殿”之体也。[①] 若夫退之“酒食罷无爲，棊槊以相娛”，句法又使少陵《今夕行》云“咸陽客舍一事无，相与博塞爲歡娛。”《祭姪孫湘文》云“情一何長，命一何短”，句法又使少陵《石壕吏》云“吏呼一何怒，婦啼一何苦”也。

用古今句法

杜詩《刈葵》“莫放手，放手莫傷根一作“傷葵根”。”，用《古詩·采葵》“莫傷根，傷根葵不生”。《江边小閣》云：“薄雲岩際出，孤月浪中翻。”用何遜《入西塞》云：“薄雲岩際出，初月波中上。”《寒食舟中》云：“雪白山青万餘里，愁看直北是長安。”用沈佺期云：“雲白山青千万里，幾時重謁聖明君。”《寒食舟中》云：“春水船如天上坐，老年花似霧中看。”用沈佺期云：“船如天上坐，人似鏡中行。”[②]《莫相疑行》云“晚將末契

---

① 按，謝靈運《與柳惲相贈答六首》：“黄鸝飛上苑，緑芷出汀洲。日映昆明水，春生鳷鵲樓。”此引“春生洛陽殿”蓋涉杜詩而誤。

② 按，宋蔡夢弼集録《草堂詩話》卷一引《詩眼》曰：“古人學問，必有師友淵源。漢楊惲一書，迥出當時流輩，則司馬遷外甥故也。自杜審言已自工詩，當時沈佺期、宋之問等同在儒館爲交遊，故杜甫律詩佈置法度，全學沈佺期，更推廣集大成耳。沈有云：‘雲白山青千萬里，幾時重謁聖明君。’甫云：‘雲白山青萬餘里，愁看直北是長安。’沈有云：‘人如天上坐，魚似鏡中懸。’甫云：‘春水船如天上坐，老年花似霧中看。’是皆不免蹈襲前輩，然前後傑句，亦未易優劣也。”

託年少”，用陸士衡《傷逝賦》云“託末契於後生”。此皆取古人之句也。

至於《戲題𡉏山水啚》云：“焉得并州快剪刀，剪取吴松半江水。”①即白楽天《听曹綱琵琶示重蓮》云：“誰能截得曹綱手，揷向重蓮細袖中。”“眼前旡俗物，多病也身輕”，即楽天“眼前旡俗物，身外即僧居”。“爲人性癖耽佳句，語不驚人死不休”，即楽天“人各有一癖，我癖在章句”。“金魚換酒來”，即太白“金龜換酒處”，此又同時人之句也。

類前人句

太白“獨酌勸孤影”，同渊明“揮杯勸孤影”。退之“江燕正飛飛”，同陸機“飛飛燕弄声”。

韋蘇州《荅裴棁》云“采菊露未晞，夆頭見南山”，同淵明“采菊東篱下，悠然見南山”。蘇子美“峡東滄淵深貯月，岩排紅樹巧粧秋”，同老杜“峡東滄江起，岩排石樹圓”。②

徐師川《早朝》云“黄帝遠臨天北極，紫宸位在殿中央”，老杜“玉几由来天北極，朱衣只在殿中央”。③ 元白《酧和》云：“有月多同賞，旡杯不共持。”即昌黎《縣齋讀書》云：“詩成有共賦，酒熟旡孤斟。”

① 按，“焉得”二句出杜甫《戲題王宰畫山水圖歌》。杜甫卒於唐代宗大曆五年(770)，白居易生於大曆七年(772)，季昭言杜詩襲用白居易句，誤。下同。

② 按，宋人阮閱編《詩話總龜》後集卷一引《藝苑雌黄》、《漁隱叢話》後集卷十九云：“蘇子美云‘峽東蒼淵深貯月，岩排紅樹巧妝秋’，非不佳也；然正用杜陵‘峽東滄江起，岩排石樹圓’之句耳，語雖工而無別意。”

③ 按，“玉几”二句見杜甫《至日遣興奉寄北省舊閣老兩院故人二首》，今本“央”作“間”。

潘佑《感懷》云“幽禽唤杜宇，宿蝶夢莊周”，即李白“野禽啼杜宇，山蝶孨莊周”。東坡《西湖新成》云：“二十四橋亦何有，换此十頃玻瓈風。”即歐公《西湖》云：“都將二十四橋月，换得西湖十頃風。”

太白云“但得酒中趣，勿爲醒者傳”，类靖節“但得琴中趣，何勞絃上声”。六一翁《食車螯》云：“但知美无厭，誰謂来甚遐。”梅聖俞《河豚》亦云：“但言美无度，誰知死如麻。”

東坡《初冬》云：“一年好処君湏記，正是橙黄橘緑時。”类昌黎《早春》詩：“最是一年春好処，絶勝煙柳滿皇都。”山谷云：“去時魚上氷，帰時燕哺兒。”类昌黎《征蜀聯句》“始去杏飛蝶，及帰柳鳴蛩”。

王元之《春日雜興》云：“何事春風容不得，和鶯吹折数枝花。”同老杜“恰似春風相欺得，夜來吹折数枝花”。宋元憲郊。云：“鑿開魚鸟忘情地，展尽江湖極目天。”同徐仲雅五代人。《題明月圃》云：“鑿開青帝春風圃，移下姮娥夜月楼。”

王荆公《梅花》云：“遥知不是雪，爲有暗香来。”类蘇子卿“只言花似雪，不悟有香来”。[1] 徐師川云：“誰家竹可欵，何処酒莫忘。”类退之《遊青龍寺》云：“何人有酒身无事，誰家多竹門可欵”。

太白《瀑布》云：“海風吹不断，江月照還空。”介甫《嘲白髮》云：“種種春風吹不長，星星明月照還稀。”楽天《琵琶行》云：“间関鶯語花底滑，幽咽泉流水下灘。”醉翁《听筝》云：“綿

---

① 按，“只言”二句見南朝蘇子卿《詠梅》。一説出自《古樂府》。宋人李壁《王荆公詩注》：“《古樂府》：‘庭前一樹梅，寒多不覺開。只言花似雪，不悟有香來。’荆公略轉换耳，或偶同也。”

蛮巧囀花间舌，嗚咽交流水下泉。"

唐朱晝《喜陳懿老至》云：[①]"一别一千日，一日十二憶。苦心无闲時，今日見玉色。"乃知山谷"五更帰夢三百里，一日思親十二時"之語相若。李白《題峯頂寺》云："夜宿峯頂寺，夆手捫星辰。不敢高声語，恐驚天上人。"乃知晏元献《危楼詩》全似之。陰鏗云："柳色黄金嫩，梨花白雪香。"太白《行樂詞》亦全用之。《晋書·載記》云："蛟龍得雲雨，鵰鶚在秋天。"杜子美《贈嚴閣老》亦全用之。[②]

杜詩轉字音[③]

杜工部反經史字音爲多，略舉數四。如霍去病爲嫖姚校尉，服虔音"飄摇"，師古音"頻妙、羊召反"，荀悦《漢紀》作"票鷂"字，今音"飄摇"，不當其義。公《贈田九判官》曰"將軍不數漢嫖姚"，《後出塞》曰"恐是霍嫖姚"，《寄卿嘉榮》曰"自是一嫖姚"，凡三押皆作平聲。

《六典》曰："後漢州置别駕持中，皆刺史自辟除。"《晋·職官志》曰："州置别駕治中從事。""治"字無音，而《六典》作"持"字。公《寄岳州賈司馬巴州嚴使君》曰："典郡終微眇，治

---

① "晝"，原作"書"。

② 自"太白行樂詞亦全用"下之"之"字起至本章結尾"亦全用之"共二十七字，底本原缺，據四庫本補。按，宋人阮閲《詩話總龜》後集卷二十五："'柳色黄金嫩，梨花白雪香'，陰鏗詩也，李太白取用之。杜子美《太白詩》云：'李白有佳句，往往似陰鏗。'後人以謂以此譏之。然子美詩有'蛟龍得雲雨，鵰鶚在秋天'一聯，已見《晋書·載記》矣。如'冰肌玉骨清無汗，水殿風來暗香滿'，孟蜀王詩，東坡先生度以爲詞。昔人不以蹈襲爲非。"

③ "杜詩轉字音"條共四百一十三字，原缺，據四庫本補。

中實棄捐。”趙彦才云：“‘治’從平聲。”

《後漢·明帝紀》：“謂羣臣曰：‘郎官上應列宿，出宰百里。’”“應”字無音。公《寄劉峽州》曰：“刺史諸侯貴，郎官列宿應。”既押平聲韻又使爲太守事。

《論語》“磨而不磷”，力刃切。公《暮春送馬大卿》曰：“此道未磷緇。”《别崔潩》曰：“但取不磷緇。”皆作平聲。

《張良贊》曰：“爲其貌魁梧奇偉。”蘇林曰：“梧音悟。”師古曰：“魁，大貌也；梧者，言其可驚悟。讀爲吾，非也。”公《贈蕭郎中》曰：“魁梧秉哲尊。”乃讀作“吾”。

《鄭典設自歸州歸》曰：“刺史似寇恂，列郡宜競借。”[1]乃讀作“迹”，蓋押“適”字韻也。《題衡州文宣王廟》曰：“耳聞讀書聲，殺伐思髣髴。”乃讀作“沸”，蓋押“至”字韻也。

《朝》詩曰：[2]“浦帆晨初發，郊扉冷未開。”“帆”音去聲，今韻書已收。又曰：“敕廚唯一味，求飽或三鱣。”《楊震傳》有“雀銜三鱣集講堂”，注音“善”，今押爲平聲。

韓詩轉字音

韓吏部押韻，或反平爲側，移側爲平亦復多。

《江漢》云：“華燭光爛爛。音闌。”《此日足可惜》云：“佳佳副所望。音忘。”《别竇司直》云：“婉孌不能忘。音望。”《詠筍》曰：“得時方張王。二音帳旰。”《東都遇春》云：“渚牙相緯經。音徑。”《送劉師服》云：“貴者恒難售。音酬。”《食蝦蟇》云：“余

① “借”，一本作“惜”。
② “朝”，原作“韓”，據知不足齋本改。

初不下喉，近亦能稍稍。所教反。”《讀東方朔雜事》云：“事在不可赦。音奢。”《方橋》云：“方橋如此作。音佐。”《送區弘南歸》云：“我念前人譬葑菲。音霏。”《望秋作》云：“怯膽變勇神明鑒。音監。”

柳詩轉字音①

柳儀曹押轉聲韻，亦復有之。《遊南亭敍志》云：“衆生均覆燾。音陶。”《望横江口》云：“島嶼疑掐振。音真。”《詠三良》云：“猛志填黄壤。音攘。”《詠韋安道》云：“朅來事儒術，十年所能逞。音呈。”

雖曰杜與韓、柳喜取别聲押韻，然自建安而來，已皆然矣。左太沖《雜詩》云：“壯齒不常居，歲暮常慨慷。”②則已轉“慷”爲平声也。陸士衡《爲顧彦先贈婦》云：“京洛多風塵，素衣化爲緇。”則已轉“緇”爲上声也。刘公幹《雜詩》云：“安得肅肅羽，從尔游波瀾。”此以去声郎肝切用“瀾”字也。顏延年《登巴陵城》云：“却倚雲夢林，前瞻京臺囿。”此以入声于六切用“囿”字也。即此觀之，則知四声皆有可通押者矣。

① “柳詩轉字音”條自開頭至“壯齒不”，連同原注共一百字，原缺，據四庫本補。

② 顧氏校補：“‘壯齒不常居’，《文選》‘常’作‘恒’。履齋避其真宗諱而改字，如改‘桓’爲‘威’，改‘匡’爲‘正’之類爲一例。但此詩下句自有‘常’字，讀者當知非複可也。”

卷之十

廬陵鄉先生孫奕季昭撰

詩説

出奇

杜詩只一字出奇，便有過人処。如“二月已破三月來”，“一片花飛減却春”，“朝罷香煙携滿袖”，“生憎柳絮白於綿”，“何用浮名絆此身”，則下得“破”字、“減”字、“携”字、“於”字、“絆”字，皆不可及。以至倒用一字，尤見工夫。如“蜀酒禁愁得，無錢何処賒”；《草堂即事》。“客睡何曾着，秋天不肯明”；客愁。“只作披衣慣，常從漉酒生”；《漫成》。“紅稻啄餘鸚鵡粒，碧梧棲老鳳凰枝”。《秋興》。凡倒着字，句自爽健也。

屡用字

杜陵翁獨爲詩人冠冕者，吐辭不凡，夐出塵表。有“受”字、“自”字、“不肯”字，前輩能言之。如“過”字，已经宗工鉅儒道破，然愈用而愈新者，請復拈出。所謂“龜開萍葉過”，

《屏迹》。"蛟龍引子過",《到村》。"四十明朝過",《守歲》。"何事炎天過",《万丈潭》。"步履宜輕過",《庭草》。"讀書難字過",《漫成》。"俊鶻無聲過",《朝》。① "雲裏不聞双鴈過",《戲作》。"河廣傳聞一葦過",《洗兵馬》。則孰不喜談而樂道!

若乃用"破"字,如"讀書破万卷",《上韋左丞相》。"嘗新破旅顔",《茅堂檢校收稻》。"梅蘂臘前破",《江梅》。"恋闕丹心破",《散愁》。"歌長擊樽破",《屏跡》。"白團爲我破",《湘江》。"悠悠边月破",《雨》。"鯨力破滄溟",《贈張四孝士》。"清風破炎暑",《雨》。"干戈滿地客愁破",《夔州歌》。"吾廬独破受凍死亦足"。《茅屋爲秋風所破歌》。

又用"一"字,如"乾坤一腐儒",《江漢》。"天地一沙鷗",《旅夜書懷》。"江漢一歸舟",《懷灞上遊》。"長嘯一含情",《公安懷古》。"防身一長劒",《投贈哥舒開府》。"每蒙天一笑",《能畫》。"万古一長嗟",《祠南夕望》。"囬首一茫茫",《懷錦水居士》。"社稷一戎衣",《重經昭陵》。"尤作一飄蓬",《老病》。"山陰一茅宇",《遣興》。"悲風方一醒",《酬薛十二判官見贈》。"一擬问高天",《題郭明府屋壁》。"一起轍中鱗",《蕭二十使君》。"吏呼一何怒,婦啼一何苦",《石壕吏》。"飄然時危一老翁",《冬狩行》。"江湖滿地一漁翁",《秋興》。"衮職曾无一字補",《題省中》。"万古雲霄一羽毛",《詠懷》。"浦上童童一青蓋",《浦樹爲風雨所拔歌》。"宿昔一逢无此流",《寄裴施州》。"先判一飲醉如泥"。《赴成都草堂塗中有作》。

又用"信"字,如"作客信乾坤",《刈稻了詠懷》。"吟詩信杖扶",《徐步》。"冥搜信客旌",《贈鄭諫議》。"所過信席珍",《寄薛

① "朝",原缺,據四庫本補。

三郎中》。"信然鼅觸網",《遣悶》。"信知生男恶",《兵車行》。"信是德業優",《毒热》。"大陽信深仁",《西閣爆日》。"疾恶信如讎",《除草》。"逸群绝足信殊傑",《沙苑行》。"兒童莫信打慈鵶",《題桃樹》。"春風自信牙檣動"。《城西陂泛舟》。

又用"生"字,如"春泥百草生",《登岳陽樓》。"春氣晚更生",《晚登瀼上》。"湍減石稜生",《西閣望雨》。"衆壑生寒早",《移牀》。"水生春纜没",《登白馬潭》。"欲得淮王術,風吹暈已生",《晚月》。"牛女年年渡,何曾風浪生",《天河》。"二月六夜春水生",《春水生》。"楼上炎天冰雪生",《江陵新樓城》。"大小二篆生八分"。《李潮八分哥》。

又用"䆘"字,如"時危䆘凋喪",《雨》。"无人䆘來往",《西郊》。"詩成䆘有神",《独酌》。"厨煙䆘遠庖",《題新津北楼》。"未䆘村野醜",《遭田父泥飲》。"飄蕭䆘素髪",《義鶻》。"但䆘高歌有鬼神",《醉時哥》。"已䆘氣与嵩華敵",《閬山哥》。"不䆘前賢畏後生",《戲爲》。"放筯不䆘金盤空",《設鱠長哥》。"取楽喧呼䆘船重",《晚携酒泛江》。凡此不厭其数用也。

練字

詩人嘲弄万象,每句必須練字,子美工巧尤多。如《春日江村》詩云:"過懶從衣結,頻遊任履穿。"又云:"經心石鏡月,到面雪山風。"《陪王使君晦日泛江》云:"稍知花改岸,始驗鳥隨舟。"《漫興》云:"糁徑楊花鋪白氈,點溪荷葉疊青錢。"皆練得句首字好也。

《北風》云:"爽携卑湿地,声拔洞庭湖。"《壯遊》云:"氣劘屈賈壘,目短曹刘牆。"《泛西湖》云:"豉花蓴絲热,刀鳴鱠縷飛。”《早春》云:“紅入桃花嫩,青帰柳葉新。”《秋日夔府詠懷》云:“峽束滄江起,巖排石樹圓。”《建都十二韻》云:“風断青蒲節,霜埋翠竹根。”①《柴門》云:“足了垂白年,敢居高士差。”皆練得第二字好也。

《復愁》云:“野鶻翻窺草,村船逆上溪。”《移居東屯》云:“子能渠細石,吾亦沼青泉。”《收稻》云:“誰云滑易飽,老藉軟俱匀。”《遣悶》云:“暑雨留蒸湿地,江風借夕涼。”《柴門》云:“石乱上雲氣,杉清延月華。”《水宿遣𦙶》云:“高枕翻星月,嚴城疊鼓鞞。”《過津口》云:“和風引桂楫,春日漲雪岑。”②《春帰》云:“遠鷗浮水静,輕燕受風斜。”《泛江作》云:“風蝶勤依槳,春鷗灝避船。”《春日江村》云:“捫蘿澀先登,陟巘炫及顛。”皆練得句腰字好也。

《寫懷》云:“無貴賤不悲,無富貧亦足。”《風疾舟中伏枕書懷》云:“烏几重重縛,鶉衣寸寸針。”《橋陵詩》云:“王劉竹潤,裴李春蘭馨。”《謁玄元皇帝廟》云:“仙李盤根大,猗蘭奕葉光。”《贈虞十五司馬》云:“爽氣金天豁,清談玉露繁。”《絶句》云:“江碧鳥逾白,山青花欲燃。”《寄張十二彪》云:“数篇吟可老,一字買堪貧。”皆練得句尾字好也。

至於“緑垂風折筍,红綻雨肥梅”,“雪嶺界天白,錦城曛日黄”,“破甘霜落爪,嘗稻雪翻匙”,③“霧交纔灑地,風逆旋隨雲”,“檢書燒燭短,看劍引盃長”,“紫崖奔処黑,白鳥去边明”,皆練得五言全句好也。“無边落木蕭蕭下,不尽長江衮

① “埋”,原作“理”,據四庫本、知不足齋本改。
② “雪”,四庫本、知不足齋本並作“雲”。
③ “甘”,四庫本、知不足齋本並作“柑”。按,“甘”本或作“柑”。

衮来”,[1]“傍見北斗向江底,仰看明星當空大”,[2]“返照入江翻石壁,歸雲擁樹失山村”,“影遭碧水潛勾引,風妬紅花却倒吹”,《落花》。皆練得七言全句好也。

屬對不拘

人皆知草堂先生“四十明朝過,《杜位宅守歲》。飛騰暮景斜”,“羈栖秋見裹,二十四廻明”,《初月》。“百萬傳深入,寰區望匪他”,《散愁》。“戎馬不如歸馬逸,千家今有百家存”《白帝》。皆爲偏對;不知“近接西南境,長懷十九泉”,《秦川雜詩》。“酒債尋常行處有,人生七十古来稀”《曲江》。不害爲正對。

至於“雙雙瞻客上,一一背人飛”,《歸鴈》。“蒼茫城七十,流落劍三千”,《寄賈司馬》。“十五男兒志,三千弟子行”,《示宗武》。“圭竇三千士,雲梯七十城”,《送郭中丞》。“秋水纔深四五尺,野航恰受兩三人”,《南隣》。“霜皮溜雨四十圍,黛色參天二千尺”,《古栢行》。又未始有一字非的對也。先生詞源衮衮,不擇地而出,無可無不可,何拘拘譾譾所可議。

爾汝

爾汝羣物,前此未有,倡自少陵。《白鹽山》詩云:“他皆任厚地,爾獨近高天。”《花鴨》詩云:“稻粱占汝在,作意莫先

---

① 按,“衮”,本或作“滚”。

② “傍”,四庫本、知不足齋本並作“旁”。按,“傍”,本或作“旁”。“底”,本或作“低”。

鳴。"《落日》云："濁醪誰造汝，一酌散千憂。"《梔子》云："無情移得汝，貴在映江梅。"《病馬》云："乘尔亦已久，天寒関塞深。"《雞》詩云："充庖尔輩堪，問俗人情似。"《瘦馬行》云："當時歷塊誤一蹶，委棄非汝能周防。"《杜鵑行》云："尔豈摧殘始發憤，差帶羽翮傷形愚。"《見螢火》云："滄江白髮愁看汝，來歲如今歸未歸。"至於有"一重一掩吾肺腑，山鳥山花吾友于"之句，《岳麓山道林二寺行》。① 則於物無異觀如此。王荆公《梅詩》有"少陵爲汝添詩具，可是無心賦海棠"，亦得公之遺意。

安得

或有以"安得"二字结尾，蓋杜公竊有望於當時天下後世者不淺也。故《喜雨》詩云："安得鞭雷公，滂沱洗吴越。"《遣具》云："安得廉耻將，三軍同晏眠。"《雪》詩云："愁邊有江水，焉得北之朝。"《三川觀水漲》云："夆頭向蒼天，安得騎鴻鵠。"《晚登瀼上堂》云："安得隨鳥鴒，迫此懼將恐。"《晝夢》云："安得務農息戰鬪，普天無吏横索錢。"《題韋偃畫馬歌》云："時危安得真致此，與人同生亦同死。"《王兵馬使二角鷹》云："安得爾輩開其群，驅出六合梟鸞分。"《早秋苦熱》云："南望青松架短壑，安得赤脚踏層氷。"《茅屋爲秋風所破歌》云："安得大厦千万間，大庇天下寒士俱歡顔。"《洗兵馬》云："安得壯士挽天河，浄洗甲兵長不用。"《石犀行》云："安得壯士提天網，再平水土犀奔茫。"《石笋行》云："安得壯士擲天外，使人不疑見本

① "寺"，原誤作"本"。

根。"《蠶穀行》云："焉得鑄甲作農器，一寸荒田牛得耕。"《大麥行》云："安得如鳥有羽翅，託身白雲還故鄉。"《光禄坂行》云："安得更似開元中，道路即今多擁隔。"《悲青坂》云："焉得附書與我軍，忍待明年莫倉卒。"《畫山水圖歌》云："焉得并州快剪刀，剪取吴松半江水。"①凡此皆含不盡之意。

嗚呼

歐陽公傷五季之離乱，故作《五代史》也，序、論則尽以"嗚呼"冠其篇首。杜公傷唐末之離乱，故作詩史也，於歌行間以"嗚呼"结其篇末。《折檻行》云："嗚呼房魏不復見，秦王孛士時難羨。"②《白馬》詩云："喪乱死多門，嗚呼涕如霰。"《冬狩行》云："嗚呼得不哀痛塵再蒙。"《茅屋爲秋風所破歌》云："嗚呼何時眼前突兀見此屋，③吾廬獨破受凍死亦足。"《天育驃騎歌》云："嗚呼健步無由騁，豈無騕褭如驊騮，④時無王良伯楽死即休。"《乾元中寓居同谷縣作歌七首》云："嗚呼一歌兮歌已哀，悲風爲我從天來。嗚呼二歌兮歌始放，閭里爲我色惆悵。""嗚呼三歌兮歌三發，汝歸何処收兄骨。""嗚呼四歌兮歌四奏，竹林爲我啼清晝。"⑤"嗚呼五歌兮歌正長，魂招不来帰故鄉。""嗚呼六歌兮歌思遲，溪壑爲我廻春姿。""嗚呼七歌兮悄终曲，仰視皇天白日速。"今古詩翁以"嗚呼"

---

① 二"剪"字，知不足齋本並作"翦"。"松"，四庫本作"淞"。
② "羨"，原作"美"，據四庫本、知不足齋本改。
③ "兀"，原作"元"，據四庫本、知不足齋本改。
④ 按，"如"今本或作"與"。
⑤ "晝"，原作"畫"，據四庫本、知不足齋本改。

二字寓於詩歌者稀，公獨有傷今思古之意。

知見

杜工部以“知”、“見”二字相配，横翔捷出，奇絶殊甚。觀其“碧知湖外草，紅見海東雲”，《晴》。“黑知灣澴底，清見光炯碎”，《万丈潭》。“青惜峯巒過，黄知橘柚来”，《放船》。“红取風霜實，青看雨露柯”，《梔子》。“紅入桃花嫩，青帰柳葉新”，《早春》。“束比青芻色，①圓齊玉筯頭”，《秋致薤》。“滑憶雕胡飯，香聞錦帶羹”，《江湖卧病》。各隨題着句轉移，一字燦然可觀，它人未易到。

用方言

子美善曰方言里諺點化入詩句中，詞人墨客口不绝談。其曰“吾家老孫子，質朴古人風”，《吾宗》。“客睡何曾着，秋天不肯明”，《夜客》。“汝去迎妻子，高秋念却回”，《舍弟觀帰藍田》。“父母養我時，日夜令我藏”，《新婚别》。“棗熟從人打，葵荒欲自鋤”，《秋野》。“掉頭紗帽側，曝背竹書光”，同上。“見耶背面啼，垢膩脚不襪”，《北征》。“舊犬喜我帰，低徊入衣裾。鄰舍喜我帰，沽酒携葫芦”，《草堂》。“牀前兩小女，補綻纔過膝”，《北征》。“誰能更拘束，爛醉是生涯”。《守歲》。“癡女飢咬我，啼畏猛虎聞”，《彭衙行》。“家家養烏鬼，頓頓食黄鱼”，《遣興》。“一夜水高二尺强，数日不可更禁當”，《春水生》。“不

① “束”，原作“東”，據四庫本、知不足齋本改。

分桃花紅勝錦,生憎柳絮白於綿",《送路侍御入朝》。"負盎出井此溪女,打鼓發舡何郡郎",《十二月一日》。"去歲兹辰捧御床,五更三點入鵷行",《至日遣興》。"馮陵大叫呼五白,袒跣不肯成梟盧",[①]《今夕行》。"老妻畫紙爲棊局,稚子敲針作釣鈎",《江村》。[②]"与兄行年校一歲,賢者是兄愚者弟"。《狂歌行》。"八月秋高風怒號,捲我屋上三重茅,南村群兒欺我老无力,忍能對面爲盜賊,公然抱茅入竹去,脣焦口燥呼不得",《茅屋爲秋風所破歌》。"但使殘年飽喫飯,[③]只願无事長相見"。《病後遇王倚飲贈歌》。

詩酒

古人吟詠情性,不逃詩酒。老杜一集而以詩酒相配者,无慮十数處。《戲寄漢中王》云:"尚憐詩警策,猶憶酒顛狂。"《遊何將軍山林》云:"醒酒微風入,听詩静夜分。"《送懷舍弟潁觀》云:"對酒却疑夢,吟詩正憶渠。"《宴王使君宅》云:"自吟詩送老,相勸酒開顔。"《北鄰》云:"爱酒晋山簡,能詩何水曹。"《徐步》云:"把酒從衣湿,吟詩信杖扶。"《泛江送魏倉曹》云:"見酒須相憶,將詩莫浪傳。"《可惜》云:"寬心應是酒,遣興莫過詩。"《贈盧参謀》云:"説詩能累夜,醉酒或連朝。"《弊廬遣興》云:"把酒宜深酌,題詩好细論。"《贈張孝士》云:"賦詩拾翠殿,佐酒望雲亭。"《不見》云:"敏捷詩千首,飄零酒一盃。"《題鄭著作》云:"酒酣懶舞誰相拽,詩罷能吟不復聽。"

---

① "盧",原作"庐",據四庫本、知不足齋本改。
② "江村",原無,據四庫本補。
③ "飽喫",四庫本作"喫飽"。

《独酌成詩》云："燈花何大喜，酒渌正相親。醉裏從爲客，詩成竟有神。"《題鄭监湖上亭》云："羹煮秋蓴弱，盃迎露菊新。賦詩分氣象，佳句莫頻頻。"《独步尋花》云："詩酒尚堪驅使在，未須料理白頭人。"《寄岑嘉州》云："外江三峽且相接，斗酒新詩終自踈。"

落英

《楚辭》云："夕飡秋菊之落英。"謂始生之英，可以當夕粮也。"落"与"訪落"《周頌》。及"章華臺成則落"之《昭公七年》。① "落"同。蓋嗣王謀之於始則曰"訪落"，宫室始成而祭則曰"落成"，故菊英始生亦曰"落英"。設或隕落，豈復可飡？況菊花独乾死于枝上而不墜，所謂"秋英不比春花落"，誠如六一居士之語，荆公胡不察此而返誚人爲？《西清詩話》。②

花妥

杜陵詩："花妥鶯梢蝶，溪喧獺趁魚。"釋者謂"妥"訓"落"，非也。盖"妥"與"墮"同聲，當作"墮"字，傳寫之誤也。一説古字"妥"、"墮"通用。

---

① "七年"，原作"六年"。按，《左傳·昭公七年》："楚子成章華之臺，願與諸侯落之。"杜預注："宫室始成，祭之爲落。"據改。

② "返"，四庫本作"反"。按，《西清詩話》："歐公嘉佑中見王荆公詩：'黄昏風雨暝園林，殘菊飄零滿地金。'笑曰：'百花盡落，獨菊枝上枯耳。'因戲曰：'秋英不比春花落，爲報詩人仔細吟。'荆公聞之曰：'是豈不知《楚辭》"夕餐秋菊之落英"，歐陽不學之過也。'"

寺殘

“野寺殘僧少，山園細路高。”誦此詩者皆疑子美既曰“殘僧”，又曰“少”，意若重複。以愚觀之，不見其煩複。當讀作“野寺殘”，所以“僧少”也；“山園細”，所以“路高”也。又《別常徵君》詩曰：“白髮少新洗，寒衣寬摠長。”此皆是二字三字躲也。亦有二字五字躲，如：《宿府》曰“永夜角声悲自語，中天月色好誰看”，并“石銚煮松花待客，地爐燒木葉看書”。又有三字四字躲，如盧贊元襄。“爱蹴踘嫌穿地筍，喜秋迁礙出牆花”之句云耳。

錦宮城

閩本杜詩《春夜喜雨》云：“曉看經湿處，花重錦宮城。”《送段功曹歸廣州》云：“幸君因旅客，時寄錦宮城。”《蜀相》詩云：“錦宮城外栢森森。”又：“錦宮城西生事微。”皆作“宮”字。按蜀本杜詩並作“錦官城”，注云：“成都府城亦呼爲錦官城，以江山明麗，錯雜如錦也。”趙云：“或以其有錦官，如銅官、鹽官之類。”其説亦是。不然止取“錦”而已，何以更有“官”字乎？余觀范至能参政爲詩，每官成一集，①所著《錦官集》，盖鎮成都府時作也，則身親見成都爲錦官城，故取以名之。況杜子美嘗卜居成都浣花里，其用“官”字必无誤，當以蜀本爲正。

---

① “成”，原作“城”，據四庫本、知不足齋本改。

綠楊垂手

《洪駒父詩話》云："晉公詩'綠楊垂手舞，黃鳥緩声歌'，《楽府》有大垂手、小垂手，①前緩声，故丁用之，其屬對律切如此。"②予謂美則美矣，其如綠楊無手何？終不若下句意渾成。

甜酒

《三山老人語録》曰："唐人好甜酒。"殆不可曉。子美云："人生幾何春已夏，不放香醪如蜜甜。"退之云："一尊春酒甘若飴，丈人此楽無人知。"余嘗味楽天詩有曰："量一作"户"。大厭一作"嫌"。甜酒，才高笑小詩。"則又似不然。

禽水

《苕溪叢話》曰："聖俞云：'南嶺禽過北嶺叫，高田水入低田流。'魯直曰：'野水自添田水滿，晴鳩却喚雨鳩歸。'詩意皆相類，然魯直造語有工，③優於聖俞。"余謂盧溪先生云："《民瞻歸禱雨有應》云：'東嶺雲遮西嶺黑，高田水与低田通。'石湖居士范至能《埶江縣》云：'旧雨已招新雨至，高田水入下田鳴。'虽皆沿襲二公，語意相属，又過之。直与荆公云'北澗欲

① "大垂手、小垂手"，原爲注文，據知不足齋本改。按，宋胡仔《苕溪漁隱叢話》前集卷二十五引《洪駒甫詩話》："潘子真爲予言，晉公詩'綠楊垂手舞，黃鳥緩聲歌'，《樂府》有大垂手、小垂手，前緩聲、後緩聲，故丁用之，其屬對律切如此。"

② "屬"，原作"囑"，據四庫本、知不足齋本改。

③ "有"，四庫本作"又"。

通南澗水，南山正遶北山雲’，樂天《題天竺寺》云‘東澗水流西澗水，南山雲起北山雲’之句無間然矣。”然合六詩觀之，唯“招”之一字爲尤長。

溪声山色

東坡《贈東林總長老》云：“溪声便是廣長舌，山色豈非清浄身。”以“溪”、“山”見僧之體，以“廣長舌”、“清浄身”見僧之用，誠古今絶唱。安城劉升卿有曰：“溪声廣听无边法，山色長存不壞身。”虽祖述辞意，亦亹亹相逼，无愧於坡。

鴨緑鵝黄

“鴨緑”、“鵝黄”，經兩詩人道之。荆公《南浦》云：“含風鴨緑粼粼起，弄日鵝黄裊裊垂。”則以“鵝黄”爲柳，主“柳色黄金嫩”而言之。東坡《過賈收水閣》云：“小舟浮鴨緑，大杓瀉鵝黄。”則以“鵝黄”爲酒，主“鵝兒黄似酒”而言之。皆爲奇句，然辞意雅馴，則荆優於坡。

白雪黄雲

詩人喜荆公“繰成白雪桑重緑，割盡黄雲稻正青”之句，莫不極口稱誦，而不知其有斧鑿痕。竊謂雪不成繰，雲不可割，請易“繰”爲“捲”，易“割”爲“收”，則絲、麥自見，而非但意語天出，用字不露。歐公《詩話》云：“魏野《啄木》云：‘千林啄如盡，一腹餒何妨。’”宜改作“千林蠹如去”，卻不犯題上字，又見其有諷去蠹之意。《雅言新載》云:“李範《道傍木》云:[1]‘雖當南北路,不礙往來人。’”予謂是“道傍石”詩,不如换“當”字作“生”字,始見題意也。李畋《該聞録》云:“有縣令姓張,牓云:‘某日知縣生日,告示諸色人,不得献送。’而曹吏各持縑献,一無所拒。復告:‘後月縣君生日,更莫將來。’王嵒以《鷺鷥詩》諷之曰:‘飛來疑似鶴,下處卻尋魚。’”爲易“下處”爲“到處”,則見張何所往而不貪也。

四印

鼂無咎《行路難》云:“贈君珊瑚夜光之角枕,玳瑁明月之雕牀,一虫秋蟬之麗縠,百和更生之寶香。”黄魯直《送王郎》云:“酌君以蒲城桑落之酒,泛君以湘纍秋菊之英,贈君以黟川點漆之墨,送君以陽関墮淚之聲。酒澆胷次之磊隗,菊制短世之頹齡,墨以傳千古文章之印,歌以寫一家兄弟之情。”此誠相若,然魯直辤雄意婉,壓倒無咎。原其句法,實有來處,得非顧況《金璫玉珮歌》云“贈君金璫大霄之玉珮,金瑣禹步之流珠,五嶽真君之祕籙,九天文人之寶書”,鼂、黄得奪胎换骨之活法於此者虖?

意相反

李太白《俠客行》云:“事了拂衣去,深藏身後名。”元微之《俠客行》云:“俠客不怕死,怕在事不成,不肯藏姓名。”二人

---

① “傍”,四庫本、知不足齋本並作“旁”。下“道傍石”同。

意相反。

淵明詩云:“雖留身後名,生前亦枯槁。死者何所知,稱心固爲好。”是不慕身後名也。及作《擬古》乃云:“生有高世名,既没傳無窮。”是欲名彰不朽也,一人意自相反。

風雅不継

六一居士云:“盧仝韓愈不在世,彈壓百怪無雄文。”文潛《題磨崖碑》云:“元功高名誰與紀,風雅不継騷人死。”魯直《過桂林》云:“李成不生郭熙死,奈此百嶂千峯何。”與退之《石鼓歌》云“少陵無人謫仙死,才薄將奈石鼓何”,老杜《双松歌》云“天下幾人畫古松,畢宏已老韋偃少”殆一律也。

殺風景

或謂背山起楼、燒琴煮鶴之類爲殺風景。以詩觀之,虽杜、韓、老仙亦或未免。退之“若要添風月,應除数百竿”,直与王子猷背馳。① 借曰“得人嫌處只緣多”,猶云可也。如子美“斫却月中桂,清光應更多”,无乃大甚乎?曰:非也,此足以見詩人意到處,便有焚山者不顧菽粟手段。②

---

① 按,劉義慶《世説新語·任誕》:“王子猷嘗暫寄人空宅住,便令種竹。或問:‘暫住何煩爾?’王嘯詠良久,直指竹曰:‘何可一日無此君!’”

② “顧”,原作“故”,據知不足齋本改。四库本作“改”。按羅隱《辨害》:“虎豹之爲害也,則焚山不顧野人之菽粟;蛟蜃之爲害,則絶流不顧漁人之釣網:其所全者大,而所去者小也。”

向上人

陳舍人君夆未第時，作省題詩，極一時之妙。如"羲皇向上人"之句，嘗爱其下得"向"字好，及閲晏元献《弔劉蘇歌》曰"蘇歌風味逼天真，恐是文君向上人"，亦有所自云。

花竹無香

花竹亦有無香者，世所共知。櫻桃初无香，[①]退之云"香隨翠籠擎初重"，則以香言之；[②]竹与枇杷本无香，子美云"風吹細細香"，"枇杷樹樹香"，則皆以香称之。至於太白又以柳爲有香，其曰"風吹柳花滿店香"是也。若夫荆公《梅詩》有云"少陵爲尔添詩與，可是無心賦海棠"，豈謂海棠無香而不賦乎？

老而詩工

客有曰：詩人之工於詩，初不必以少壯老成較優劣。余曰：殆不然也。醉翁在夷陵後詩，涪翁到黔南後詩，比興益明，用事益精，短章雅而偉，大篇豪而古。如少陵到夔州後詩，昌黎在潮陽後詩，愈見光焰也。不然，少游何以謂《元和聖德詩》於韓文爲下，与《淮西碑》如出兩手？

---

① "香"原作"者"，據四庫本、知不足齋本改。

② 按，宋魏慶之《詩人玉屑》卷十一《櫻桃詩》引《苕溪漁隱叢話》："唐自四月一日寢廟薦櫻桃後，頒賜百官各有差。摩詰詩：'歸鞍競帶青絲籠，中使頻傾赤玉盤。'退之詩：'香隨翠籠擎初重，色映銀盤瀉未停。'二詩語意相似。摩詰詩渾成，勝退之詩。櫻桃初無香，退之以香言之，亦是語病。"

盖其少作也。

周益公評詩

余紹熙丁巳三月既望侍讌春華樓，時聞大丞相益国周公議論灑灑，終日不倦。至論詩，則謂須要有警策，就題著句，不可泛泛。因拱而請曰："如相公'一丁昌火運，三合瑞皇家'，謂光堯生於丁亥，壽皇丁未，壽康丁卯，其干既爲一丁，其支又爲三合。'孝士策詢孝士策，公自注云：館職亦合呼孝士。秘書官試秘書官'，時公以秘書少監直翰苑，發策試王仲衡而寄程同年閣老詩也。'前後顧瞻羞倚玉，支干引從偶連珠'，此《三老圖詩》也。公自注云："秉成兄生於乙巳，而予丙午，誠齋丁未。"无一字虚語，其尽之矣。"公笑曰："是也。如挽詩亦難作。"復請曰："願聞之。"公曰："高宗皇帝丁亥生，与藝祖齐年。一則爲開基之主，一則爲中興之君，天之生此二帝，功德兼隆，豈偶然哉？高宗慶八十聖壽後未幾上仙去，唯慈寧太后亦然，故作《挽高宗》詩曰'生年同藝祖，慶壽比慈寧。人憶庚庚兆，天傾九九齡'，正謂是也。若徽廟挽詞，尤難命意，亦難措辞，獨是湯丞相進之思退。一聯云'虞姬從梧野，啓母祔箕山'，①最紀其实。盖用舜事以狀徽宗廵狩不返意。及梓宫归葬會稽，又用禹事以形容之，皆婉而有直躰，此真得詩人三昧。"

---

① 按，周必大《二老堂詩話·顯仁皇后挽詩》："湯岐公思退在相位，作《顯仁皇后挽詩》云：'虞妃從梧野，啟母祔稽山。'無一字閑，蓋顯仁初以賢妃從徽宗北狩，其後祔徽宗葬會稽之永祐陵，虞妃爲徽宗也，啟母爲高宗也，用事可謂的切。高宗山陵，予進挽詩取法焉。其云'生年同藝祖'，謂創業中興之主，皆丁亥生也；'慶壽似慈寧'，謂母子皆嘗慶八十也。然不若岐公之工。"

賀生日

黄耕叟夫人三月十四日生，吴叔經代人作壽詩曰：“天边將滿一輪月，世上還鍾百歲人。”識者謂“將滿一輪”之句，若是十三日亦使淂，不若云“猶欠一分”，便見直是十四日也。[①] 予謂“猶欠一分”非祝壽底語，終未若魏仲先壽萊公詩云“何時生上相，明日是中元”，形容得七月十四日坦然明白矣。

周益公生於丙午七月十五日，嘗壽以詩曰：“年与潞公同丙午，日鄰莱国占中元。”公覽而笑曰：“賢此聯已道尽了予生年月日，只欠説出一个生時，便是一本好建生也。”公斉年友歐陽伯威適在坐，亦曰：“实道得着。”

省題詩更湏留意[②]

山谷《与洪駒父》云：“更湏留意作五言六韵詩。若能此物，取青紫如拾芥耳。”大体作省題詩尤當用老杜句法，若有鼻孔者便知是好詩也。近年許琮以“聖圖天廣大”對“王度日清夷”，乃用老杜全句与付咸全句配，[③]遂魁南省。其有鼻孔

---

① 按，宋俞成《螢雪叢説·祝壽》：“吴叔經先生代人上黄耕叟太夫人壽，乃三月十四日生也。其詞曰：‘天邊將滿一輪月，世上還鍾百歲人。’有一識者議論‘將滿一輪月’之句，若是十三日亦使得，不若前去‘猶欠一分’，便見得直是十四日也。”

② 按，宋人俞成《螢雪叢説·詩題用全名》：“省題詩，考官以古人詩句命題，尾字屬平，全押在第二韻上，不拆破者，并用全句對全句。”

③ “咸”，原作“減”，據四庫本、知不足齋本改。按，杜甫《重經昭陵》：“聖圖天廣大，宗祀日光輝。”西晋傅咸《贈何劭王濟詩（並序）》：“但願隆弘美，王度日清夷。”

可知此味，不必全句，但能著意點化深造詩仙句法，則亦必壓倒元白，[1]突過黄初矣。[2]

庐陵董克正以其父参政當國，避親就别院，考官周孟竟因。以二月一日試，出"中和節詩"。董上請云："何謂中和節？"周荅曰："上元已過，上巳未至，今日所以爲中和也。"董即躰其意，曰："上巳時將近，元宵節已過，仲春方駘蕩，今日是中和。"遂高中。又嘗聞艮齋謝尚書云："每考校賦卷子，必先看第一第二韵，即以詩看有何好句。有好句則遍看徹，定去留，不尔，便斥下。"則詩断不可輕視。又聞西昌譚高立一飛。臨汝考試帰云："省題詩不宜押協韵，有堅守貢举條制者謂限五言六韵成。"是並不容取協韵之詩矣。

春猿秋合[3]

六一先生《跋羅池廟碑》云："今世傳《昌黎集》載此碑文多同，惟集本以'步有新船'爲'涉'；'荔子丹兮蕉黄'，'蕉'下加'子'，當以碑爲是。而碑亦云'春与猿吟而秋合与鶴。飛'，[4]則疑碑之誤也。"今觀張子韶九成。書解如舜攝位時，則曰"正月上日"，禹攝位則曰"正月朔旦"，今曰"月正元

---

① 按，王定保《唐摭言・慈恩寺題名遊賞賦詠雜記》卷三載：唐寶曆間，楊嗣復於新昌里第宅宴客，"時元、白俱在，皆賦詩於席上。唯刑部楊汝士侍郎後成。元、白覽之失色。……汝士其日大醉，歸謂子弟曰：'我今日壓倒元、白。'"

② 按，"黄初"，魏文帝曹丕年號。此時期繼承建安文學的優良傳統，詩文又有新發展，後人即以"黄初"代表造詣很高的文學作品。《宋詩鈔・盧溪詩鈔》載王庭珪《次韻郭偉節、段延直見寄》："傳看尺素雙魚尾，突過黄初數子詩。"

③ "合"，四庫本、知不足齋本作"鶴"。

④ "秋合与鶴"，四庫本作"秋合與鶴"，知不足齋本作"秋鶴與飛"，底本及四庫本均不辭，當以知不足齋本爲是。

日”。上日、元日、朔旦皆一也，而或謂之“上”，或謂之“元”，或謂之“朔”，豈作書者欲備衆體而使無餘藴乎？如《離騷·東皇太乙歌》曰“吉日兮辰良”，而韓愈《羅池廟記》曰“春与猿吟兮秋鶴与飛”，其鏗鏘参差之法，當有所祖述矣。即此而推，則知有所祖述而得作文之體者在此。嗚呼！歐陽公文章横被六合，可謂筆補造化，其平章千古，勘破萬卷，於此何疑之有？①

韻書脱字

杜甫《送張參軍赴蜀》云：“好去張公子，通家别恨添。兩行秦樹直，萬點蜀山尖。”張祜《骰子詩》云：“骰子巡巡裹手拈，無因得見玉纖纖。但知報道金釵落，髣髴還應露指尖。”東坡《雪夜詩》云：“試掃北臺看馬耳，未隨埋没有雙尖。”皆押“尖”字韻。徧閲近世刊行《韻略》，無此“尖”字，當是《禮部韵略》脱文。

---

① 按，南宋吴曾《能改齋漫録·秋鶴與飛》：“歐陽文忠公《集古録》云：‘《羅池廟碑》云“步有新船”，集本以“步”爲“涉”；“荔子丹兮蕉子黄”，碑“蕉”下無“子”字，當以碑爲是。而碑云“春與猿吟兮秋鶴與飛”，則疑碑誤。’余按，《柳子厚集》有《永州鐵爐步志》云：‘江之滸，凡可縻而上下者曰步。永州北郭，有步曰鐵爐步。蓋有鍛鐵者居，其人去，爐毁者不知年矣。獨有其號，冒而存云。’余以子厚之文證之，則知‘步有新船’爲有據也。又按，沈存中《筆談》云：‘韓退之《羅池碑》云“春與猿吟兮秋與鶴飛”，今驗石刻，乃“春與猿吟兮秋鶴與飛”。古人多用此格，如《楚辭》“吉日兮辰良”，又“蕙殽蒸兮蘭藉，奠桂酒兮椒漿”，欲相錯成文，則語健耳。如老杜“紅豆啄餘鸚鵡粒，碧梧棲老鳳凰枝”之類。’余以存中之論證之，則知歐公以‘秋鶴與飛’爲誤者，非也。”

康節詩無施不可

康節先生六言《四賢吟》云:“彦国之言鋪陳,晦叔之言簡當。君實之言優游,伯淳之言條暢。四賢洛陽之望,是以在人之上。有宋熙寧之間,大爲一時之壯。”今盡去其“之”字爲五言亦可,乃見有不爲剩,無不爲欠。至如“前日之事今日不行,今日之事後來必更”,此是又有韵散文也,施之文卷中,人將罔覓。前輩於詩,得三百篇微旨盖如此。

卷之十一

廬陵鄉先生孫奕季昭撰

正誤

仟佰

《史記·貨殖傳》曰："凡編户之民，富相什則卑下之，佰則畏憚之，千則役，万相僕，物之理也。"《前·食貨志》曰："亡農夫之苦，有仟佰之得。"顔曰："仟謂千錢，佰謂百錢也。仟，七堅反；佰，莫白反。今俗謂百錢爲一佰。"《説文》曰："相十佰也。"《談藪》曰："今之数錢，百錢謂之'陌'者，借'陌'字用之，其实是'百'字，如'什'与'伍'耳，其字皆從'人'。"

今俗書作"阡陌"而皆從"阜"，非也。何以别之？《史記》："商鞅爲田，開阡陌封疆。"漢晁錯《募民实塞下議》曰："通田作之道，正阡陌之界。"《元帝紀》曰："出入阡陌。"師古曰："阡陌，田間道也。南北曰阡，東西曰陌。"皆從"阜"，此爲證耳。如《漢志》："商君壞井田，開仟佰。"继而曰："衆庶階巷有馬，仟佰之間成羣。"注亦謂："南北曰仟，東西曰陌。"其音又同，乃皆從"人"。盖古字通用，非謂當從"人"也。是以《陳勝贊》曰："躡足行伍之間，俛仰阡陌之中。"《索隱》曰："仟佰，謂千人百人之長也。漢儒作‘阡陌’，如淳曰：‘時皆僻屈在阡陌之中。’陌音貃。”①凡謂行伍則從“人”，田間則從“阜”，獨未有以“仟佰”之錢從“阜”者也。然則指錢与行伍之“仟佰”當從“人”，指田之“阡陌”當從“阜”。故《玉篇》於人部則載錢与行伍之“仟佰”，於阜部則載田之“阡陌”，未嘗紊也。且“伍”与“什”皆数也，俱作“人”旁，“隄”与“防”皆岸也，俱作“阜”旁，抑又可證。

未渠央

《庭燎》曰“夜未央”，箋云：“夜未央，猶言夜未渠央也。”“渠”，陸音“其據反”。胡氏曰：“《説文》云：‘央，中央也。’《大雅》曰：‘央，中央也。’《秦風》云‘宛在水中央’，央亦中也。二章言‘未艾’，三章言‘鄉晨’，是從未央而至未尽，從未尽而至鄉明也。”嘗原音“其據反”者，即与“遽”同音，故《荀子·脩身》篇云：“有法而无志，其義則渠渠然。”“渠”讀爲“遽”，古字“渠”、“遽”通。渠渠，不寬大之皃。

《顔氏家訓》曰：“古樂歌詞云：‘丈人且安坐，②調絃未遽央。’”淵明《雜詩》曰：“嚴霜結野草，枯瘁未遽央。”《談藪》載高爽《題鼓嘲孫挹》云：“身有八尺圍，腹内无寸腸，面皮如許厚，受打未遽央。”邢居寔《寄陳履常》云：“會合能幾日，歡樂

① 按今本《史記·陳涉世家贊》索隱“漢儒”作“漢書”。作“漢書”是，下有“如淳曰”可證。

② “丈人且安坐”，原作“文人且安在”，據四庫本、知不足齋本及今本《顔氏家訓·音辭》改。

何遽央。”王介甫《少壯喜文章》云:“良夜未渠央,[①]青灯對寒更。”皆作“遽”字。攷之《廣韵》:“遽,卒也,急也。”是謂未卒然而中也。至如渊明《讀山海經》詩“方与三辰游,寿考豈渠央”,[②]魯直《觀伯時畫馬》詩云“木穿石盤未渠透,坐牕不傲令人瘦”,此古躰,必讀爲去声。近世内翰汪彦章藻。《挽洪承議太孺》詩落句云:“欲識慶源何自遠,大川東去未渠央。”中書舍人張安國孝祥。《水調歌頭》末句云:“莫遣兒輩覔,此樂未渠央。”二公直作平音用,誤也。

或者謂《新唐書》王求礼讓蘇味道曰:“果以爲瑞,則冬月雷渠爲瑞耶?”李絳謂憲宗曰:“陛下焦心銷志,求済時之略,渠便高枕而卧哉!”《邢文偉傳》曰:“自非義均弼諧,渠能進此藥石?”《張説傳》説曰:“宰相,時來則爲,非可長保。若貴臣尽杖,正恐吾輩及之。渠不爲士君子地乎?”《皇朝文鑑》宋子京《治戒》曰:“兄弟之不懷,求合它人,人渠肯信哉?”張舜民《与石司理書》曰:“唯是問能求益,渠敢遽然,聞命已來,匆知所済。”魯直《和王世弼寄七兄》曰:“小材渠困我,持斵問輪扁。”凡此皆言“渠”,又何謂耶? 案《高祖紀》項伯告羽曰:“沛公不先破関中兵,公詎能入乎?”[③]服虔曰:“詎音渠,猶未應得入也。”師古曰:“服説非也。‘巨’讀曰‘詎’,猶豈也。”《孫宝傳》曰:“掾部渠有人乎?”“渠”讀曰“詎”,詎,豈也。杜詩曰“牽牛処河西,織女処其東,万古永相望,七夕詎見同”,亦此意也。“渠”音雖同而有二訓,讀者當審。轉爲“遽”,又爲

① “渠”,知不足齋本作“遽”。按,作“遽”是,下文云“皆作‘遽’字”可證。
② “豈渠央”,原作“豈豈渠央”,衍一“豈”字,今删。
③ “公詎能入乎”,今本《漢書・高帝紀》作“公巨能入”。

"詎"。"渠"與"詎"皆訓豈也。第與前之"未渠央"、"未遽央"字同而義異。

豐碑

《檀弓》曰："公室視豐碑，三家視桓楹。"鄭氏曰："豐碑，斲大木爲之，形如石碑，於椁前後四角樹之，穿中於間爲鹿盧，下棺以繂繞。天子六繂四碑，前後各重鹿盧也。"斲之形如大楹耳，四植謂之桓。諸侯四繂二碑，碑如桓矣。大夫二繂二碑，士二繂无碑。《喪大記》曰："君葬用輴，四綍二碑；大夫葬用輴，二繂二碑。"又曰："凡封用綍去碑。"鄭曰："碑，桓楹也"；"樹碑於壙之前後，以紼繞碑間之鹿盧，輓棺而下之。[①] 此時棺下窆，使輓者皆係紼而繞要，負引，舒縱之，備失脱也。用綍去碑者，縱下之時也"。《祭義》曰："祭之日，君牽牲"，"既入廟門，麗于碑"。鄭曰："麗，繫也。謂牽牲入廟，係于中庭碑也。"《聘礼》曰："東南北上，碑南。"[②]釋者曰："宫必有碑，所以識日景，引陰陽也。"夷攷前之四説，所謂碑者，於葬祭聘享之時，植一大木耳，即非石碑也。而其字從"石"者，取其堅而已。然勒銘於其上者，亦未之嘗聞也。今喪葬，令其螭首龜趺，又易之以石者，後儒增之耳。此孫何《碑解》之辞也。《皇朝文鑑》。予嘗聞杜甫爲《淑妃皇父碑》云：[③]"日居月諸，丘壠荊杞，列樹拱矣，豐碑缺然。"又按《東觀余論》

① "下之"，原作"去之"，據知不足齋本及今本《禮記・喪大記》鄭玄注改。
② "東南北上，碑南"，今本《儀禮・聘禮》："東面北上，上當碑南陳。"
③ "父"，四庫本、知不足齋本並作"甫"。

云:[1]"其立碑在葬後,當開元二十五年皇甫葬時所作也。"[2]則是杜誤以豐碑爲可勒銘矣,故近世之士不究其義,凡作挽詩者多指豐碑爲勒銘之碑用矣。

壽堂

今士人尺牘中稱人之母曰"壽堂",盖不知忌諱。按陸士衡《挽歌》云:"壽堂延魑魅。"注曰:"壽堂,祭祀處。言既死,於祭祀之處獨相處魑魅。"《楚辞》曰:"蹇將澹兮壽堂。"王逸曰:"壽堂,供神之處。"[3]林逋《自作壽堂》詩曰:"湖外青山對結廬,墳前脩竹亦蕭疎。茂陵它日求遺藁,猶喜曾无封禪書。"《皇朝文鑑》。又指丘塚爲壽堂也。究而言之,稱人之母者豈不背理傷義乎?《毛詩》自有"壽母"二字,《閟宫》。何不稱之?

名諱

生爲名,死爲諱,從古而然。《礼》曰"卒哭乃諱"是也。《曲礼上》。嘗以《韻畧》推之,其曰"御名",舊御名盖自生存以前言之,其曰"廟諱",盖自祔廟之後言之,條于韻首,井井不紊。古今名公鉅卿爲人撰軒、亭、堂、楼等記及生祠碑,則曰"公名某",及撰墓誌銘、神道碑与列傳,則曰"公諱某",其别

① "余",四庫本、知不足齋本並作"餘"。
② "五",四庫本、知不足齋本並作"三"。
③ 按,今本《楚辭·九歌·東皇太一》:"蹇將憺兮壽宫。"王逸注:"壽宫,供神之處也。祠祀皆欲得壽,故名爲壽宫也。"

如此。世俗不審乎是，凡賓主相與言，或斥某人名曰“諱某”，或問某人名爲“何諱”，荅者亦曰“諱某”，可發一笑。故歐公《集古録》亦曰：“《樊毅修華岳廟碑》云：‘樊君諱毅，字仲德，下車之初，恭肅神祀……據此，碑乃即時所立，而太守生稱諱者何哉？’”盖謂其碑之繆。則世俗之名、諱不卞亦久矣。①

正昭

秦始皇名“政”，爲之避其諱者讀“正月”爲“征月”，晋文帝名“昭”，爲之避其諱者讀“昭穆”爲“韶穆”，傳至于今。當如本字讀，始有分别。陸德明，唐大儒也，自秦晋至唐亦遠矣，當作《釋文》時，何不單出一音，以正舛誤，豈容詔後孝以疑貳哉？“正”字姑置勿論，且以“昭穆”言之，了無他説，質諸《孝經疏》，曰“昭，明也；穆，敬也。故昭南面，穆北面，孫從父坐”而已。若音曰“韶”，不知何以釋之。朱元晦亦曰：“廟制：太祖居中，左昭右穆。周廟，文王當穆，武王當昭。”故《酒誥》稱“穆考文王”，而《載見》及《訪落》皆謂武王爲“昭考”也。予以《載見》、《訪落》驗之，“昭考”並不讀曰“韶考”，何獨於“昭穆”有两音？至如史炤於《通鑑》光武十八年“昭音韶，本音招，亦謂昭以照下、穆以順上爲義。後避司馬昭諱，昭作韶讀”，其説是矣，不應復音“韶”。請以“征”、“韶”之音一洗而

---

① “卞”，四庫本、知不足齋本並作“辯”。知不足齋本有盧文弨注：“漢宣帝詔：‘名難知而易諱也，其改諱詢。’此生即稱‘諱’。”《漢書·宣帝紀》元康二年詔：“聞古天子之名，難知而易諱也。今百姓多上書觸諱以犯罪者，朕甚憐之。其更諱詢。諸觸諱在令前者，赦之。”

空之,毋庸汨乱孝者之耳目。自古避諱而轉音者多,皆當是正之,獨此二字所係甚大,而常用之急者,故特表之。

三辰

《益稷》曰“日月星辰”,孔安国謂“日月星爲三辰”。《桓公四年傳》曰:“三辰旂旗,昭其明也。”①杜預謂“三辰,日月星也”。皆不指星名而言。“辰”則並以揔上三事爲辰,而辰非别物也。

《周礼·大宗伯》“以实柴祀日月星辰”,“保章氏掌天星,以志日月星辰之变動”,鄭玄曰:“星謂五緯,辰謂日月所會十二次也。”②《洪範》“二曰月,三曰日,四曰星辰”,孔氏謂“二十八宿迭見以叙氣節,十二辰以紀日月所會也”。魯直《蟹詩》曰:“已標天上三辰次,未免人間五鼎烹。”謂巨蟹在十二辰之未位也。《昭七年傳》曰:晋侯謂伯瑕何謂六物,曰:“歲、時、日、月、星、辰是也。”公曰:“多語寡人辰而莫同,何謂辰?”對曰:“日月之會是謂辰。”杜氏謂“一歲日月十二會也”。一以爲五星,一以爲二十八宿,而並以辰爲日月所會之次也,則辰与星固異矣。退之有《東野失子詩》曰“吾懸日与月,吾係星与辰”,抑承襲而言也。如《漢·律歷志》云“三辰之合於三統也,日合於天統,月合於地統,斗合於人統,五星之合於五行”,“三辰五星之相經緯也”。既謂星爲斗,又謂斗之外有五星,其説盖不一矣。

---

① 按,“三辰”二句,見《左傳·桓公二年》,此云“四年”,誤。
② “十二”,原作“不二”,據知不足齋本及《周禮》鄭注改。

司常掌九旂之物，曰“日月爲常”而已，初不言畫星。及《左傳》“三辰旂旗’，則言畫星而不言何星。《穆天子傳》称天子葬盛姬，畫日月七星，乃畫北斗也。纷纷藉藉，莫之適從。蓋嘗思而得其説：以言其畫之於衣与旂，則辰非有形容之可繪，而謂之三辰則宜。以言其徧祭天之諸神，則十二次亦當祭之，而謂之辰次亦宜。如祭祀及掌天文，則日月五星乃天之七政，不得不以爲先，所謂“璇璣玉衡以斉七政”是也。至於昏明迭見，則非二十八宿無以辨之，故五紀之所謂星辰。盖二十八宿，布於四方，随天運轉，以迭形昏旦，若“孟春昏参中，旦尾中”之類，皆所以叙節氣也。是以知五星所行，下民不以爲候，故取於二十八宿也。若夫《鄉飲酒》主三賔以象三光，古之制礼也，紀之以日月，参之以三光，政教之本也。注曰：三光者，係於天，三大辰也。《易》曰：三光，大火也，伐也，[1]北極也。[2] 大火与伐，天所以示民時早晚，天下所取爲正，故謂之大辰。辰，時也；北辰，北極，天之中也，取居中之義。以是觀之，孔穎達无乃因《記》云“日月”，又云“三光”，遂强爲之説，當以“日月”爲通論。

民農

嘗讀《谷梁傳·成公元年》曰：“古者有四民：有士民，有商民，有農民，有工民。”則四民有定名矣。故《史記·貨殖

---

① “伐”，原作“代”，據四庫本、知不足齋本改。下文曰“大火与伐”，是其證。

② 按，今本《周易》無此文。知不足齋本有孫志祖注：“‘易’字譌，當作‘正義’。”

傳》曰："夫糶，[①]二十病農，九十病末。"《索隱》曰："言米賤則農人病也，故云'病農'。若米斗直九十，則商賈病，故云'病末'。末謂逐末，爲商賈也。"[②]此言得之。如《漢·食貨志》云："粜甚貴傷民，甚賤傷農。"韋昭曰："此民謂士、工、商也。"夫豈知"民"即"農"之揔名也，既言"民"，安得又言"農"哉？乃知班固謂"傷民"、"傷農"，不如馬迁"病農"、"病末"之爲别白也。

雖然，孟坚《西都賦》有曰"士食舊德之名氏，農服先疇之畎畝，商循族世之所鬻，工用高曾之規矩"，又未嘗失言，何獨於《志》而失之？豈智於此而愚於彼乎？且爲韋昭之説者曰"此民謂士、工、商"，强爲之别也。然《周礼·司農》亦曰："凡市僞飾之禁，在民者十有二，在商、在賈、在工者皆十有二。"[③]又何耶？韋昭言士、工、商而不言農，《周礼》言農、工、商、賈而不言士農，[④]以韋昭之説是，則《周礼》之説非；以《周礼》之説是，則韋昭之説非。《周礼》亦豈雜於漢儒而然？若夫《孟子》曰"信能行此五者"，則兼士、農、商、旅、民，既言"商"又言"旅"，既言"士"、"農"、"商"又言"民"，而不言"工"，亦不得知言之要。

黎苗

楊子《重黎》篇"若秦楚强閲震撲，胎籍三正，播其恶於黎

① "糶"，原作"業"，據知不足齋本及《史記》改。
② 按，今本《史記索隱》無"故云病農"四字，"爲商賈"作"即商賈"。
③ 按，引文見《周禮·地官·司市》，此言"司農"，誤。
④ "士農"，疑衍"農"字。

苗”,[1]吴秘謂“布其虐甚於九黎之乱德、三苗之不恭”,其説甚迂。司馬温公曰:“黎、苗,民也。”余按《廣韵》“黎”、“苗”二字皆訓“衆也”,則温公之説其辞旡明,其理亦安,信而有證。

弋人何慕

《問明》篇:“鴻飛冥冥,弋人何慕焉。”[2]按《後漢・逸民傳序》援此語作“簒”字。[3] 退之《酧崔少府》云:“少嫌弋者簒。”今温公亦謂曰“簒”,以或作“慕”字爲誤,誠有所据。[4]

日一日勞

《孝至》篇:“或問‘勞功’。曰:‘日一日勞,考載曰功。’”温公曰:“載,事也。天運行不息,是其勞也;成造化之事,是

---

① “撲”,原作“撼”,據知不足齋本及揚雄《法言・重黎》改。

② 按,汪榮寶《法言義疏》:“温公《集注》據《音義》此條,遂改‘慕’爲‘簒’,云:‘光謂逆取曰簒。’榮按,治平本作‘慕’,錢本同,《御覽》九百十六引亦同。《音義》出‘弋人何慕’,是其所據本如此。又《音義》往往引天復本異文,此不及之,明天復本亦作‘慕’。《藝文類聚》九十引亦作‘慕’。張九齡《感遇》詩云:‘今我遊冥冥,弋者何所慕?’用《法言》語,而以‘慕’與‘顧’、‘樹’、‘懼’、‘惡’爲韻,其非‘簒’誤可知。是唐初所行《法言》多作‘慕’。然則作‘簒’者,宋衷本;作‘慕’者,李軌本。慕者,貪羡欲得之謂。《淮南子・原道》:‘誘慕於名位。’高注云:‘慕,貪也。’《漢書・董仲舒傳》:‘古人有言曰:臨淵羡魚,不如退而結網。’此言慕,猶彼言羡,於義甚順,較宋衷本爲優。今文人承用,乃以作‘慕’爲誤,妄也。”

③ 按,《後漢書・逸民列傳》:“楊雄曰:‘鴻飛冥冥,弋者何簒焉。’言其違患之遠也。”李賢注:“‘簒’字諸本或作‘慕’,《法言》作‘簒’。宋衷曰:‘簒,取也。鴻高飛冥冥薄天,雖有弋人,何施巧而取也。喻賢者隱處,不離暴亂之害也。’然今人謂以計數取物爲簒,簒亦取也。”

④ 知不足齋本有盧文弨注:“‘簒’亦作‘慕’,故唐張九齡詩:‘今我游冥冥,弋者何所慕。’”顧廣圻《校補》:“‘晋温公亦謂曰簒’,‘謂’下當有‘逆取’二字。此温公集注《法言》之語,其義本諸《方言》、《説文》,今世德堂本亦自可證。”

其功也。”其説尽善矣。舊註杜審楊子問“勞功”爲二事，乃於“日一日勞考載”文下釋之，断“曰功”二字於下句，句讀不明，戞戞難讀。温公之説是，而不爲釐正其句，亦非。下“日”字當讀爲“曰”，以“日一曰勞”句斷，“攷載曰功”句斷，言日專一而不息則謂之勞，以成其事則謂之功矣。

道術

《莊子》謂“人相忘於道術”，當讀如“經術”之“術”。① 《廣雅》曰：“術，亦道路别名。”《吕氏春秋》曰：子産相鄭産桃李垂於術。②《文選·謝靈運〈登石門最高頂〉》云：“来人迷新術，去子惑故蹊。”注曰：“術、蹊，皆山路也。”陳晋之《解學記術》有序曰：“《月令》‘審端徑術’，③《鄉飲酒》、莊周皆有道術之説，是途之大者謂之道，小者謂之術，乃知鄭音遂非也。”信乎，莊周以“江湖”對“道術”而言，則直指爲道路无疑矣。三國袁術字公路，杜甫《朝享大廟賦》押“栗”字韻，有曰“曙黄

① “經”，知不足齋本作“徑”。按，此“經術”爲“道路”義，作“徑”義長。下文所舉例均證明《莊子》之“術”爲“道路”義而非“業術”或“學術”義。

② “産”，原作“鹿”，據四庫本、知不足齋本及《吕氏春秋》改。按，今本《吕氏春秋·下賢》：“子産相鄭，往見壺丘子林，與其弟子坐必以年，是倚其相於門也。夫相萬乘之國而能遺之，謀志論行而以心與人相索，其唯子産乎！産相鄭十八年，刑三人，殺二人。桃李之垂於行者，莫之援也；錐刀之遺於道者，莫之舉也。”

③ “令”，原作“合”，據四庫本、知不足齋本改。按，《禮記·月令》：“（孟春之月）王命布農事，命田舍東郊，皆脩封疆，審端經術，善相丘陵，阪險，原隰，土地所宜，五穀所殖，以教道。”阮元校勘記：“閩監毛本經作徑，岳本同，嘉靖本同，衛氏集説同。”

屋於道術”，又《寄韋尹丈人》云“牢落乾坤大，周流道術空”，以“道術”對“乾坤”，皆明此意。

莊子語疵

司馬遷言莊周“其學无所不闚”，①可謂博洽矣。然其著書立言，不无小疵。觀其譏齊威公讀古人之糟粕，固善矣；而謂輪扁椎鑿，非糟粕與？言“孔子七日不火食”，容或有之，而“藜羹不糝”，非火食與？

荀子反經

三代以後，儒者敢於自信而好異，莫荀卿若也。

堯、舜，揖遜之主，而以爲非禪；周公，恭儉之臣，而以爲不恭不儉；子思，人所不可非，則非之；孟子，人所不敢非，則非之；禮義本不僞，則以爲僞；人性本不惡，則以爲惡。

六經有親出夫子之筆舌，有寔載聖人之本文，卿猶一切反之。故《議兵》篇曰：“堯殺一人，刑二人，而天下治。”楊倞釋之，謂一人爲鯀，二人爲共工、驩兜矣。又自曰：“堯伐驩兜，禹伐共工。”非惟與《舜典》四罪、《左氏》“舜去四凶”之説異，又且自相背馳甚者。《正論》有曰：“象刑非生於治古，並起於亂今。”則又直不以典謨“象刑惟明”之言爲可信，而好異甚矣。究而言之，象刑之制即《周禮》“垂刑象之法于象魏”是也，畫刑爲象者，無非畫墨、劓、剕、宫、大辟之刑，用刀、鋸、

① 按，今本《史記·老子韓非列傳》“闚”作“窺”。

斧、鉞之狀，以示於人，使之懲於未然而知畏耳。苟知畏，則不復犯刑，乃“刑期于無刑”之本意矣，烏得謂之“非生於治古者”哉？就如卿言，是敢於殺人而不敢於刑人也。然而李斯、韓非之慘刻不當罪韓、李，而當罪卿，其亦作俑者與。

卷之十二

盧陵孫奕季昭撰

正誤

程伯休父

馬大年嘗論：涑水先生一私印曰“程伯休父之後”，蓋出於《司馬迁傳》曰：“重黎世序天地，其在周，程伯休父其後也。當宣王時，官失其守而爲司馬。”故涑水引用之。且伯休父者，其字也。① 今古一字多矣，如爰絲、房喬、顔籀之類，②三字无之。本朝有劉伯貢父、劉中原父焉。③

---

① “字”，原作“後”，據知不足齋本改。

② 按，顔師古名籀，以字行，此云“籀”爲字，誤。

③ 按，馬永卿《懶真子》卷四：“涑水先生一私印曰‘程伯休甫之後’，蓋出於《司馬遷傳》，曰：‘重黎世序天地。其在周，程伯休甫其後也。當宣王時，官失其守，而爲司馬氏。’故涑水引用之耳。伯休甫者，其字也。古字一字多矣，如袁絲、房喬、顔籀之類，三字無之，獨本朝有劉伯貢父、劉中原父。或云二人本字貢甫、原甫，以犯高魯王諱，故去‘甫’而加‘伯’、‘中’，時人因並三字呼之。此説非也。六一先生作《原甫墓誌》云：‘公諱敞，字中原父，姓劉氏。熙甯元年四月八日卒。’以此可知，彼但見錢穆甫以避諱，人或呼爲錢穆，或呼爲穆四，遂並二劉失之誤矣。”王士禎《池北偶談》卷二十一《一字字》：“劉敞、劉攽兄弟字伯貢父、仲原父，見歐公所作《原父墓誌》。”

予按，《常武》之詩曰："王謂尹氏，命程伯休父，左右陳行，戒我师旅。"《楚語》曰："重黎氏其在周，程伯休父其後也。當宣王時，失其官守，爲司馬氏。"孔安国解《詩》曰：①"上命元帅，此命司馬。王謂其内史大夫尹氏：汝當爲策書，命此程国之伯字休父者爲之司馬。"攷其所自，温公盖引用《詩》与《楚語》，而未必專引《迁史》。孔氏旣云"程国之伯字休父"，則不當以"伯休父"三字爲字，而取證於今之刘伯貢父、刘中原父也。况中原父，兄也，叔貢父，弟也，故以中叔之序称伯貢父，當作叔字。《邵氏聞見録》云："温公一日過康節天津之橋，謂曰程秀才云。既見，温公也。问其故，公笑曰：'司馬出程伯休父，故曰程。'"

陽生

太史公爲《伍子胥傳》，書："吴王旣誅伍子胥，遂伐斉。斉鮑氏殺其君悼公而立陽生。吴王欲討其賊，不勝而去。"世皆信之。

余以《左氏春秋》攷之，哀公五年秋，斉景公卒。冬十月，公子陽生来。杜預云：景公子。六年八月，僖子使召公子陽生，十月丁卯，立之。將盟，悼公稽首。杜預云：悼公，陽生。又以斉、陳《世家》考之，皆曰：景公卒，太子荼《左氏》作"舒"。立，是爲晏《左氏》作"安"。孺子，而田乞不悦，欲立景公佗子陽生，鮑

① "孔安国"，當作"孔穎達"。顧氏《校補》卷十二"程伯休父"條："孔穎達解《詩》曰'上命元帥'云云，鈔及明刻'穎達'亦皆誤作'安國'。"

叔遂立陽生於田乞之家，是爲悼公。鮑牧与悼公有隙，殺悼公，齐人共立其子壬，是爲简公。

即是而觀，陽生即悼公也，其《伍子胥傳》"鮑氏殺其君悼公而立陽生"，當是"弑其君悼公而立壬"。太史公之所記，於《世家》既如此，於《列傳》又如彼，前後抵牾，所謂寔録，果如是乎？

龜策

《龜策傳序》曰："龜藏則不靈，蓍久則不神。"贊則曰："龜藏則不泥，泥之則不神。"[①]贊不如序多矣。

两伏波

或人问：漢有两伏波。海康令王約作《忠显王廟記》，以爲馬伏波；瓊州守李時亮作《廟記》，以爲路伏波；蘇子瞻作《廟記》，則以爲馬伏波；[②]夏侯安雅作《廟記》，又以爲馬伏波：紛紛孰是？

曰：嘗攷之两漢，有二伏波。前漢伏波將軍邳离路博德，武帝時討南越相吕嘉之叛，遂開九郡。後漢伏波將軍新息馬援，光武時討交趾二女子側、貳之叛，遂平其地。則是二人皆

---

① 按，"龜藏則不泥"二句不見於今本《史記》。

② 顧氏《校補》："'蘇子瞻作廟記則以爲馬伏波'，'馬'當作'两'，本集可證。"

有功於南粤。東坡之説，渠不信夫。①

發縱

《蕭何傳上》曰："夫獵，追殺獸者狗，發縱指示獸処者人也。""縱"音子用反。孔毅父曰："指縱，音作縱，非也。《周礼·地官》有'迹人'，注：'迹人言跡，知禽獸。'是亦蹤跡之義尔。"②

上廉

賈誼策曰："人主之尊如堂，群臣如陛，衆庶如地。故陛九級上，廉遠地，則堂高；陛无級，廉近地，則堂卑。"竊詳顔曰："廉，側隅也。"以"廉近地"對"廉遠地"而言之，則廉隅无所謂"上廉"矣。當讀"陛九級上"爲句。近歳太李出"上廉遠地則堂高賦"，豈一時之間未加討論欤？《林鉞漢雋》亦曰"廉遠地則堂高"，而不言"上廉"。

① 按，蘇軾《伏波廟記》："漢有兩伏波，皆有功德於嶺南之民。前伏波，邳離路侯也。後伏波，新息馬侯也。南越自三代不能有，秦雖稍通置吏，旋復爲夷。邳離始伐滅其國，開九郡。然至東漢，二女子側、貳反嶺南，震動六十餘城。世祖初平，天下民勞厭兵，方閉玉關，謝西域，況南荒何足以辱王師，非新息苦戰，則九郡左衽至今矣。由此論之，兩伏波廟食於嶺南者，均也。古今之傳，莫能定於一。"

② "蹤跡"，知不足齋本作"蹤迹"，並有錢馥注："《説文》'蹤迹'字從'車'，'從'省聲，作'蹤'者，俗書也。"

数奇

“李廣数奇”，師古曰：“数，所角反。”案《宋景公筆録》云：[1]得江南《漢書》本乃“所具反”，傳者悮以“具”爲“角”也，云孫奭亦誤以爲“朔”也。蔡絛《西清詩話》亦云：“甞謂王摩詰詩‘衛青不敗由天幸，李廣无功緣数奇’，不敗由天幸，乃霍去病，非衛青也。”至於数奇，独不以爲誤對。則蔡絛亦知王維讀“数”字從去声之爲當也。

尚書尚公主

或人有問：“尚書与尚公主同乎？”曰：否。按《惠帝紀》云：“宦官尚食比郎中。”應劭曰：“尚，主也。旧有五尚，尚冠，尚帳，尚衣，尚席亦是。”如淳曰：“主天子物曰尚食。[2] 主文書曰尚書。”《陳餘傳》：“敖已出，尚魯元公主如故。”师古曰：“尚猶配也。《易・泰卦》九二爻辞曰‘得尚于中行’，王弼亦以爲配也。諸言‘尚公主’者，其義皆然。而説者乃云‘尚公主’与‘尚書’、‘尚食’同意，訓‘尚’爲‘主’，言主掌之，失其理矣。公主既尊，又非物類，不得以主掌爲辞。”則“尚書”之“尚”訓“主”，“尚公主”之“尚”訓“配”，明矣。孔毅父《珩璜論》云：“‘尚書’与‘尚食’、‘尚公主’同，而世俗相承以平声呼，誤矣。見《張耳傳》注。”原應如顔三家之説，則世俗誤呼“尚書”爲平声，誠如孔言；而以“尚書”与“尚公主”同，亦非其

---

① “宋景公筆録”，四庫本作“宋景文筆記”，知不足齋本作“宋景文公筆録”。

② 按，今本《漢書・惠帝紀》顔師古注引如淳曰作“主天子物曰尚”，季昭此引“食”字蓋涉上文而衍。

説。寔《陳餘傳》注，非《張耳傳》也。[①]

陳蕃設榻

東漢《徐穉傳》云：穉，豫章人也。"陳蕃爲太守，以礼請署功曹"，穉謁而退。"蕃在郡不接賔客，唯穉来特設一榻，去則縣之"。又《陳蕃傳》："太尉李固表薦"，"迁樂安太守"。"郡人周璆，高潔之士，前後郡守招命莫肯至，唯蕃能致焉。字而不名，特爲置一榻，去則懸之"。

讀史至此，未甞不疑焉。甞攷宋臨川王義慶《世説》云："陳仲舉爲豫章太守，至便問徐孺子所在，欲先看之。"袁宏《漢紀》曰："蕃在豫章，爲穉特設一榻，去則懸之。"唯周璆之事无聞焉。《陳蕃傳》始有"特置一榻"之文，信如前之説，則特設一榻爲璆而已，它无與焉。以爲止待一人欤？不應两傳互載而姓名異。以爲穉來則待穉，璆來則待璆欤？不應两傳皆云"去則縣之"。以爲穉則有穉榻，璆則有璆榻欤？胡爲均是特設无它？盖在豫章則特以待穉，在樂安則特以待璆，故不害其爲特設。惟是范曄昧作史之体，《陳傳》偏載既失之，《徐傳》重出未爲得也。當以是二事本末特書於陳蕃一傳，則不惟省文，又且两全。

暨豔

《吴志·張温傳》有"暨豔"，"暨"字无音。史炤《通鑑音

---

① 知不足齋本有盧文弨注："張耳、陳餘實一傳，不可分析，觀陳餘死後仍以張耳終之，何得以爲非《張耳傳》？"

義》於《魏紀・文帝黄初五年》音"其冀切"。葉少蕴《石林燕語》云:"元豐五年黄冕仲榜唱名有'暨陶'者,主司初以'洎'音呼之,三呼不應。蘇相子容時爲試官,神宗顧蘇,蘇曰:'當以入声呼之。'果出應。上曰:'卿何以知其爲入音?'蘇言:'《三国志》吴有暨豔者,陶恐其後。'遂問陶鄉貫,曰:'崇安人。'上喜曰:'果吴人也。'時'暨'字缺下一畫,蘇復言:'字下當從"旦",此唐避代宗諱,流俗遂誤,弗改耳。'"

今以"暨"字調爲入声,即是"乞"字。及見紹熙戊午議臣上䟽言:神宗時御殿放榜,進士有暨陶者,有司讀"暨"爲"洎",而陶不應。蘇頌曰:"吴有暨豔,讀爲'結',此得非其後乎?"問之果然,神宗喜謂頌曰:"果吴人也。"虽不知出何典據,則又呼爲"結"字。復以《廣韻》證之,"五質"与"九迄"中,"暨"皆"居乙切,姓也,吴有尚書暨豔",則正是"訖"字。《燕語》以爲"乞"則近,議臣以爲"結"則差近,史炤音"洎"則絶相遠。況《廣韻》明載"暨豔"於"訖"字之下,而三書不能會歸于一,何耶?其字畫按《玉篇》從"旦",誠如蘇言,但"訖"音不收。然諱"旦"自是睿宗,亦非代宗也。

薛愿

杜牧《記寧陵》謂天宝末,薛愿守淮陽,賊不能陷,故名不傳,不得与張、許並称。今以新、旧二史攷之,①乃云愿爲潁川太守,与龐堅共守潁川,城陷,二人俱死。按潁川乃許州,

① "今",原作"令",據知不足齋本改。

而睢陽乃陳州，[1]所守之地不同，所記之事各異，豈牧傳聞之誤耶？抑亦作史者采摭而不得其真乎？

瓜丘甘露

瓜丘之禍，蓋秦謀以瓜寔成於驪山，詔博士諸生就視，因此欲坑儒生。是時乃隆冬之月，豈瓜熟時耶？陋如秦儒，不知其詐謀之深而卒至焉，宜乎不能逃其死也。《前漢·儒林傳序》。

甘露之禍，盖李訓謀以甘露降於禁中，詔百官入賀，因此欲殺宦官。是時乃十一月之末，豈露降時邪？黠如宦官，豈不知其詐謀之淺，故卒不至焉，宜乎不可得而殺也。《唐·李訓傳》。

然殺儒生易，殺宦官難；殺儒生則至於亡国，殺宦官則可以存国。秦能殺儒生，故秦亡之速，非不幸也；唐不能殺宦官，故唐存之不久，非不幸也。悲夫！

秦焚書之漸

秦焚書之禍，其所由來者漸矣。晉鞏朔献捷于周，王私賄之，使相告之曰："非礼也，勿籍。"《成二》。北宫錡問爵禄之制，孟子曰："諸侯恶其害己也，而皆去其籍。"《万章下》。始皇則又甚焉，尽夆先王之典籍投諸虐焰而不赦。得非有勿籍，

---

① 顧氏《校補》："'而睢陽乃陳州'，'睢'當作'淮'。《元和郡縣志》'陳州'下注云：'淮陽也。'又'許州'下注云：'潁川。'亦與履齋上文所言正合，乃以唐論唐爾。"

然後有去籍,有去籍,然後有焚書,豈一朝一夕之故哉!秦之酷既極於焚書矣,重之以坑儒,則愚黔首之術殆无余策。

句讀

“句讀”字自漢有之。《周礼·宫正》:“春秋以木鐸修火禁,凡邦之事蹕。”鄭司農讀“火”絶之,云:“禁凡邦之事蹕,国有事,王當出,則宫正主禁絶行者。[①] 若今時衛士填街蹕也。”鄭康成注“春秋以木鐸修火禁”句絶,讀火,戚如字,徐音豆。[②] 韓愈《師説》云“彼童子之師,授之書而習其句讀者”也,洪曰“讀音豆”。其字從言從賣,唯馬融《笛賦》云:“覩法於節奏,察度於句投。”注曰:“投,徒鬪切。句投,猶章句也。”[③]其音訓同而字昼異。《廣韻》、《玉篇》“讀”、“投”二字去声俱不收。

章句

孔安国曰:[④]自古而有篇章之名,故《那序》曰“得商頌十二篇”,《東山序》曰“一章言其完”是也。句則古者謂之爲言,

---

① “主”,原作“王”,據四庫本、知不足齋本及《周禮》鄭玄注改。

② “讀火”,“火”字蓋衍。陸德明《經典釋文》:“讀,戚如字,徐音豆。”

③ 知不足齋本有徐鯤注:“李善《長笛賦》注云:‘《説文》曰:逗,止也。投與逗古字通,音豆。投,句之所止也。’此注乃五臣張銑語。”今本《文選·馬融〈長笛賦〉》作:“觀法於節奏,察度於句投。”“投”下注:“徒鬪。”李善注:“《説文》曰:‘逗,止也。’‘投’與‘逗’古字通。投,句之所止也。”張銑注:“句投,猶章句也。謂曲中之章句有禮制聲韻,不相踰越也。”

④ 按,此下“自古”至“乃有句”,詳見《詩經·周南·關雎》孔穎達疏。此云“孔安国”,當是季昭誤記。

《論語》云"《詩》三百,一言以蔽之曰:思無邪",則以"思無邪"一句爲一言。趙簡子称"子大叔遺我以九言",皆以一句爲一言也。秦漢以來,衆儒各爲訓詁,乃有句。

余謂今詩家有四言、五言、六言、七言,則是又以一字爲一言也。①

文辞

李者誦《孟子》"不以文害辞",多不喻"辞"、"文"何從而别。按伊川曰:"'不以文害辞',文,文字之文,奉一字則是文,成句是辞。《詩》爲解一字不行,却迁就它説,如'有周不顯',自是文當如此。"晦庵朱氏曰:"文,字也;辞,語也。言説《詩》之法,不可以一字而害一句之義,不可以一句而害設辞之志,當以己意逆取詩人之志,乃可得之。若但以辞而已,則如《雲漢》所言,是周之民真无遺種矣。惟以意逆之,則知詩人之志在於憂旱,而非真无遺民也。"

五湖

嘗聞艮齋先生謝公在諫垣以侍講當夜直,壽皇嘗論及地理,曰:"五湖何处爲是?"公奏:"或謂洞庭、彭蠡、太湖、丹陽、射陽爲五湖,或謂大湖、射貴湖、上湖、洮湖、滆湖爲五湖,其

① "則"下,原衍一"則"字,據四庫本、知不足齋本删。整理者按,"言"原本亦可指一字。《論語·衛靈公》:"子貢問曰:'有一言而可以終身行之者乎?'子曰:'其恕乎!己所不欲,勿施於人。'"《史記·老子韓非列傳》:"(莊子)其著書十餘萬言,大抵率寓言也。"

实皆非。《周礼·戢方氏》楊州‘其浸五湖’，《国語》吴越‘戰於五湖’，以地攷之，漢儒謂‘五湖者，太湖之别名’爲是也。”上嘉其博洽，奬嘆再三。

予嘗按，張勃《吴録》云：“五湖者，太湖之别名，以其周行五百里，故名之。”

四海

《祭義》云：“曾子曰：‘夫孝，置之而塞乎天地，溥之而横乎四海。’”継而曰：推而放之東海、西海、南海、北海而準。即四海也。《校人》注曰：“四海，猶四方也。”及《調人》曰“父之讎辟諸海外”，注引《尔雅》曰：“九夷、八蛮、六戎、五狄謂之四海。”夫經云“海外”，而注指四夷爲言，非也。所謂“海外”，即《堯典》“光于四表”是也。[①] 以四夷爲海外可也，以四夷爲四海不可也。[②]

六轡

凡駕四馬則必有八轡，而諸經多言六轡，何也？曰：孔氏解“六轡在手”有曰：“每馬有二轡，四馬當八轡矣。諸文皆六轡者，以驂馬内轡納之於軜，故在手者惟六轡耳。”又曰：“車駕四馬，在内两馬謂之服，在外两馬謂之騑”，两騑即驂也。

---

① 按，“光于四表”，今本《尚書·堯典》作“光被四表”。

② “以四夷爲海外可也，以四夷爲四海不可也”，四庫本作“以四方爲海外可也，以四夷爲海外不可也”，知不足齋本作“以四方爲海外可也，以四夷爲四海不可也”。

蘇黄門曰:“驂之外轡則御者執之,觖與鋈以艘軜轋之同。”即是求之,則言“六轡”有以也。

百丈

杜子美《祠南夕望》曰:“百丈牽江色。”注云:“《海賦》‘揭百丈’,所以牽船也,連竹爲之。”①又《秋風》云:“吴檣楚柂牽百丈。”注云:“檣、柂、百丈,皆船上器用也。薛云今湖湘間行舟,以竹相續爲索,以引上水舟,謂之百丈,以謂其長可百丈,今川陜猶多用之。”又《十二月一日》詩云:“百丈誰家上水船。”②東坡云:“古離别曲‘百丈牽船上水遲,郎去瞿塘幾日歸。’鍾會呼挽船索爲百丈,今舟子皆呼之。”趙云:“百丈者,牽船篾。”③内地謂之亘,音弹。

余親見海商以竹劈爲大瓣,相續可長百丈。每相續処,必用漆固其絲紵使耐水。即非以篾爲三股四股索之类。如索則今之所謂纜是也。鍾會呼挽船索爲百丈,与薛氏相續爲索之説,則亦牽船之纜,非此百丈也。

百金

《公羊傳·隱五年》曰“百金之魚”,注云:“百金,猶百万也。古者以金重一斤,若今万錢矣。”《漢·食貨志》亦云“黄

---

① 按,“《海賦》”至“爲之”詳見《分門集注杜工部詩》王洙注。下“檣、柂”至“用之”同。今本《文選·木華〈海賦〉》作“於是候勁風,揭百尺,維長綃,掛帆席”。

② “水”,四庫本作“瀨”。

③ 按,今本《分門本集注杜工部詩》趙次公注“船”作“舡”。

金一斤直万錢",[1]則知文帝言"百金,中人十家之産",即爲金百斤爲錢百万也。高祖善家令之言,賜金五百斤,命陳平爲反間,捐金四万斤,使漢金不賤,何以多至此?如唐時必貴,太宗以于志寧、孔穎達能諫太子,各賜金一斤而已,[2]非貴則不如是之少也。

來牟

《詩》两言"來牟",《思文》、《臣工》。《前漢》作"釐麰",《刘向傳》。《孟子》作"麰麥",《告子上》。《玉篇》、《廣韻》皆作"麳麰",又出一"麰"字。唯《廣雅》有曰:"來,小麥也;牟,大麥也。"二字与《詩》并同。是二麥者,後稼穡而生,先稼穡而熟,深有補於先民之艱食。《月令》孟夏之月獨以麥爲秋,豈苟然哉!

淅米[3]

《生民》曰:"釋之叟叟,烝之浮浮。"毛曰:"釋,淅米也。"孔曰:"淅米,謂洮米也。叟叟,声也;浮浮,氣也。"[4]又曰:"《釋訓》云:'溞溞,淅也;烰烰,氣也。'[5]樊光遠引此詩,孫炎曰:'溞溞,淅米声;烰烰,炊之氣。'傳以洮米則有声,炊飯則

① 按,"万錢",今本《漢書·食貨志下》作"錢萬"。

②《資治通鑑·唐紀十·太宗貞觀七年》:"太子好嬉戲,頗虧禮法,志寧與右庶子孔穎達數直諫,上聞而嘉之,各賜金一斤,帛五百匹。"

③"淅",原作"浙",據四庫本、知不足齋本改。下同。

④ 按,"叟叟声也浮浮氣也"爲毛傳文,而非孔疏,季昭此誤。

⑤ 按,今本《爾雅·釋訓》:"烰烰,烝也。"

有氣，取《尔雅》之意爲説也。”①

淅，星歷反；溞，蘇刀反；烰音浮。《孟子》曰“接淅而行”，趙曰：“淅，漬米也。不及炊。”淅，先歷反。考是二説，皆讀曰“折”。② 今之好事者凡称士大夫之家淅米飯多作“折”声呼之，良可怪笑。然退之《城南聯句》云“淅玉炊香粳”，“淅”亦作“淅”又何耶？③

東壁東井南箕北斗

二十八宿以四方爲名者，唯井、壁、箕、斗四星而已。營室者天子之宫，壁者室之外院，离宫在南，則壁在室東，故称“東壁”。参傍有玉井，則井星在参東，故称“東井”。箕、斗是人日用之器，相對而言，箕在南而斗在北，故曰“南箕”、“北斗”也。

黎明

《史記·高帝紀》：“黎明圍宛城三匝。”《索隱》曰：“黎音犂，④黎犹比也，謂比至明也。”《前漢·高帝紀》作“遲明”，師

① 按，今《詩經·大雅·生民》孔穎達疏：“‘溞’、‘浮’與此不同，古今字耳。傳以洮米則有聲，故言‘溲溲，聲’，烝飯則有氣，故言‘浮浮，氣’，取《爾雅》之意爲説也。”

② “折”，原作“淅”，據知不足齋本改。

③ “淅亦作淅”，原作“淅亦作淅”，據四庫本、知不足齋本改。整理者按，此篇“淅”、“淅”二字傳寫刊刻錯誤甚多，以致文意難辨。“淅”音“析”，爲“淘米”或“淘過的米”義，本篇所引《詩經》毛傳、孔疏，《孟子》及趙注，《城南聯句》，今見本均作“淅”。此字與“淅”形近，蓋後來典籍多有誤作“淅”者，以致“今之好事者凡称士大夫之家淅米飯多作‘折’声呼之”，季昭此篇正爲訂正“淅”之字形字音。由篇末所舉《城南聯句》推之，季昭所見本“淅玉炊香粳”之“淅”字作“淅”。

④ “黎”，原作“犂”，據四庫本、知不足齋本改。

古："音值，值，待也，謂待天明時，皆言早意也。"《唐·刘崇望傳》"邌旦含光門未開"，"邌"音都奚切。又按《史記·吕后紀》"犂明孝惠還"，徐廣曰"犂猶比也，①將明之時"，非也。"犂"、"黎"古字通，黎，黑也。黑与明相雜，欲曉未正曉也。猶曰"昧爽"，昧，暗也，爽，明也，亦明暗相雜也。"遲明"即未及乎明也，"厥明"、"質明"，則已曉也。

陳玄

或謂毛穎、陶泓、楮先生，退之雖寓言以爲文戲，然莫非取象筆、硯与紙而言也，獨於陳玄若无義。予曰不然。彼三者以象言，陳玄以性言也。故陳君遠《告老集》云："陳者，久也；玄者，黑也。取其經久膠不敗而黑者爲冣，故墨曰陳玄。"其義尤深。

重穋

《詩·七月》曰"黍稷重穋"，毛氏曰："後熟曰重，先熟曰穋。"董氏曰："鄭衆云：先種後熟謂之穋。《説文》種音童，所謂重也；種音衆，所謂藝也。"《釋文》曰："'禾'边作'重'是重穋之字，'禾'边作'童'是穜蓺之字，②今人乱之已久。"

及考《周礼·天官·内宰》云"生穜穋之種"，其字与《廣韵》並作"穜"，並音爲"重"，与"同"二声，則知《釋文》云"'禾'

---

① "犂明"、"犂猶比也"，"犂"原皆作"黎"，據四庫本、知不足齋本及《史記·吕太后本紀》改。

② "蓺"，原無，據四庫本、知不足齋本補。

边作'重'是種稑之字"[①]當作"'童'乃是種稑之字","'禾'边作'童'是種藝之字",當作"'重'乃是種藝之字"。盖種藝之字合從"重",不當從"童",種稑之字合從"童",[②]不合從"重",始爲不乱也。

印文榜額有之字

馬大年《嬾真子》曰:"今印文榜額有'之'字,其来久矣。大初武帝元年夏五月,[③]'正曆,[④]以正月爲歲首,色上黄,数用五'。注云:漢用土数五,用五謂印文也,若丞相曰'丞相之印章',諸卿及守相印文不足五字者,[⑤]以'之'字足之。後世不然,印文榜額有三字者足成四字,有五字者足成六字,但取其平正耳,非'之'字本意。"

及觀《談苑》云:"太祖將展外城,幸朱雀門親自規畫,獨趙韓王普時從幸。上指門額問普曰:'何不只書"朱雀門",着"之"字何用?'普對曰:'語助。'太祖笑曰:'之、乎、者、也,助得何事?'"帝似不以爲然,惜乎韓王生於馬大年之前,不及夆是説以敷陳之。《邵氏聞見録》云:"帝一日登明德門,指其榜問趙普曰:'"明德之門",安用"之"字?'普曰:'語助。'帝曰:'之、乎、者、也,助得甚事?'普无言。""明德"与"朱雀"二名不同,未知孰是。

① "字",原作"事",據四庫本、知不足齋本及上文引《釋文》改。
② "字",原作"事",據四庫本、知不足齋本改。
③ "大",四庫本、知不足齋本並作"太"。
④ "正",原作"並",據四庫本、知不足齋本及《漢書·武帝紀》改。
⑤ "足",原誤作"是",據四庫本、知不足齋本及《漢書》顔師古注改。

卷之十三

廬陵禮津孫奕季昭撰

正誤

齒牙

或疑昌黎“去年落一牙,今年落一齒”爲煩文。予按楊中立解“誰謂鼠無牙”曰:“牙,牡齒也。鼠無牡齒。陸曰:‘鼠有齒而無牙。’”《僖公五年》云:“輔車相依,脣亡齒寒。”杜曰:“輔,頰輔;車,牙車。”史炤《通鑑釋文·晋穆帝九年》:“輔車,頰骨牙車也。”《咸卦》“咸其輔頰舌”,馬云:“輔,上頷也。”漢張虞云:“耳目之間。”杜甫《戲贈友》云:“一朝被馬踏,脣裂板齒無。”又按,洪氏《韓子年譜》云:“去年與崔群玉云:‘左車第二牙無故動摇脱去。’而《齒落》詩云‘去年落一牙’,則此詩今年作也。”乃知在頰爲牙,當脣爲齒也昭昭矣。

皮革

《羔羊》詩曰“羔羊之皮”,又曰“羔羊之革”,毛曰:“革猶皮也。”初無區别。孔曰:“《説文》謂獸皮治去其毛曰革”,

“對文則‘皮’‘革’異，散文則‘皮’‘革’通”。鄭註《掌皮》曰：“皮謂若虎豹熊羆有文章者，革謂無文章者去毛而献之。”王光遠曰：“未練治謂之皮，已練治謂之革。”此一説也。《司裘》曰“大喪，廞裘，飾皮車”，謂革輅也。去毛得称皮，有毛得稱革，此又一説也。然《論語》“虎豹之鞟，猶犬羊之鞟”，虎豹與犬羊別者，並以毛文異耳，乃知鞟即革也。按八音之中有革，謂鼗鼓也，則革已去毛無疑矣。若夫《帝王世紀》曰“黄帝煞夔，以其皮爲鼓”，庸非毛氏所謂革猶皮也？

饕餮

《文公十八年》：“縉雲氏有不才子，貪于飲食，冒于貨賄”，“天下之民以比三凶，謂之饕餮”。杜曰：“貪財爲饕，貪食爲餮。”故孫仲益《競與詹及甫書》曰：“晋侯被兵之後，復用吏饕。”謂吏之貪財者也。及觀《北史》明帝朝，獲禿鶖於宫内，遂養之。崔光曰：“此即《詩》‘有鶖在梁’，解云：‘禿鶖。’貪恋之鳥，野澤所育，不應入於殿庭。況饕餮之禽，必藉魚肉菽麥稻粱之養，豈可留意於醜形惡聲哉！”老杜《麂》詩曰：“衣冠兼盗賊，饕餮用斯須。”趙彦材云：“言衣冠之人行如盗賊，唯知饕餮而已，故使人多害生物以充庖，正在斯須之間焉。”則是崔、杜以二字爲貪食之謂，初無别也。至東坡《賦老饕》又直以“饕”之一字爲貪食云。《山海經》又以“饕餮”爲獸名，則必貪惏之獸也。

檠擏

東坡《姪安節遠來夜坐三首》，前二首皆押“燈檠”韻，末篇云：“大弨一弛何緣彀，已覺翻翻不受檠。”孫倬云：“揚子曰：‘見弓之張兮，弛而不失其良兮。曰：何也？曰：檠之而已。’”及攷《楊子》正文作“擏”，[①]其字從“手”，温公音居影切。復質諸《周禮·弓人》註云：“至冬膠堅，内之檠中，定往來体。”檠音景。《韻略》三十八“梗”作“橄，居影切，所以正弓”，釋云：“蘇武能橄弓弩。”雖並從“木”，皆非平聲。東坡所押，獨取楊倞註《荀子》“繁弱、鉅黍，古之良弓也，[②]然而不得排橄則不能自正”，音巨京反。然《玉篇》、《廣韻》平、上聲皆收作正弓之“檠”，但上聲註云：“橄，出《周禮》，亦作橄。”[③]則是不專主平聲之音。

囊橐

《公劉》之詩曰：“于橐于囊。”毛曰：“小曰橐，大曰囊。”孔曰：《左傳》稱趙盾見靈輒餓，“爲之箪食與肉，寘諸橐以與之”，橐惟乘食而已，[④]是其小也。《公羊傳》稱陳乞欲立公子陽生，盛之巨囊，囊内可以容人，是其大也。《説文》曰：“無底曰囊，有底曰橐。”董氏曰：“無底曰橐，有底曰囊。”《唐韻》曰：“橐，無底囊。”二説不同，並存之。

---

① 按，“擏”，今見本作“檠”。

② “古”，原作“口”，據四庫本、知不足齋本及《荀子·性惡》改。

③ “出”，原作“世”，據知不足齋本及《廣韻》改。四庫本作“今”，亦可通。

④ “乘”，四庫本、知不足齋本並作“盛”。

馬耳

東坡《雪夜》詩曰:“試掃北臺看馬耳,未隨埋没有双尖。”趙次公云:“馬耳,山名。”竊謂天下之山,[①]至低不下數丈,而止於尋丈者少,雪雖深,埋没山阜,未之有也。趙指爲山,果何所據?殊不知雪夜王晉之與霍辨對談,[②]雪盈尺,王曰:“雪太深乎?”霍曰:“看北臺馬耳菜何如?”左右曰:“有两尖在。”坡盖用此。何趙未嘗見是事而妄爲是説?[③]

於菟

《宣公四年》:“楚人謂虎於菟。”於音烏。《前漢·叙傳》:“楚人謂虎於檡。”[④]音“烏塗”,今作“於菟”。山谷《題双澗寺》云:“二水犇犇鳴屋除,松林落日吼烏菟。”碑本作“烏”,非也。又詩曰:“王侯文采似於菟,洪生人間汗血駒。”復用“於”字乃是。

---

① “竊”,原作“切”,據四庫本、知不足齋本改。

② “辨”,四庫本、知不足齋本並作“辯”。

③ 按,王晉之與霍辨夜談事,未詳何出。又,酈道元《水經注·濰水》:“濰水又東北,涓水注之。水出馬耳山,山高百丈,上有二石並舉,望齊馬耳,故世名焉。”然則蘇軾詩“馬耳”也許是山名,“未埋没”指山上石露雙尖,亦通。

④ “檡”,原作“一”,據四庫本、知不足齋本及《漢書》改。四庫本“檡”下有“一”字。

欸乃[①]

人皆曰柳柳州《漁父》詩“欸乃”二字本書爲“欵乃”，[②]讀曰“襖靄”，既有山谷《題浯溪碑》可證，又有《元次山集》中箋音可質。胡仔《漁隱叢話》乃謂《洪駒父詩話》反其音爲“靄燠”者非。柰何《廣韻》十五“海”：“欸”音“於改反，相然譍也”。[③] 謂之“相然譍”，則正得“一聲山水緑”之本意，當從駒父“欸音靄”，[④]“乃音燠”爲正。故洪景盧尚書《欸乃齋記》云：[⑤]柳别本或併二字爲“襖”音，又别出一“靄”字，非也。

殷盤

初讀《進學解》“周誥殷盤”之語，頗疑盤庚是君名，非訓誥誓命之比。至味六一先生《聽琴》詩有“二典意澹薄，三盤語丁寧”，又復云然。一再思之，“太甲”、“益稷”之屬，篇皆以名；“檀弓”本魯人，以其善於禮，故亦著名；如“泰伯”、“衛靈公”、“梁惠王”，亦載於《語》、《孟》之篇首，同此一意。

正鵠

《周禮·司裘》：“王大射，則共虎侯、熊侯、豹侯，設其

---

① “欸”，原作“欵”，據知不足齋本改。
② “欸”，原作“欵”，據知不足齋本改。
③ “欸”，原作“欵”，據知不足齋本及今本《廣韻》改。
④ “欸”，原作“欵”，據知不足齋本改。
⑤ “欸”，原作“欵”，據知不足齋本改。

鵠。"鄭注:"侯謂以虎、熊、豹、麋之類飾其側。又方制之以爲臯,音準。謂之鵠,著于侯中,所謂皮侯。"《梓人》:"張皮侯而棲鵠。"《詩》云:"終日射侯,不出正兮。"《射義》云:"循聲而發,發而不失正音征。鵠者,其爲賢者乎?"①孔氏曰:大射之侯,其中制皮爲鵠;賓射之侯。其中采畫爲正。正大如鵠,皆居侯中三分之一。其燕射,則侯中畫爲獸,其中射處皆二尺,則以侯中所射之處爲正鵠也。"正"與"鵠"皆禽名,"正","鴊"之省文也。《方言》:"齊魯以題肩爲鴊。"《月令》"征鳥厲疾",鄭氏謂:"征鳥,題肩也,齊人謂之擊征,或名曰鷹。"正義曰:"征鳥,鷹隼之属也。"鵠即漢高祖所謂"鴻鵠高飛,一舉千里","雖有矰繳,尚安敢施"。鴊健黠而難中,鵠高遠而難中,故射者取以爲質的焉。

非熊

《六韜》曰:"文王將田,卜,曰:'田於渭陽,將大得焉,非龍非彲,非虎非羆,兆得公侯,天遺汝師,以之佐昌,施及三王。'文王乃齋三日,田於渭陽,卒見太公坐茅以漁。文王乃載以歸,立爲師。"《史記》曰:"吕尚以漁釣奸周西伯。西伯將獵,卜之,曰:'所獲非龍非彲,非虎非羆,所獲伯王之師。'果遇太公於渭水之陽","載而歸,立爲師"。而沿襲皆作"非熊"用之。嚴有翼《雌黄》亦云:"世所傳本,或作'非熊非羆',致使學者相承,皆以'非熊'爲太公事,何其繆歟!"及觀崔駰《達

① 按,今本《禮記・射義》"其爲"作"其唯"。

旨》辭曰[①]:“或以漁父見兆於元龜。”註云:“西伯出獵,卜之,曰:‘所獲非龍非彲,非熊非羆,所獲伯王之輔。’”班固《賓戲》曰“周望兆動於渭濵”,李善曰:“《史記》云:太公望以漁釣奸周,西伯將出,占之,曰:‘所獲非龍非虎,非熊非羆,所謂伯王之輔。’”[②]則謂之“非熊”盖本於此,不可謂之謬。然今《史記》寔無“非熊”二字,不知李善何所據而云。

赦書弱水

本朝赦文必曰“赦書日行五百里”,用昌黎《荅張徹》詩“赦行五百里”,盖有自來矣。又《八月十五夜贈功曹》云:“赦書一日行萬里,罪從大辟皆除死。”[③]信如後之説,無乃太遠乎?

《神仙傳》:謝自然泛海求蓬萊,一道士曰:“蓬萊隔弱水三十萬里,非飛仙不可到。”東坡詩則曰:“蓬萊不可到,弱水三萬里。”信如蘇之説,無乃太近乎?

瘴癘地

杜甫《夢李白》詩曰:“江南瘴癘地,逐客無消息。”舊註引劉孝標“流離大海之南,寄命瘴癘之地”,謂廣南也。趙彦材乃引唐史白坐永王璘事,詔長流夜郎,會赦還潯陽,坐事下

① “旨”,原作“有”,據四庫本、知不足齋本及《後漢書》改。
② 按,今本《文選·班固〈答賓戲〉》李善注“所謂伯王之輔”作“所獲霸王之輔”。
③ “辟”,原作“辭”,據四庫本、知不足齋本改。

獄。潯陽,今之江州,属江南東路。今又属西路。予謂此指夜郎而言。江南非瘴鄉,少陵號“詩史”,必不妄言,當是傳寫之誤,《雷》詩何以又曰“南方瘴癘地,罹此農事苦”?

引經誤

《无妄》六二曰:“不耕穫,不菑畲,則利有攸往。”而《坊記》乃曰:“不耕穫,不菑畲,凶。”《牧誓》曰:“戎車三百两,虎賁三百人。”而《孟子》乃曰:“革車三百两,虎賁三千人。”

“矢其文德,洽此四國”,宣王也,《禮記》以爲太王。《閒居》。“戎狄是膺,荆舒是懲”,僖公也,《孟子》以爲周公。《滕文公上》。

“致遠恐泥”,子夏之言也,班固以爲出孔子。“其進鋭者其退速”,孟子之言也,李固以爲出《老子》。

孟子以孔子所謂“生事之以禮,死葬之以禮,祭之以禮”爲曾子,唐史以曾子所謂“以能問於不能,以多問於寡”爲孔子。

與有扈戰于甘野,夏啓也,劉向以爲夏禹。《説苑》。濟人於溱洧,子産也,劉向以爲景差。《説苑》。

《微子》曰“我舊云刻子”,《論衡・本性》篇引之曰“我舊云孩子”。《立政》曰“以乂我受民”,《論衡・明雩》篇引之曰“以友我愛民”。

《荀子・堯問篇》乃曰“諸侯自爲得師者王,得友者伯,得疑者存,自爲疑而莫己若者亡”,[1]與今《仲虺之誥》“能自得

① 按,“自爲疑”,今本《荀子》作“自爲謀”。此“疑”蓋涉上文“得疑者”而誤。

師者王，謂人莫己若者亡”文意小異。《盐鐵論》文學所引《孟子》乃曰“居今之朝，不易其俗，而成千乘之勢，不能一朝居”，[1]與今《孟子》“由今之道，無變今之俗，雖與之天下，不能一朝居”文意大異。

誤經意

孔子曰“禹，吾無間然”，即無瑕可指之義，賈捐之泥於文而不明其意，便謂“禹入聖域而不優”。孔子曰“爲命，裨諶草創之”，即非草野之義，左丘明亦泥於文而不達其意，直謂“裨諶謀於野”。《襄十一》。得非讀《論語》之誤歟？

《詩》曰：“天命玄鳥，降而生商。”《史記》則謂玄鳥墮卵，簡狄吞之而生契。《詩》曰：“履帝武敏歆，攸介攸止。”《史記》則謂巨跡在野，姜原踐之而生稷。得非讀《詩》之誤歟？

《史記》謂“妻舜二女”者，豈非因《堯典》“釐降二女”而誤耶？又謂“舜重瞳子”者，豈非因《舜典》“明四目”而誤耶？甚者有曰“禹辛日娶妻，甲日生子”，是泥《益稷》之文所謂“娶于塗山，辛壬癸甲”而誤耶？《書》曰“叶和萬邦”，《論衡·藝增篇》以爲唐必無萬國；《書》曰“弼成五服”，《論衡·語增篇》以爲“五采之衣服”：則王充豈深明於《書》者耶？

---

① “學”，原作“舉”，據知不足齋本及桓寬《鹽鐵論·論儒》改。

意誤

光武即位，祝文曰“上當天地之心”，地果可與天同稱“上”耶？宋玉賦曰“料天地之極高”，地果可與天同稱“高”耶？《唐·高昌傳》曰：“高昌兵，如霜雪，唐家兵，如日月，日月照霜雪，幾何自殄滅。”謂日滅霜雪可也，謂月滅霜雪可乎？昌黎詩曰：“潢潦無根源，朝滿夕已除。”謂潢潦無源可也，謂潢潦無根可乎？①

事誤②

前輩多引脱粟飯爲公孫弘事，按《韓子春秋》晏嬰齊相，嘗食脱粟米，不食重味，則是倡自晏平仲。

多引浮查爲張騫事，按王子年《拾遺記》：堯時有巨查，浮於西海，查上有光若星月，查浮四海，十二年一周天，名貫月查，又名掛星查，羽仙棲息其上。則自是堯時。

吴甘寧住止嘗以繒錦維舟，去輒割棄，以示奢侈，則錦纜不始於煬帝。

《韓詩外傳》北郭先生妻曰“結駟列騎，所安不過容膝”，劉向《列女傳》楚于陵妻亦云，則“容膝”之語非首出於淵明。

人言蘇武不拜單于，考之范史乃是鄭衆。《選》詩得魚腹中書，考之《史記》乃是陳勝。

---

① 知不足齋本有盧文弨注：“‘潤之以風雨’，因雨兼風，‘禹稷耕稼而有天下’，因禹兼稷。行文豈可若是拘耶？”盧説甚是。

② 此條自題目“事誤”起至“男女畢會”止，連同原注共三百四十九字原缺，據四庫本補。

謝靈運《述祖德》詩有"弦高犒晋師"之語，按《吕氏春秋》鄭賈人弦高實犒秦師也。

潘安仁《西征賦》有"歲次玄枵"之語，按安仁永康二年之長安，歲在壬子，寔困敦也。並《文選》。①

人皆信退之《諱辯》稱杜度，以杜恕《篤論》求之，乃知杜操字伯度。《泗州大聖傳》云："和尚，何國人也。"又謂莫知所從來，云不知何國人也。以《隋書·西域傳》觀之，乃有何國。

觀《後漢·禮儀志上》陵議狀注"苟先帝有瓜葛之屬，男女畢會"，不可以"瓜葛"爲王導弈棋事。②

觀劉禹錫《贈進士張盥》詩云："憶尔懸弧日，余爲坐上賓。舉筯食湯餅，祝辭天麒麟。"不可專以湯餅爲明皇王后事。③

觀高朕漢末爲蜀郡守，興設學校，修周公禮樂殿，邦人立石室祠之，在文翁石室傍，④則興蜀之學不特文翁一人也。詳

---

① 按，《文選·潘岳〈西征賦〉》："歲次玄枵，月旅蕤賓，丙丁統日，乙未御辰。"李善注："岳《傷弱子序》曰：'元康二年五月，余之長安。'以歷推之，元康二年，歲在壬子。乙未，五月十八日也。《爾雅》曰：'太歲在子曰困敦。'《左氏傳》梓慎曰：'歲在星紀，而淫於玄枵。'杜預曰：'歲，歲星也。玄枵在子，虚危之次也。'然玄枵歲星所歷，困敦太歲所次。今論太歲而曰玄枵，疑誤也。"

② 按，《晋書·王導傳》："(導子)悦，字長豫，弱冠有高名。事親色養，導甚愛之。導嘗共悦弈碁爭道，導笑曰：'相與有瓜葛，郙得爲爾邪！'"

③ 按，《新唐書·王皇后傳》："始，后以愛弛，不自安。承間泣曰：'陛下獨不念阿忠脱紫半臂易斗麵，爲生日湯餅邪？'帝憫然動容。阿忠，后呼其父仁皎云。"

④ 顧氏《校補》："'修周公禮樂殿'，'樂'字依《金石録》、《隸釋》所載《禮殿記》證之，不當有也。"范鎮《東齋記事》卷四："成都府學有周公禮殿……其西有文翁石室。其南有高朕石室，比文翁石室差大，背有石像。'朕'或以爲'勝'，宋温之瑋洗石以辨之，乃'朕'字也。相傳東漢人也。殿之南面有石刻九經，蓋孟氏時所爲，又爲淺廊覆之，皆可讀也。"

見范鎮《東齋記事》。

觀《前漢·淮南王欽傳》"迺幸左顧存恤"，師古曰："左顧猶言枉顧。"則左顧之事不當指爲毛寶也。①

觀《述異記》"石室山，晋時王質伐木，至，見數童子棋，與質一物如棗核，含之不覺飢，視斧柯爛盡，既歸，無復時人"，則爛柯之事非弈棋也。

① 知不足齋本盧文弨注："毛寶之左顧，龜左顧也，與枉顧之義不倫。"徐鯤注："龜左顧是孔愉事，非毛寶。"按，《晋書·孔愉傳》："愉嘗行經餘不亭，見籠龜於路者，愉買而放之溪中，龜中流左顧者數四。"整理者按，《晋書·毛寶傳》："初，寶在武昌，軍人有於市買得一白龜，長四五寸，養之漸大，放諸江中。"《毛寶傳》放龜無"左顧"事，徐鯤説是。蓋因《孔愉傳》、《毛寶傳》均有放龜事，故季昭及盧文弨均將孔愉誤記作毛寶。但《淮南王欽傳》之"左顧"乃謝人來訪之謙辭，《孔愉傳》中之"左顧"只取字面"向左觀看"義，二者不倫，此季昭之誤，盧説甚是。

卷之十四

盧陵礼津孫奕季昭撰

雜記

無恙多能果然率然

人皆知"無恙"爲無憂,而不知爲蟲名;人皆知"多能"爲多材,而不知爲獸名。案《史記·外戚世家》云:"吕氏夷戚氏,誅趙王,而高祖後宫獨無寵踈遠者得無恙。"《索隱》曰:"《爾雅》云:'恙,憂也。'一説古者野居露宿,恙,噬人蟲也。故人相恤云'得無恙乎'。"又按《漢·高紀》云:"吾非敢自愛,恐能薄。"師古曰:"能謂材也。能本獸名,形似熊,足似鹿,爲物堅中而强力,故人之有賢材者,皆謂之能。"然則以"無恙"配"多能",尤爲的對。

又有獸名"果然",出《国史補》:楊州人取果然,得一果然則數十果然可得。盖果然不忍傷其類,聚族而啼,殺之不去也。此禽獸而人心,薄俗有不如者。果然大類猩猩。

蛇名"率然",出《山海經》:常山有巨蛇,物觸之,中首則尾至，中尾則首至，中腰則首尾俱至，名曰“率然”。[①]《孫子兵法》曰將之三軍勢如率然者，此也。

地有二義

“盤谷”之名有二義，或曰“環山”，或曰“盤旋”，而韓昌黎兩存之。“冉谿”之名有二義，或曰“冉氏”，或曰“可染”，而柳河東兩存之。

可稱之地

天下可稱之地有四：謝玄暉《鼓吹曲》云“江南佳麗地”是也；杜甫《祠南夕望》詩云“湖南清絶地”是也；張孟陽《劍閣銘》曰“形勝之地”是也；杜甫亦曰“惜哉形勝地，回首一茫茫”，爲懷錦水作也。

地名異

“梁”一也，而有南，有大，有少焉。今汝州南縣爲南梁，皇都浚儀縣爲大梁，同州韓城縣爲少梁。[②]“蔡”一也，而有新，有上，有

① 按，今本《山海經》無“率然”。漢東方朔《神異經·西荒經》：“西方山中有蛇，頭尾差大，有色五彩。人物觸之者，中頭則尾至，中尾則頭至，中腰則頭尾並至。名曰率然。”晋張華注：“會稽常山最多此蛇，《孫子兵法》三軍勢如率然者是也。”季昭所言蓋本此。

② 顧氏《校補》：“‘今汝州南縣’，‘南’當作‘梁’。《元和郡縣志》、《太平寰宇記》‘汝州梁縣’下皆注云：‘漢舊縣，戰国時謂之南梁。’《元豐九域志》云：‘汝州治梁縣也。’所宜訂正。”

下焉。新蔡、上蔡，今蔡州縣；下蔡，今潁川縣是也。“三齊”、“三楚”之有别，齊與濟北、膠東爲三齊；江陵爲南楚，彭城爲西楚，吴爲東楚。“三蜀”、“三吴”之有異；三蜀，謂蜀都，漢高分置廣漢，武帝分置犍爲。三吴，今蘇、潤、湖州。既辨“三亳”，今曹州考城縣爲北亳，今南京穀城縣爲南亳，今西京偃師縣爲西亳。又分“三江”。自豫章而下，入於彭蠡而東至海，爲南江；自蜀岷山至于九江彭蠡以入于海，爲中江；自嶓冢導漾，東流爲漢，過三澨、大别以入於江，匯於彭蠡以入于海，爲北江。“嵩高”、“外方”，一山而名二；“具區”、“震澤”，一湖而號殊。“荆山”有南、北之異條，“蒙山”有東、西之異域。

地名同

“崆峒”山有三：在臨洮者，秦築長城之所起也；在安定者，禹導涇水之所出也；在臨汝者，黄帝問道於廣成子之地也。“霍山”有四：南岳之衡，庐江之天柱，皆謂之霍山；晋之霍山在今晋州霍邑；蛮氏有霍山，在今汝州梁縣也。“汶水”有二：魯之汶水，出泰山萊蕪縣，所謂“東北會於汶”是也；其一出朱虚縣泰山，北過淳於縣，今濰之東南有大汶、小汶是也。“氾水”有二：《僖二十四年》“王處于汜”，南汜也，出汝州；《僖三十年》“秦軍氾南”，東氾也，在中牟。①“蒙城”有二：楚之蒙縣，莊周所居也；宋之蒙縣，宋萬弑閔公之地也。“武城”有四：《襄十九年》“城武城”，魯地也，即子游所宰之邑也；《僖六年》“許僖公見楚子於武城”，楚地也；《文八年》“秦

---

① “牟”，原作“年”，據四庫本、知不足齋本改。《左傳・僖公三十年》杜預注“此東氾也，在滎陽中牟縣南”，可證。

人伐晋取武城”，在今同州馮翊。今恩州亦有武城縣。“漆沮”既見於扶風，又睹於馮翊。“沱潛”既發於梁地，復出於荆州。

帝王歷年

以《史記》所載歷年計之，五帝四百一十一年，三代一千九百七十四年。以劉恕《外紀》所載歷年計之，五帝二百五十二年，三代一千九百二十八年。則《外紀》於五帝少一百五十九年，[①]於三代少四十六年。

紀元

紀元非古也，其起於誰乎？以一字紀元者，始於西漢文帝之“後”元年、景帝之“前”三年、“中”元年、“後”元年。[②] 以二字紀元者，始於西漢武帝之“建元”。以三字者始於梁武帝之“中太通”，繼以“中大同”。以四字者始於前漢哀帝之“太初元將”，申於後漢光武之“建武中元”，又申於魏大武帝之“太平真君”，唐武后之“天册萬歲”，又曰“萬歲登封”，又曰“萬歲通天”，繼於我宋太宗之“太平興国”，真宗之“太中祥符”，徽宗之“建中靖国”。唯復周制不改元，但稱元年者，自西魏廢帝始，至於周明帝，復改元。

以天紀者，有“天漢”、“天策”、“天璽”、“天紀”、“天監”、

---

① “一百五十九”，原作“二百四十”，據四庫本改。
② “三”，四庫本作“元”。

“天嘉”、“天康”、“天興”、“天賜”、“天保”、“天授”、“天安”、“天統”、“天和”、“天寶”、“天復”、“天祐”、“天成”、“天福”、“先天”,又有“甘露”、“調露”、“景雲”、“神電”。

以地紀者,有“地節”、“地皇”。

以乾紀者,有“乾明”、“乾封”、唐高宗。① “通乾”、“乾元”、“乾符”、“乾寧”、“乾化”、“乾祐”。

以龍紀者,有“黄龍”、“青龍”、“神龍”、“景龍”、“龍翔”、“龍湖”、“龍德”、“龍紀”,又有“麟德”、“大象”、“神麍”、“神龜”。

以鳥紀者,有“元鳳”、“五鳳”、“天鳳”、“神鳳”、“儀鳳”、“鳳凰”,又有“神爵”、“赤烏”、“鴻嘉”。

以瑞紀者,有“元鼎”、“寶鼎”、“寶應”、“寶曆”、“大寶”、“神瑞”、“嘉禾”。

以“元”冠於上者,曰“元光”、“元朔”、“元狩”、“元鼎”、“元封”、“元鳳”、“元平”、“元康”、“元壽”、“元始”、“元初”、“元嘉”、“元徽”、“元和”。

以“太”冠於上者,曰“太初”、“太始”、“太元”、“太平”、“太和”、“太豫”、“太通”、“太清”、“太曆”。

以“大”冠者,曰“大安”、“大興”、“大寧”、“大常”、“大延”②“大同”、“大明”、“大開”、“大統”、“大象”、“大寶”、“大建”、“大業”、“大定”、“大中”、“大順”。

以“建”者,曰“建元”、“建昭”、“建始”、“建平”、“建武”、“建初”、“建光”、“建康”、“建和”、“建寧”、“建安”、“建興”、

---

① 知不足齋本孫志祖案:“乾封之乾音干。”
② “以大冠”至“大延”,六“大”字原均作“太”,據四庫本、知不足齋本改。

“建國”、“建衡”、“建明”、“建德”、“建中”。

以“永”者，曰“永光”、“永始”、“永平”、“永元”、“永初”、“永寧”、“永建”、“永和”、“永嘉”、“永興”、“永壽”、“永安”、“永熙”、“永康”、“永昌”、“永明”、“永泰”、“永定”、“永徽”、“永淳”、“永貞”。

以“景”者，曰“景輝”、“景元”、“景平”、“景和”、“景明”、“景初”、“景龍”、“景雲”、“景福”。

以“初”承於下者，曰“太初”、“永初”、“元初”、“本初”、“黄初”、“景初”。

以“始”承於下者，曰“太始”、“本始”、“建始”、“永始”、“元始”、“更始”、“泰始”、“皇始”、“太始”、“正始”。

以“和”者，曰“征和”、“綏和”、“章和”、“永和”、“建和”、“光和”、“太和”、“咸和”、“隆和”、“延和”、“景和”、“興和”、“天和”、“元和”、“中和”。

以“平”者，曰“元平”、“河平”、“建平”、“永平”、“延平”、“和平”、“熹平”、“中平”、“初平”、“興平”、“嘉平”、“升平”、“景平”、“正平”、“熙平”、“天平”、“太平”。

以“昌”者，曰“永昌”、“隆昌”、“延昌”、“孝昌”、“會昌”。

以“康”者，曰“元康”、“太康”、“永康”、“咸康”、“寧康”、“天康”。

以“寧”者，曰“竟寧”、“永寧”、“建寧”、“咸寧”、“大寧”、“興寧”、“乂寧”、“乾寧”。

以“安”者，曰“漢安”、“建安”、“永安”、“太安”、“咸安”、“隆安”、“興安”、“長安”。

以“熙”者，曰“延熙”、“炎熙”、“咸熙”、“光熙”、“義熙”、“永熙”。

按孔穎達云：文王既王稱王，而得輙改元年者，諸侯自於其国各稱元年，元年是己之所稱，容或中年後改矣。汲冢竹善魏惠王有後元年，[①]漢初文帝二元，景帝三元，此必有因於古也。[②] 其説有據，故并録之。

《通鑑·周顯王紀》四十五年，秦惠王改其國十四年爲元年。註云：古未有再改元，盖始於此。

張耘叟《年曆辨誤》云：漢哀帝建平二年夏，待詔夏賀良等言，漢家曆運中衰，當再受命，宜改元易號。乃詔改爲太初元將元年，號曰陳聖劉太平皇帝，八月復詔蠲除之。《本紀》但稱"太初元年"，脱"元將"二字。况"太初"本武帝號，與哀世相去未遠，不容更襲舊號，盖後之校讎者誤也。

温公《攷異》曰："世祖中元元年四月改元。《續漢志》云：'以建武三十二年爲建武中元元年。'《紀年通譜》云：'據《紀》、《志》俱出范氏，[③]而所載不同，此必傳寫脱誤。今官書累經校定，學者失於精審，但見改元復有"建武"二字，輙以意删去，斯爲謬矣。梁武帝大同、大通之號俱有"中"字，是亦憲章於此。'今從袁《紀》、范《書》。"

《後漢·光武紀》以二月登封泰山，四月己卯大赦，改元爲中元。案，《礼儀志》載封禪事，云"以建武三十二年爲建武中元元年"，《東夷列傳》亦云"建武中元二年倭奴國奉貢朝賀"。據《紀》、《傳》俱出范氏，而所載不同如此，盖後之校定

---

① "竹善"不辭，四庫本、知不足齋本作"周書"，疑"善"爲"書"之誤。

② 按，"孔穎達云"至"古也"，此段引文有誤。《尚書·武成》："惟九年，大統未集。"僞孔傳："言諸侯歸之，九年而卒，故大業未就。"孔穎達疏："文王既未稱王，而得輙改元年者，諸侯自於其国各稱元年，是己之所稱，容或中年得改矣。《汲冢竹書》魏惠王有後元年，漢初文帝二元，景帝三元，此必有因於古也。"

③ 知不足齋本盧文弨注："《續志》出於司馬彪，非范氏。"

者但見改元，復有“建武”二字，輒以意删去之，誤矣。

年號同

西漢武帝紀元曰“建元”，東晋康帝、南齊高祖亦曰“建元”；東漢光武紀元曰“建武”，西晋惠帝、東晋元帝、南齊明帝亦曰“建武”。西漢宣帝、東漢威帝皆號“元康”，晋明帝、南北武成帝皆號“太寧”，晋惠帝、元魏文成帝皆號“太安”，西晋愍帝、蜀後主皆號“建興”，漢章帝、唐憲宗皆號“元和”。後漢威帝改“元嘉”，宋文帝亦如之；後漢和帝改“元興”，東晋安帝、吴烏程侯亦如之。同曰“黄龍”者，漢宣帝、吴太帝也；同曰“五鳳”者，漢宣帝、吴會稽王也。漢宣帝、魏高貴鄉公俱曰“甘露”，東晋安帝、恭帝俱曰“義熙”，南齊和帝、魏廢帝均曰“中興”。

以“泰”冠于上者，曰“泰始”，則晋武帝、宋明帝同；曰“泰和”，則魏明帝、東晋廢帝、魏文帝、唐文宗同。[①] 以“永”冠於上者，曰“永平”，則漢明帝、晋惠帝、魏宣帝同；曰“永興”，則漢威帝、晋惠帝、魏明元帝、孝武帝同；[②]曰“永安”，則吴景帝、晋惠帝同；曰“永康”，則漢威帝、晋惠帝同；曰“永寧”，則漢安帝、晋惠帝同；曰“永初”，則後漢安帝、宋高祖同；曰“永嘉”，則後漢沖帝、西晋懷帝同；曰“永和”，則後漢順帝、東晋穆帝同；曰“永元”，則後漢和帝、南齊東昏侯同；曰“永安”，則晋惠帝、魏莊帝同；曰“永昌”，則晋元帝、唐則天同；曰“永

① 按，魏明帝、東晋廢帝年號“太和”，魏文帝年號“黄初”，唐文宗年號“大和”，均非“泰和”。

② 按，漢威帝即漢桓帝，季昭避宋欽宗諱改“桓”爲“威”。下同。

泰”，則南齊明帝、唐代宗同。

以至父子有同號者：漢高祖與愍帝不改其“乾祐”，梁太祖與末帝不改其“乾化”，唐明宗與哀帝不改其“天祐”。三世有同號者：周太祖、世宗、恭帝相襲爲“顯德”，大宋藝祖皇帝與蜀主王衍同爲“乾德”。

姓名同

曾參與魯人同姓名，而得殺人之謗；《史記·甘茂傳》。宰予與闞止同字，《史記·仲尼弟子傳》。而得作亂之誣。則凡名號同者，可不參會而使之歸一乎！

堯時有羿，《淮南子》云射十日。有窮后羿，《淮南子》云有窮之君。二人皆善射。舜臣有伯夷，《書》註云姜姓。孤竹君之子伯夷，《索隱》曰：“姓墨，名允，字公信。伯，長也；夷，謚也。”一則爲名，一則爲謚。周有季子，《宣公十年》：天王母弟。魯公子友、《閔元年》：字季子。晋郤至、《成十七年》字。吴季札、《襄三十一年》。衛子路、戰国蘇秦《史記》字。皆爲季子。

齊有夷吾，《莊八年》管仲。晋亦有之；《僖二十四年》註：晋侯夷吾。周有南宫括，《君奭》篇：文王臣。魯亦有之。仲尼弟子，即南宫縚。《憲問》篇作南宫适。

管仲爲敬仲，高傒、《定二十九年》。陳公子完《莊二十二年》。皆字敬仲。孔白、《檀弓》。公西与、《家語》。鬬勃、《僖二十八年》。駟帶《昭十八年》。皆字子上，孔伋、原憲、燕級、平當皆字子思。孔宬、冉季、公孫僑皆字子産，澹臺滅明、公孫揮、知罃皆字子羽。巫馬期、叔仲會皆字子期，公孫兹、秦非皆字子之。顔由、仲由皆字季路，顓孫師、公孫黑肱、《襄十八》。叔孫輒、《哀八年》。豊卷、《襄十三》。琴牢皆字子張。

紂有左師觸龍，《荀子·議兵篇》。趙亦有左師觸龍。《戰国策》。鄭有子西，公孫夏。楚有二子西。大夫宜申、公子申。春秋時晋有趙括，六国時趙亦有趙括。春秋時晋有士燮，三国時吴亦有士燮。

春秋時魯有两公子偃，一非成公庶子，一是也。鄭有两公孫揮，皆字子羽，一非行人子羽，一是也。

冉雍与漢陳寔同字仲弓，端木賜与漢王尊、吾丘壽王同字子貢，仲由与漢爰曾同字子路，卜商与漢杜欽、杜鄴、孔光同字子夏。《前漢》：杜欽字子夏，茂陵杜鄴与欽同姓字，皆以才能称京師，故衣冠謂欽爲“盲杜子夏”以相别。欽恶以疾見詆，乃爲小冠，高廣財二寸，由是京師更謂欽爲“小冠杜子夏”，而鄴爲“大冠杜子夏”云。宓不齊、伏勝皆字子賤，勝即濟南伏生，出《後漢·伏湛传》。鄭子產、《襄三十五》。唐杜甫皆字子美，谷永、終軍、楊雄皆字子雲，韋賢、汲黯、韓安国皆字長孺，東方朔、雋不疑、於定国皆字曼倩，[1]司馬相如、薛廣德、施讎皆字長卿，李陵、任安、丙吉皆字少卿。車胤、王濟皆字武子，前漢枚乘、晋嵇康皆字叔夜，[2]後漢边韶、魏毛玠皆字孝先。

漢、晋孔安国同姓名，漢、晋王良同姓名。前漢有两韓信，俱佐高祖，而一爲韓王，一爲齊王，又降爲淮陰侯。前後漢有两王吉，而在後漢者爲酷吏。後漢有两王霸，而避王莽

---

① 於定国，當即于定國。《漢書·于定國傳》：“于定國字曼倩。”

② 按，《史記·魯仲連鄒陽列傳》“淮陰枚生”司馬貞《索隱》云：“名乘，字叔。”枚乘字叔，無“夜”字，與嵇康不同。

者爲逸民。唐有两李益，[①]而皆能詩。又有两韓翃，而一爲詩人，一爲刺史。

周、唐皆有大顛，而在唐者爲名僧。晋、唐皆有李密，而在晋者有孝德。晋有三趙孟：趙朔之子曰武，謚文子，稱趙孟；趙武之子曰成，趙成之子曰鞅，又名吉父，謚簡子，亦稱趙孟；趙鞅之子曰无恤，謚襄子，亦稱趙孟。[②] 周有伯達，後漢有公孫伯達。《淵明傳》。[③] 漢齊有三召平：《蕭何傳》東陵侯曰召平，《項羽傳》廣陵人亦曰召平，《齊悼惠王傳》齊相亦曰召平。趙有將曰扈輒，《史記·李牧傳》。漢張耳時别有扈輒。

尹翁歸、前。鄭翁歸、後梁。孔翁歸梁。皆同名，司馬食其、衞。酈食其、審食其、趙食其並漢。[④] 皆同名。荀闓、蔡諧、諸葛恢皆字道明，晋。賈琮、班固並字孟堅。後漢。

周有君牙，唐有邢君牙。梁有庾肩吾，唐有施肩吾。齊有孟嘗君，[⑤]田文。後漢有孟嘗君。[⑥] 此皆名同而寔異。

慕人姓名

司馬相如初名犬子，慕藺相如之爲人，更名相如。《前漢》。李綱始名瑗，慕張綱之爲人，改名綱。唐。傅幼起，[⑦]慕

---

① “唐”，原作“又”，據四庫本、知不足齋本改。作“又”者蓋涉下文“又有”而誤。

② 按，“孟”義爲排行居長，“趙孟”義爲趙氏之長，而非姓名。除趙武、趙鞅、趙無恤外，趙盾（宣子）及戰国時趙種（成侯）亦被稱爲“趙孟”。

③ “《淵明传》”，知不足齋本作“《淵明集》”。

④ “並”，原竄入正文，據四庫本、知不足齋本改爲注。

⑤ 按，“孟嘗君”非姓名。

⑥ 按，疑指東漢孟嘗，《後漢書》入《循吏列傳》。

⑦ “幼”，原作“初”，據知不足齋本、《後漢書》本傳改。

南容,更字南容。酈、審、趙慕衛司馬食其,皆名食其,《項羽紀》注。人皆賢之。惟員半千,其先姓刘,慕伍員而改爲員氏,則又甚焉。姓可改也,孰不可改也?《廣韻》:“員,音運。”①注云:“姓也,唐有刺史員半千。”

不類名字

馮野王、習鑿齒、刘牢之、刘黑闥、張開地、《張良傳》,②乃良大父也。殷開山、李百藥、刘大真、吴武陵、宗楚客、牛仙客、東郭咸陽,名咸陽,漢武帝時人。不類名也。

竇嬰字王孫,嚴彭祖字公子,朱買臣字翁子,趙充国字翁孫,杜茂字諸公,張宗字諸君,施延字君子,徐稺字孺子,石沖字幼子,③胡常字少子,羊祜字叔子,張𡚒字君上,李宗字尊祖,刘佑字伯祖,李密字令伯。裴光庭字連城,薛平字坦塗,獨孤郁字古風,斛律光字明月,李靖字藥師,蕭瑀字時文,柳公權字誠懸,王維字摩詰,何曾字穎秀,裴頠字逸民,傅嘏字蘭石,牛僧孺字思黯,賈島字浪仙,不類名字也。

陳寵字昭公,劉昆字桓公,陳重字景公,伏湛字惠公,吕岱字定公,竇融字周公,袁安字邵公,④直類古之諸侯耳。浩生不害、吾丘壽王,不類姓名也。

---

① “音”,原作“竒”。
② “傳”,原作“溥”。
③ 按,“石沖”疑指石虎庶子,事見《晋書·石季龍載記》。
④ “邵”,原作“郤”,據四庫本、知不足齋本及《後漢書》本傳改。

卷之十五

廬陵禮津孫奕季昭編

雜記

人物通稱

父母称嚴君，《家人卦》。樗里子亦称嚴君。[①]《史記》秦封号爲嚴君。

母可称大人，《前·淮陽王欽傳》舅張博云"王遇大人益𢿍"是也。又范滂称母爲大人。[②] 叔亦可称大人。《前漢》䟽受謂廣曰"從大人議"是也。

兄爲伯氏，《何人斯》詩曰："伯氏吹壎。"狐突亦爲伯氏。《檀弓》注："伯氏，狐突别氏。"

妻父亦可称舅，壻亦可称甥。《尔雅》："妻之父爲外舅，妻之母爲外姑。"注："謂我舅者，吾謂之甥。"然則亦宜呼壻爲甥。《孟子》曰"帝館甥于貳室"是。

---

① "称"，四庫本作"號"。

② "淮陽"，原誤作"維陽"，據四庫本、知不足齋本改。按，今本《漢書》有《淮陽憲王劉欽傳》。

天子可称鉅公,《前·郊祀志》"欲見鉅公",張晏曰:"天子爲天下父,故曰鉅公也。"可称縣官。《前·平王章傳》"今暑,縣官年少",注謂:"不敢指斥成帝,故謂之縣官。"

太后亦称東宫。《刘向傳》:"依東宫之尊",師古曰:"東宫,太后所居也。"大子内官称孺子。《前漢·武五子傳》:"納史良娣。"韋昭曰:"良娣,太子之内官也。太子有妃,有良娣,有孺子,凡三等。"①

妾亦称良人。《前漢·上官后傳》:"内与父諸良人侍御皆乱。"師古曰:"良人謂妾也,侍御則兼婢矣。"

嬖幸之舍亦曰玉堂。《谷永傳》"抑損椒房玉堂之盛寵",師古曰:"玉堂,嬖幸之舍也。"《揚雄傳上》"玉堂",晋灼曰:"《黄圖》有大玉堂、小玉堂殿。"

人有名"青史"。應劭《風俗通》曰:②"青史善著書。"即青史者,人姓名也。書亦名"青史"。杜甫《贈鄭十八》曰:"古人日已遠,青史字不泯。"注云:"殺青爲竹簡之史也。"

觀《論語》"遇丈人荷蓧",注曰"老者",則不特杜甫稱韋丞相爲丈人也。③

天下可以爲物。《莊子·在宥篇》"有土者有大物"是也。④ 人亦可以爲物。《泰誓》曰"惟人,万物之靈"是也。

《樂記》:"食三老、五更於大學。"謂更歴事者,則知不惟五夜爲五更也。

李義山云"鶯能歌子夜",謂晋人有子夜者善歌,則知非

---

① "娣",原作"姝",據知不足齋本改。

② "劭",原作"邵",據四庫本、知不足齋本改。

③ "韋丞相",原作"美丞相",據知不足齋本改。按,韋左丞即韋濟,杜甫之友,曾任尚書省左丞。杜甫有《奉贈韋左丞丈二十二韻》,中有"紈絝不餓死,儒冠多誤身。丈人試静聽,賤子請具陳"、"甚愧丈人厚,甚知丈人真"等句。

④ "在",原作"左",據四庫本、知不足齋本及《莊子》改。

甲夜乙夜之類也。

《係辞》以天地人爲三才，而輪人之斬三材，謂轂、輻、牙，弓人之合三才，謂膠、漆，絲也。

王旗曰太常，《君牙》曰“紀於太常”，注“王之旌旗畫日月曰太常”是也。礼官亦曰太常，①《漢百官表》云“奉常秦官，景帝更名太常”，注謂“尊太之義”是也。

車蓋亦得称屋。《漢高紀》曰：“紀信乃乘王車，黄屋左纛。”謂天子車以黄繒爲蓋裏。

車亦得称路。《襄公二十六年》：“享子展，賜之先路，賜子産大路。”皆車之總名。

日亦曰東君。《前·郊祀志》云：“晋巫祠東君。”師古曰：“東君，日也。”

元日亦称三朝。班固《東都賦》曰“春王三朝，會同漢京”，注云“三朝，元日也，朝，陟遥反，謂歲之朝、月之朝、日之朝”是也。四月亦称正月，《詩·正月》“繁霜”注云“正月，夏之四月”是也。

曲亦名陽春。宋玉《對楚王問》曰：“其爲《陽春》、《白雪》，属而和者不過十人。”曲亦名九秋。陸士衡《日出東南隅行》云：“丹唇含九秋。”注：“九秋，曲名。”

矢名忘歸。出劉向《新序》云：“楚王載忘歸之矢，以射兕於夢。”②草亦名忘歸，出《文選·陸士衡詩》“安得忘歸草，言樹背與襟”，注謂：“忘憂草。”

稻亦称嘉蔬。《曲礼》云“稻曰嘉蔬”是也。

---

① “官”，原作“宫”，據四庫本、知不足齋本改。

② “夢”下，四庫本、知不足齋本有“澤”字。按，今本《新序》無此語。《公孫龍子·跡府》：“龍聞楚王張繁弱之弓，載忘歸之矢，以射蛟兕於雲夢之圃。”

雉亦称華虫。《益稷》篇云“山龍華虫”是也。

山有羊腸。酈元注《水經》云：[①]“羊腸盤道三十六回，在成州仇池山。”又見《後漢·白馬氐傳》。水之縈廻者亦曰羊腸，《後漢·鄧訓傳》所謂“羊腸倉”是也。

酒名屠蘇。《廣韻》“屠蘇酒，元日飲之可除瘟氣”是也。屋亦名屠蘇，劉孝威《結客少年場行》云“障月錦屠蘇”是也。

竹有名龍鍾。杜《寄君岑長史》云：“何大龍鍾極，於今出処妨。”薛云：“按《廣韻》：‘龍鍾，竹名。’世言龍鍾取此義也，謂其年老如竹之枝葉摇曳而不能自禁持也。”予攷之《廣韻》、《玉篇》：籠籦，竹名；《廣志》云可爲笛。二字皆從“竹”。籠切公切。[②]

《大宗伯》以禽作六摯，而羔鳥其一者，是獸亦可謂之禽也。[③]《攷工記》言天下之大獸五，而羽鳥其一者，是禽亦可謂之獸也。

蚊蚋亦名白鳥。杜《寄劉峽州》云：“江湖多白鳥，天地有青蠅。”杜修可云：“一謂鷗鷺之類，《詩》言‘白鳥鶴鶴’是也，[④]喻賢者之潔白，乃弃江湖之間。一謂蚊蚋也，以譬小人。云賢者処亂世，欲隱則爲蚊蚋所嗜，欲出則爲青蠅所汙。”

鳥有名竹林。杜《寓同谷縣》云：“竹林爲我啼青書。”[⑤]《西清詩話》云：“崇寧間有貢士自同谷來，籠一禽，大如雀，色青，善鳴，曰竹林鳥也。”

---

① “酈元注《水經》”，四庫本作“酈道元《水經注》”。

② “籠切公切”，文不成義。四庫本此四字爲原注“籠盧紅切，籦職容切”，當是。蓋原注八字誤爲四字，又竄入正文。知不足齋本作“籠力公切”，亦通。

③ “謂”字原重出，今删其一。

④ 按，“白鳥鶴鶴”，今本《詩經·大雅·靈台》作“白鳥翯翯”。

⑤ 按，“竹林”，杜甫《乾元中寓居同谷縣作歌七首》之四作“林猿”。

鶡鴿又名玄鳥，螢火又名丹鳥。並出《古今注》。

烏反哺亦名慈烏，[1]雞反哺亦名孝雉。出《倦游雜録》。云吐綬雞。

人名飛燕。《前漢》趙飛燕立爲皇后，注云："善舞。"馬亦名飛燕。謝靈運《會吟行》云："飛鸞躍廣途。"《西京雜記》云："文帝有馬九匹，一名飛鸞騮。"

人名飛廉。《滕文公》注云：紂之臣風伯，亦名飛廉。《離騷經》"後飛廉使奔属"是也。

觀名風廉。馮衍《显志賦》云。草亦名風廉。《本草》。

羊謂之腔，韓愈《病中贈張十八》云"酒壺綴羊腔"是也。豬亦謂之腔，張鷟《朝野僉載》云"案後一腔東豬肉"是也。[2]

竹謂之个，《史記·貨殖傳》云"竹竿万个"是也。舟與鳥獸亦可謂个。杜甫《屏跡》云"漁舟箇箇輕"，《絶句》云"兩个黄鸝鳴翠柳"，《夜帰》云"峽口驚猿聞一个"，《螢火》云"卻繞井欄添个个"，《題柏大山居》云"蕭蕭千里馬，个个五花文"是也。一說五花文爲个，非謂匹馬爲个也。

人物異名

人物之異名，其來尚矣。

天子曰天辟，《前·五行志》"天辟惡之"，如淳曰："天辟，謂天子也。"師古曰："辟音壁。"曰鉅公，曰縣公、並見《人物通称》。禾絹。

---

① 二"烏"字，原作"鳥"，據四庫本、知不足齋本改。按，王嘉《拾遺記·魯僖公》："仁鳥，俗亦謂烏，白臆者爲慈烏，則其類也。"李時珍《本草綱目·禽三·慈烏》："此鳥初生，母哺六十日，長則反哺六十日，可謂慈孝矣。"

② "東"，四庫本作"涷"。

《南》《北史》。父曰郎罷，子曰囝。音蹇。閩俗呼父爲郎罷，呼子爲囝，出《藝苑雌黄》。舅姑曰尊章。《漢·廣川王傳》"背尊章"，師古曰："尊章，猶言姑舅也。"兄弟妻相謂曰先後，曰娣姒，①曰妯娌。《郊祀志》"見神於先後宛若"，孟康曰："兄弟妻相謂先後。宛若，字也。"師古曰："先，蘇見反；後，胡構反。古謂之娣似，今閩中俗爲先後，吴楚俗呼爲妯娌，音軸里。"長嫂曰丘嫂。《楚元王傳》"過其丘嫂食"，應劭曰：②"丘，姓也。"孟康曰："西方厶女壻爲丘壻。丘，空也，兄厶空有嫂也。"張晏曰："丘，大也。長嫂称也。"師古曰："《史記》'丘'字作'巨'，丘、巨，皆大也。張説得之。"女壻曰丘壻，見上。曰倩，《淳於意傳》曰"黄氏諸倩"，注："斉人呼女壻爲倩，言可假倩。《説文》曰東斉間壻謂之倩。"曰甥。見前《人物通称》。

太守曰郡長、《漢·高祖紀》："懷王以沛公爲碭郡長。"韋昭曰："秦名曰守，是時改曰長。"③郡將。《嚴延年傳》"綉見延年新將"，師古曰："新爲郡將也。謂郡將者，以其兼領武事也。"邑長曰落長。《王温舒傳》"置伯落長以收司奸"，師古曰："邑落之長。"帥名曰五百。《晁錯傳》"四里一連有假五百"，服虔曰："五百，帥名也。"公車官曰大誰。《漢·五行志》"故公車大誰卒"，師古曰："大誰者，主問非常之人，云姓名是誰也。大誰本以'誰何'称，因用名官有大誰長。今此卒者，長所領士卒也。"主餅餌曰湯官。《漢·百官表》師古曰："湯官主餅餌。"主鑄錢曰鍾官。《百官表》如淳曰："鍾官，主鑄錢官也。"

仰塗者曰獿人。揚雄曰："獿人亡，則匠石輟斤而不敢妄斲。"師古曰："堊即今之仰塗也。獿，抆拭也。故謂塗者爲獿人。音乃高反，又

---

① "姒"，原作"似"，據四庫本、知不足齋本改。
② "劭"，原誤作"邵"。
③ "懷"，原作"壞"；"韋昭"，原誤作"常昭"，據四庫本、知不足齋本及《漢書·高帝紀》"以沛公爲碭郡長，封武安侯，將碭郡兵"顔師古注所引改。

音廼回反。"操舟曰榜人。《子虚賦》:"榜人歌,聲流喝。"張揖曰:①"榜,船也。《月令》曰命榜人。榜人,船長也。"師古曰:"榜音謗。"舟師曰長年三老。杜詩:"長年三老遥憐汝。"注曰:"舟師也。"民曰氓隷。《子虚賦》。使車曰駟騎。《六帖》:"軺車,駟騎,星駕,皆使車也。"夫人車曰魚軒。《閔二年》:"帰夫人魚軒。"注云:"夫人車,以魚皮爲飾。"天子旗曰翠華。相如《上林賦》:"建翠華之旗。"

楚靈王弓名大屈、《昭七年》:"楚子享公於新臺,好以大屈。"注云:"宴好之,賜大屈,弓名。"繁弱、鉅黍。《荀子·性惡篇》:"繁弱、鉅黍,古之良弓也。"宋矢名金僕姑。《莊十一年》:"乘丘之役,公以金僕姑射南宫長萬。"注云:"金僕姑,矢名。"箭曰忘帰。見前《人物通称》。礌石曰藺石。城上雷石也。

紙曰楮先生、韓文《毛穎傳》:"穎与會稽楮先生友善。"剡藤、舒元輿《悲剡溪古藤文》。烏絲欄。《朝野僉載》:"宋亳間紙有成道界者,謂之烏絲欄。"筆曰毛錐子、《五代史》洪肇曰:"安朝廷,定禍乱,直須長槍大劍,若毛錐子安足道哉!"管城子、《毛穎傳》:秦皇使蒙恬封諸管城,号管城子。中書君。又:"上嘗呼爲中書君。"墨曰陳玄、又:"與絳人陳玄"。黑松使者。《陶家瓶余事》曰:"玄宗御案墨曰龍香劑,見墨上有道士如蠅而行,上叱之,即呼万歳,曰:臣,黑松使者也。"見《雲仙散録》。硯曰陶泓、《毛穎傳》:"与弘農陶泓。"石鄉侯。②《鳳翔退耕傳》:薛稷爲硯,封石鄉侯。

交牀曰胡床,晋桓伊下馬據胡床,取笛三弄。井欄曰銀床。許

---

① "張揖",原作"張榜",據四庫本、知不足齋本及《漢書·司馬相如傳》注改。

② 顧氏《校補》:"'石'上當有'離'字,注同。此亦引《雲仙散録》耳,彼不誤也。"

彦周云：嘉祐中，漁人網得一石，刻曰："井梧花落尽，一半在銀床。"注云："井欄也。"簾曰蝦鬚，蘇易簡《越江吟》云："蝦鬚半捲天香散。"席曰龍鬚。唐鳳翔府土貢龍鬚席。鏡曰菱花，《六帖》："魏武帝有菱花鏡。"扇曰六角、王羲之書六角扇。蒲葵、《謝安傳》：鄉人有五万蒲葵扇，安取其中者捉之，價數倍。① 白羽、杜甫《茅齋》詩云："江蓮摇白羽。"注："白羽，扇也。"輕箑。杜詩："輕箑頻相向。"注："扇也。"

鞭曰馬箠。《前》娄敬曰："周家大王杖馬箠居岐。"香炉曰博山。《晋東宫舊事》：太子納妃，有銀博山香爐三。古詩："博山炉中百和香。"琴曰緑綺。晋傅玄《琴賦》："相如之緑綺。"圍棊曰手談，曰坐隱。《世説》："王中郎以圍棊爲坐隱，支道林則又以圍棊爲手談也。"船首曰文鷁。《子虚賦》："浮文鷁。"注云："鷁，水鳥也，畫其象於船首。"虎皮曰皋比。《莊十年》："蒙皋比而先犯之。"注："皋比，虎皮也。"犀角曰黑暗，象牙曰白暗。《酉陽雜俎》云：波斯諸犀角爲黑暗，象牙爲白暗。蚜螺曰紫貝。《南楚新聞》。

牛曰犴㸿。柳子厚詩："蹊竹鬭犴㸿。"音麻，牛名，出巴中。又見《尔雅》。馬曰驁帆、《古今注》云：曹真有駿馬名驁帆。飛黄、《淮南子》：黄帝時飛黄服皁。肅爽。《定公三年》：唐成公有两乘肅爽馬。注云："肅爽，駿馬名。"爽音霜。② 犬曰韓盧、宋浞、《毛穎傳》：韓盧與宋浞。浞音鵲，宋国之良犬也。黄耳。晋六機有犬名黄耳。羊曰羙髯主簿、《古今注》。胡鬚郎、《幽異記》：羊名。③ 髯参軍。《古今注》。

---

① 按，《晋書・謝安傳》："安少有盛名，時多愛慕。鄉人有罷中宿縣者，還詣安。安問其歸資，答曰：'有蒲葵扇五萬。'安乃取其中者捉之，京師士庶競市，價增數倍。"《謝安傳》所説"蒲葵扇"義爲用蒲葵所做之扇，而非扇名蒲葵，季昭云扇曰蒲葵，不確。

② 飛黄，乘黄也，出西方，按，孔穎達疏："'爽'或作'霜'。賈逵云：'色如霜紈。'馬融説：'肅爽，鴈也。其羽如練，高首而修頸，馬似之，天下稀有。'"

③ 按，"《幽異記》"，未詳。任昉《述異記》卷上："羊一名胡髯郎。"

豬曰長喙參軍、《古今注》。烏金。《朝野僉載》：唐人蓄豬致富，号爲烏金。豪豬曰帚獂。相如《長楊付》，師古曰："豪豬一名帚獂。"獂音桓。① 貓曰蒙貴，又曰烏員、《酉陽雜俎》。白老。《稽神録》：建州刺史見新政家有貓兒白老。

龜曰靈蔡、張景陽《七命》曰："兆發靈蔡。"② 僂句、《昭二十五年》：魯大夫臧氏龜名僂句。僂，力主反；句，居具反。玄衣督郵、《古今注》。洞玄先生、《因話録》。先知君。《抱朴子》。鱉曰河伯從事、《古今注》。河伯使者。同上。小魚曰魚婢。《尔雅》注。蟹曰蛎奴，《海物異名記》：嶺南人呼爲蛎奴。蛎殼中有小蟹，時出取食而又入。一名蟹奴、又有小蟹附之，如榆莢，名蟹奴。无腸公子。《抱朴子》。蝦蟆子爲科斗。《尔雅·釋魚》。

蛇曰白鳥。③《金楼子》。小蜘蛛爲喜子。《尔雅》"蠨蛸"注云："小蜘蛛長脚者俗呼爲喜。"蜘蛛名絡新婦。《本草》。蟋蟀名懶婦。《古今注》："蟋蟀一名蛬，濟南人謂之懶婦。"莎雞名促織。《古今注》：莎雞名促織，一名促機，一名絡緯。蚯蚓名歌女。《古今注》：江東人呼歌女。亦名鳴。蟬曰齊女、董仲舒《荅問書》：蟬名齐女。齊后。《酉陽雜俎》：世傳蟬化齐后。螢火一名耀夜，又曰夜光宵燭。《古今注》。蠅虎一名蠅狐。《古今注》：一名蠅豹。蜻蜓名青弁使者。同上。蛺蝶曰鳳子。《古今注》：蛺蝶大者喻鳳子。

---

① "相如長楊付"，四庫本"付"作"賦"，知不足齋本作"子雲長楊賦捕熊羆豪豬"。按，此句有誤。"付"當作"賦"，《長楊賦》爲揚雄所作，而非相如。《漢書·揚雄傳下》載《長楊賦》"拕豪豬"，顔師古注："豪豬一名帚獂，自爲牝牡者也。"

② "景陽"，原作"景命"，涉下文而誤，據四庫本、知不足齋本改。

③ "蛇"，當爲"蚊"字之誤。按，南朝梁元帝《金樓子·立言上》："白鳥，蚊也。"《大戴禮記·夏小正》："（八月）丹鳥羞白鳥。丹鳥也者，謂丹良也。白鳥也者，謂蚊蚋也。"

鶴曰丹哥。《秘閣親談》云：道士趙自然詩“丹哥時引鳳”，謂鶴也。[①] 鴈曰鴈奴、《玉堂闲話》：鴈宿於江湖渚中，動輒千百，大者居中，令鴈奴圍而警捕者。霜信、《古今詩話》：北方白鴈少，白鴈至而霜降，河北人謂之霜信。[②] 殊翁。《前・礼樂志》：“殊翁雜五采文。”孟康曰：“鴻鴈穎也。[③] 言其文采殊異也。”鴿曰飛奴。《開天遺事》。白鷺曰春鉏、[④]《尔雅》。雪客。《談苑》。雀曰嘉賔、《古今注》。知更。《開天遺事》。鷹鶻曰決雲兒。同上。子雉曰催帰，《玉壺清話》：退之詩云：“催帰日去西。”魯直謂子規也。别名姊帰。《高唐賦》云：“姊帰思婦。”《尔雅》曰：“巂周。”郭曰：“子巂也。或曰即子規，一名姊帰。巂，胡圭切。”[⑤]鶯曰金衣公子。《開天遺事》：明皇見鶯，呼曰金衣公子。[⑥] 鸚鵡曰雪衣娘、《明皇雜録》：天宝中，鸚鵡養宮中，號雪衣娘。[⑦] 緑衣使者、《開天遺事》：明皇封。[⑧] 隴客。《談苑》。出曰搏

① “親談”，四庫本作“閒談”，知不足齋本作“新談”。“然”原誤作“古”；“引”原誤作“同”；“鶴”原誤作“燕”，據四庫本改。按，宋趙自然《詩》：“丹哥時引舞，來去跨雲鸞。”清人厲荃《事物異名録・鶴》：“《秘閣閒談》：池州道士趙自然嘗爲詩曰：‘丹歌時引舞。’或問：‘何爲丹歌？’曰：‘鶴也。’”

② “北方白鴈少”，原作“此方白鴈而少白”，據四庫本、知不足齋本改。

③ “鴻鴈穎”，四庫本作“鴻鴈類”，知不足齋本作“翁雁頸”。按，今本《漢書・禮樂志》顔師古注引孟康曰：“翁，雁頸也。言其文采殊異也。”

④ “曰”，原作“白”，涉上而誤，據四庫本、知不足齋本改。

⑤ “賦”，原作“佳”，據四庫本、知不足齋本改。“姊帰思婦”原作“嬉帰思姊”。“巂周”，原作“薰周”。“巂，胡圭切”，“圭”原作“坒”。按，《文選・宋玉〈高唐賦〉》：“姊歸思婦。”李善注引郭璞曰：“子巂鳥，出蜀中。或曰即子規，一名姊歸。巂，胡圭切。”《爾雅・釋鳥》“巂周”郭璞注：“子巂鳥出蜀中。”

⑥ “明皇”，原作“曰星”，此據四庫本、知不足齋本改。

⑦ “養”，原作“春”；“號”，原作“昌”；“衣”原作“意”，並據四庫本、知不足齋本改。

⑧ “明”，原作“時”，據四庫本、知不足齋本改。

谷。[①]《博物志》。雞曰戴冠郎。《異聞集》。猿曰野賔、野説五分想裹猿名之曰野賔。[②] 山公、《因話録》:李約養猿,名山公。巴西侯、同上。報時猿。《天宝遺事》:高太素構清心亭,每一時猿即啼,目曰報時猿。[③]

牡丹曰木芍藥。《李翰林集序》云:"開元中,禁中初重木芍藥,即今牡丹也。"[④]瑞香曰錦熏籠。《苕溪叢語》:俚俗号瑞香爲錦熏籠。[⑤]蘭香曰羅勒。羅勒,北人呼蘭香,爲石勒諱也。[⑥] 芙蓉一名荷花,一名水芝、水花。《古今注》。菱曰水栗。《武陵記》曰:兩角曰菱,三角、四角曰芰,通曰水栗。[⑦] 辛夷曰木筆、《本草》。新雉。《甘泉賦》:"列新雉於林薄。"師古曰:"新雉即辛夷也。"[⑧]支子樹曰鮮支。

---

① "出",四庫本作"鶯",知不足齋本作"鳩"。"谷",四庫本作"黍"。按,"搏黍",黄鶯(黄鸝)别名,亦作"摶黍"。劉向《新序・節士》:"今以百金與摶黍以示兒子,兒子必取摶黍矣。"明王志堅《表異録・動物》:"《方言》:黄鸝謂之鶬鶊,又名商庚,或謂之楚雀。《毛詩疏義》謂之摶黍。"《詩經・周南・葛覃》:"黄鳥於飛。"毛傳:"黄鳥,摶黍也。"孔穎達疏引陸璣疏:"黄鳥……齊人謂之摶黍。"

② "野説五分想裹",字當有誤,不可讀。按,王仁裕《王氏見聞録》載:王仁裕養一猿,名野賓。通人性,又頑劣異常,終被作上標記放歸山林。兩年後,王途經漢江之濱,野賓離開群猴來到馬前。王呼之皆應,終哀叫數聲而去。王作詩云:"嶓塚祠前漢水濱,飲猿連臂下嶙峋。漸來子細窺行客,認得依稀是野賓。月宿縱勞羈紲夢,松餐非復稻粱身。數聲腸斷和雲叫,識是前時舊主人。"其詩見《全唐詩》七三六卷第十四首。

③ "天",原誤作"時";"曰",原誤作"星",均據四庫本、知不足齋本改。

④ "元",原作"九",據四庫本、知不足齋本改。

⑤ "苕溪",原作"君後",據知不足齋本改。"俚",原作"狸"。"爲",原作"芍",據知不足齋本改。按,胡仔《苕溪漁隱叢話後集・本朝雜記上》:"陳子高《九日瑞香盛開有詩》云:'宣和殿裹春風早,紅錦熏籠二月時。流落人間真善事,九秋霜露卻相宜。'俚俗因此詩,遂號瑞香爲錦熏籠。"

⑥ 按,賈思勰《齊民要術・種蘭香》:"蘭香者,羅勒也。中国爲石勒諱,故改,今人因以名焉。且蘭香之目,美於羅勒之名,故即而用之。"

⑦ "三",原作"曰";"水栗",原作"六貫",均據知不足齋本改。

⑧ "甘泉賦列新雉於林薄",原作"日泉目列甯雉新休薄",文不成義,據四庫本、知不足齋本改。"夷",原誤作"新"。

《子虚賦》:“鮮支黄礫。”師古曰:“鮮支即今支子樹也。”①

桃實自乾不落者名桃奴。《本草》。柑曰木奴。《風土記》曰:李衡武陵種柑橘千樹,号千頭木奴。② 樱桃曰崖蜜。東坡《橄欖詩》:“已輸崖蜜十分甜。”事見《鬼谷子》。崖蜜,樱桃也。③ 橄欖曰南威。《太平廣記》。石榴甜者天漿。④《酉陽雜俎》。枇杷曰盧橘。相如賦:“盧橘夏熟。”東坡曰:“枇杷也。”⑤龍眼爲荔支奴。《海物異名記》:嶺南人呼爲荔支奴。棗曰羊角、《鄴中記》有羊角棗。雞心、《膺志》有雞心細腰之棗。⑥ 龍骨。《地理志》:河中府貢龍骨棗。⑦

草曰書帶。鄭康成有書帶草。甘草曰国老,大黄曰將軍。《本草》。巴焦曰巴且。《子虚賦》。文穎曰:“巴且草,一名芭蕉。”師古曰:“且,子余反。”芋曰踆鴟。《前史·蜀卓氏傳》:“蛾山之下沃野,有踆鴟。”上音蹲,踆鴟,芋也。⑧ 筍曰稚子、杜詩“竹根稚子无人見”,唐

① “賦”,原作“付”;“礫”,原作“錢”;“支子”,原作“克子”,均據四庫本、知不足齋本及《漢書·司馬相如傳》並顔師古注改。

② “柑”,原作“甘”,據四庫本、知不足齋本改。下注文同。“衡武”,原作“行甘”,據四庫本改,知不足齋本作“衡於武”。

③ “鬼谷子”蓋誤。按,宋王直方《王直方詩話·東坡〈橄欖詩〉崖蜜解》:“崖蜜,樱桃,出《金楼子》。”

④ “者”下,四庫本、知不足齋本有“曰”字。

⑤ 按,“盧橘夏熟”見司馬相如《上林賦》,然此盧橘當是金橘,而非作爲枇杷别名之盧橘。

⑥ “膺”,四庫本作“蜀”,知不足齋本作“廣”。“腰”,原作“睿”,據知不足齋本改。按南朝梁簡文帝《賦棗》詩:“風摇羊角樹,日映雞心枝。”《初學記》卷二十八引晋郭義恭《廣志》:“棗有狗牙、雞心、牛頭、羊角、獮猴、細腰之名。”

⑦ “河”,原作“何”,據四庫本、知不足齋本改。

⑧ “蛾”,四庫本、知不足齋本並作“峪”。“沃野”,原作“氏□”,“氏”下一字漫漶不清,據四庫本、知不足齋本補。按,《史記·貨殖列傳》:“唯卓氏曰:‘此地狹薄。吾聞汶山之下沃野,下有蹲鴟,至死不飢。”裴駰《集解》:“徐廣曰:‘古“蹲”字作“踆”。’駰案:《漢書音義》曰:‘水鄉多鴟,其山下有沃野灌溉。一曰大芋。’”張守節《正義》:“蹲鴟,芋也。言邛州臨邛縣其地肥又沃,平野有大芋等也。《華陽国志》云:‘汶山郡都安縣有大芋,如蹲鴟也。’”

人《食笱》詩云"稚子脱錦繃"是也。[①] 竹萌。《尔雅·釋草》。[②] 茄子曰落蘇，曰崑崙瓜。《酉陽雜俎》。蘿蔔曰土酥，葉曰《病後歌》云："金城土酥静如練。"東坡云即今之蘆菔也。[③] 曰蘆菔。茗曰酪奴、[④]《洛陽伽藍記》。瑞草魁。杜牧茶詩云："山寔東吴有，茶称瑞草魁。"[⑤] 柏曰蒼官，竹曰青士。《大唐新語》，樊宗師《園記》。[⑥] 桐枝曰鳳條。《酉陽雜俎》。柳曰天棘。杜詩"天棘夢青絲"，王元之謂柳也。[⑦] 椶櫚名蒲葵。《廣雅》。魚際曰絲瓜。《瑣碎録》。[⑧]

酒曰歡伯、《酒譜》。[⑨] 麴生、《封氏見聞記》。[⑩] 般若湯、《酒譜》："北僧謂酒爲般若湯。"[⑪] 青州從事。《吾史説説》謂：尾酒爲青州從事，可以到斉下，醅爲潞府都郵，云鬲上住。[⑫] 合資而飲曰鉅飲。

---

① "稚"，原誤作"雅"；"食笱"，原誤作"食声"，均據四庫本、知不足齋本改。"繃"，原作"劍"，據知不足齋本改。按，惠洪《冷齋夜話·稚子》："唐人《食笱》詩曰：'稚子脱錦繃，駢頭玉香滑。'則稚子爲笱明矣。"

② "草"，原誤作"巽"，據四庫本、知不足齋本及《爾雅》改。

③ 兩"酥"字，四庫本均作"穌"。"葉曰"，四庫本作"杜甫"。"城"，原作"瑞"，據知不足齋本改。

④ "酪"，原作"酩"。

⑤ 按，今本杜牧《題茶山》"有"作"秀"。

⑥ "師"，原作"順"，據知不足齋本改。按，唐樊宗師《絳守居園池記》："有柏，蒼官、青士擁列，與槐朋友。"

⑦ "絲"，原作"鋒"，據四庫本、知不足齋本及杜詩改。"謂柳"，原作"謂接"，據四庫本、知不足齋本改。

⑧ "瑣碎"，原作"碩辟"，據四庫本、知不足齋本改。

⑨ "譜"，原作"擅"，據知不足齋本改。

⑩ "封氏見聞記"，原作"封生伯相記"，據四庫本改。按，《封氏聞見記》不見"麴生"，鄭棨《開天傳信記》有麴生事。

⑪ "般"，原作"倡"，據四庫本、知不足齋本改。

⑫ "吾史説説"，四庫本作"世説新語"，知不足齋本作"古史説苑"。"尾酒"，四庫本作"好酒"，知不足齋本作"美酒"。"斉"，四庫本作"臍"。"醅"，四庫本作"醋"。"潞府"，四庫本作"平原"。按，劉義慶《世説新語·術解》："桓公有主簿善别酒，有酒輒令先嘗。好者謂'青州從事'，惡者謂'平原督郵'。青州有齊郡，平原有鬲縣。從事，言到臍；督郵，言在膈上住。"

《集韻》。盛酒榼曰鴟夷。《鄒陽傳》“子胥鴟夷”，師古曰：“鴟夷，即今之盛酒鴟夷榼。”小甕爲儋。《蒯通傳》“守儋石之儲”，應劭曰：“齊人名小甕爲儋，受二斛。”晋灼曰：“石，斗石也。”師古曰：“甕，都鑑反。或曰儋者，一人所肩儋也。”①鐶餅曰寒餵。《事贊》，又《嘉話》云：“鐶餅曰寒具。”

雪爲滕六，風爲巽二。《幽怪録》：蕭志忠將獵，黄冠曰：“若令滕六降雪，巽二爲風，即蕭君不復獵矣。”②

水津爲步。韓愈《羅池廟碑》言：“步有新船。”注：“嶺南謂水津爲步。”③村市爲虚。《青緗雜記》：嶺南謂村市爲虚。市之所在，有人則滿，无人則虚也。炭火曰活火。李約性嗜茶，嘗曰茶須緩火炙，活火煎。活火謂炭火之焰。

金釧名金條脱。《盧氏雜説》。瑇瑁曰文甲。《前·西域傳贊》“明珠文甲”，如淳曰：“甲即瑇瑁也。”近身小衫曰廁牏。《石奮傳》“取親中帬廁牏”，師古曰：“中帬若今言中衣。”蘇林曰：“牏音投。”師古曰：“廁牏者，近身之小衫，若今汗衫也。”④

不曉事名褦襶。⑤《集韻》。⑥ 恶言罵詈名僝僽。同上。

---

① “儋石”，原作“儋古”；“齊人”，原作“齊大”；“師古”，原作“帝古”，均據四庫本、知不足齋本改。“儲”，知不足齋本作“禄”，是。“斗石”，原作“斗古”，四庫本作“斗名”，此據知不足齋本及今本《漢書》注改。“甕，都鑑反”，誤，按《漢書·蒯通傳》：“守儋石之禄者，闕卿相之位。”颜師古注云：“應劭曰：‘齊人名小甕爲儋，受二斛。’晋灼曰：‘石，斗石也。’師古曰：‘儋，都濫反。或曰儋者，一人之所肩擔也。’”

② “志忠”，原作“至風”，四庫本、知不足齋本作“至忠”，此據牛僧孺《玄怪録·蕭志忠》改。“若”，原誤作“苦”，據四庫本、知不足齋本及《玄怪録》改。

③ “韓愈《羅池廟碑》言‘步有新船’”，原作“韓重《羅池宫覎》言‘步有新記’”，文不成義，據四庫本、知不足齋本改。按，今本韓愈《柳州羅池廟碑》：“宅有新屋，步有新船。”

④ 二“帬”字，原均誤作“帚”，據四庫本、知不足齋本、《漢書·石奮傳》及注改。

⑤ “名”，四庫本作“曰”。“褦襶”，原誤倒，據四庫本、知不足齋本乙正。

⑥ “集”，原誤作“渠”，據四庫本、知不足齋本改。

獄名若盧、《漢·百官表》:"若盧,少府属官。"如淳曰:"藏兵器。品令曰若盧郎中二十人,主弩射。《漢儀注》有若盧獄令,主治庫兵將相大臣。"《王商傳》:"丹等奏請詔商詣若盧詔獄。"①孟康曰:"若盧,獄名,属少府,黄門北寺是也。"北軍。《劉向傳》:"章交公車,人滿北軍。"如淳曰:"《漢儀注》中壘校尉主北軍壘門内,尉一人主上書者獄。上章於公車,有不如法者,以付北軍尉,以法治之。"②聯繫囚徒曰胥靡。《楚元王傳》"胥靡之",晋灼曰:"胥,相也;靡,隨也。"師古曰:"聯繫使相隨而服役也,故謂之胥靡,猶今之役囚徒以鎖聯綴耳。"③

物重名

物之名有重言之者。

鳥曰周周,《文選·阮嗣宗〈詠懷〉》曰:"周周尚銜羽。"又見《韓子》。④ 鶼鶼比翼,《尔雅》。 秩秩,《尔雅》:"秩秩海雉。"如雉,在梅上山。⑤ 燕燕。《毛詩》:"燕燕於飛。"

獸曰猩猩,《曲礼》:"猩猩能言。"⑥狒狒,《尔雅》:"狒狒如人,被髪。"⑦費費,《文選·揚雄〈羽獵賦〉》云:"絹嗅陽。"師古曰:"嗅陽,

---

① "王商",原作"王育";"詣若盧",原作"議若盧",均據四庫本、知不足齋本及《漢書》改。

② "劉向傳",原誤作"劉向輔";"漢儀",原誤作"漢似";"付北軍",原誤作"什若盤",均據四庫本、知不足齋本及《漢書》改正。

③ "晋灼",原誤作"晋楚";"相隨",原誤作"相楚",均據四庫本、知不足齋本及《漢書》改。

④ "阮",原作"張";"詠",原作"誅";"銜羽",原作"尚雨",均據四庫本、知不足齋本改。

⑤ "海雉"下,知不足齋本有"注"字。"梅上山",四庫本作"海中山",知不足齋本作"海中山上"。按,今本《爾雅·釋鳥》及郭注與知不足齋本同。

⑥ "能言",原作"住喜",據四庫本、知不足齋本及《禮記》改。

⑦ "如人被",原作"郎人紺",四庫本作"似人被",此據知不足齋本改。

費費也。人面黑身，有毛，反踵，見人則笑，脣蔽其目。嘄，工聊反。費，扶味反。"[①]邛邛。《尔雅》"邛邛屯嵯"，注云："比肩。"[②]

蟲曰蚌蚌，《方言》：即螳螂。蜻蜻。《尔雅》"蛰，蜻蜻"，注："如蟬而小。"鸜鵒曰八八兒。王虛中《勸孝文》。

鯉曰六六魚、宋景文詩："尺素愁憑六六魚。"策策、宋齊邱《化書》云："庚氏之魚名策策。"[③]堂堂。九六辛氏之魚名堂堂。[④]

因物得名

世有所出、所嗜、所作因以冠名者多矣。

莫邪作宝劍，而名其劍曰莫邪。《賈誼傳·弔屈原賦》："莫邪爲鈍兮。"應劭曰："莫邪，吴大夫也。作宝劍，因以冠名。"劉白墮善釀酒，而名其佳酒曰白墮。《洛陽伽藍記》。[⑤] 蕃中畢氏、羅氏好食，因謂所食者爲畢羅。《資暇録》。[⑥] 胡人常食餅，而名胡餅。書宗爰幅。[⑦] 胡人常食核桃，而名胡桃。《湘素雜記》。潘州郭使

---

① "揚雄羽獵"，原作"相如校獵"；"絹嘄陽"，原作"絹鳴陽"；"師古"，原作"頻古"；"脣蔽其目"，原作"□蔽其具"（"蔽"上一字漫漶不清）；"扶味"，原作"味味"，均據四庫本、知不足齋本及《漢書》改。"黑身"，四庫本作"黑耳"。

② "屯嵯"，知不足齋本作"巨虛"。按，《爾雅·釋地》："西方有比肩獸也，與邛邛岠虛比，爲邛邛岠虛齧甘草，即有難，邛邛岠虛負而走，其名謂之蟨。"《爾雅》此語謂西方有獸名蟨，蟨與邛邛岠虛相依存，平時爲邛邛岠虛供甘草，有難時邛邛岠虛負蟨而逃。季昭云"注云比肩"，是誤讀《爾雅》。

③ "之魚"，原作"之書"，據四庫本、知不足齋本改。

④ "九六"，四庫本作"又云"，知不足齋本作"同上"。按，南唐譚峭《化書·食化·庚辛》："辛氏之魚可名堂堂。"

⑤ "伽"，原作"器"，據四庫本、知不足齋本改。

⑥ "資暇録"，原作"貸暇錢"，據四庫本、知不足齋本改。按，李匡乂《資暇集》卷下："畢羅者，蕃中畢氏、羅氏好食此味，今字從'食'，非也。"

⑦ "幅"，知不足齋本作"輻"。按，此注義未詳。

君瘵小兒多用此物，醫家因名曰使君子。《本草》。[①] 人牽牛来易藥，而名其藥曰牽牛。同上。

食魚張口吹沙。[②] 青雀喜盜食脂膏，而名竊脂。並《爾雅》注。[③] 蔦蘿附於松柏，而名寄生。陸璣疏。[④] 櫻桃爲含於含，[⑤] 故名含桃。《吕氏春秋》注。王羲之以禽來食林檎之实，名林檎曰來禽。[⑥] 殷之有治食禽青李白又妻子禽曰嘗故寔大王内吏書枯子有与蜀郡太守書夾起楼來禽日食薦子來食言味皆来夾禽日林休擒。[⑦] 漢中之地有蟲曰朐肕，因名縣爲朐肕。[⑧]

漢祠太一，使楽人侯調楽声坎坎，因名楽作坎侯。《前漢》。[⑨] 阮咸作銅器，似琵琶，又易以木，因名琵琶作阮咸，又

---

① "本"，原作"序"，據四庫本、知不足齋本改。

② "食"，知不足齋本作"鯊"。"沙"下，知不足齋本有"而名鯊"三字。

③ "青雀"上，知不足齋本有"桑扈"二字。"《爾雅》注"，原誤作"食遶王"，據知不足齋本改。

④ "蔦"，原作"桑扈"，據知不足齋本改。按，"桑扈"作"蔦"當是。《詩經·小雅·頍弁》"蔦與女蘿"，毛傳："蔦，寄生也。女蘿，菟絲松蘿也。"陸璣《毛詩草木鳥獸蟲魚疏》卷上"蔦與女蘿"，"蔦，一名寄生。""陸璣疏"，原誤作"陸楼胡"，據四庫本、知不足齋本改。

⑤ "爲含於含"，四庫本作"爲含於鳥"，知不足齋本作"爲鸎所含"。按，《禮記·月令》："羞以含桃，先薦寢廟。"鄭玄注："含桃，櫻桃也。"《淮南子·時則訓》："羞以含桃。"高誘注："含桃，鶯所含食，故言含桃。""《吕氏春秋》注"，原作"吕氏喜於桃"，據四庫本、知不足齋本改。

⑥ "來"，原誤作"夾"，據四庫本、知不足齋本改。

⑦ 此注錯訛甚多，全不成義。四庫本作："《廣志》：林檎似赤柰子，一名來禽，言味甘，熟則來禽也。《尚書故實》：王内史《與蜀郡太守書》，求櫻桃來禽，曰給藤子皆囊盛爲佳，函封多不生。"知不足齋本作："《尚書故實》曰：王内史書帖有《與蜀郡太守書》，求櫻桃來禽，日給藤子來禽，言味甘，來衆禽也。一曰林擒。""林檎似赤柰"至"熟則來禽也"詳見《藝文類聚》卷八十七引晋郭義恭《廣志》。

⑧ 二"肕"字，四庫本均作"忍"，知不足齋本均作"䏰"。

⑨ "前漢"，原作"前侯"，據知不足齋本改。四庫本作"前書"。應劭《風俗通·聲音·空侯》："謹按：《漢書》：孝武皇帝賽南越，禱祠太一后土，始用樂人侯調，依琴作坎坎之樂，言其坎坎應節奏也，侯以姓冠章耳。"

改爲月琴。《唐元僧傳》。倭句之地出龜，則名龜曰倭句。《昭二十五年》:“臧會竊其宝龜倭句。”注云:“倭句，龜所出地名。”①蔡地出龜，則名龜曰蔡。《前·食貨志》“元龜烏蔡”，師古曰:“李以褻出善龜，破因人龜爲蔡。”②冀北出良馬，則名馬曰驥。注者解《論語》“驥不称其力”云:“冀，出良馬之地，故良馬因謂之驥。”③衛地出驴，則名驴曰衛。《資暇録》云:“世呼驴爲衛，衛地出驴，其在玆乎?”

巢元脩所嗜之菜謂之元脩菜。④ 房州有異人戴三朶花，名之曰三朶花。江東坡計。⑤ 牡丹曰姚黄、魏紫。歐公《牡丹譜》。⑥ 荔枝曰十八娘紅、狀元紅。蔡君謨《荔支譜》。以至鄭国渠、《河渠書》。⑦ 劉氏冠、《漢高祖紀》。謝公墩、《晋·謝安傳》。萊公竹，⑧《言行録》。⑨ 皆類此。

---

① “臧會竊”，原誤作“迎倉龜”，據四庫本、知不足齋本及《左傳》改。

② 按，此注多誤。四庫本、知不足齋本並作“《前·食貨志》:‘元龜名蔡。’師古曰:‘本以蔡出善龜，故因名龜爲蔡。’”《漢書·食貨志下》:“元龜爲蔡，非四民所得居。”注:“臣瓚曰:‘蔡是大龜之名也。《書》曰‘九江納錫大龜’，大龜又不出蔡国也。若龜出楚，不可名龜爲楚也。’師古曰:‘瓚説非也。本以蔡出善龜，故因名大龜爲蔡耳。’”

③ “論語”，原作“誠語”，據四庫本、知不足齋本改。“冀”，原作“驥”。

④ 二“脩”字，四庫本、知不足齋本並作“修”。

⑤ “江東坡計”，四庫本作“《江東記》”，知不足齋本作“出東坡詩”。按，宋時房州有異人，嘗戴三朵花，莫知其姓名，郡人因以三朵花名之。能作詩，皆神仙意，又能自寫真。蘇軾有《三朵花》詩云:“學道無成鬢已華，不勞千劫漫蒸砂。歸來且看一宿覺，未暇遠尋三朵花。兩手欲遮瓶裏雀，四條深怕井中蛇。畫圖要識先生面，試問房陵好事家。”

⑥ “丹”，原誤作“田”。

⑦ “渠”，原作“公”，據四庫本、知不足齋本及《史記》改。

⑧ “竹”字原缺。

⑨ “録”，原作“緑”，據四庫本、知不足齋本改。

卷之十六

廬陵鄉先生孫奕季昭撰

雜記

易物名

山谷喜爲物易名。鄭花則易爲山礬，竹夫人則易爲竹妃，水晶膾則易爲醒酒冰，洞庭春色則易爲掃愁帚，[①]集句則易爲百家衣。東坡名椶笋爲木魚，《椶筍》詩。名鐵拄杖爲鐵君，《鐵柱杖》詩。[②] 名竹爲愁節君，[③]文与可畫竹，亦名之曰墨君。《皇朝文鑑》東坡作《文與可墨君堂記》。[④] 皆自我作古之一端也。

---

① 按，此事當屬蘇軾而非黄庭堅。蘇軾有《洞庭春色》詩云："要當立名字，未用問升斗。應呼釣詩鉤，亦號掃愁帚。"

② 二"拄"字，原均作"柱"，據四庫本、知不足齋本改。

③ "愁"，知不足齋本作"苦"。"愁節君"未詳。"苦節君"是以精細毛竹搭配製成、以耐高温的泥土搪其内的方形煎茶風爐，而非竹名，亦不見於蘇軾著作。疑"愁"當作"抱"。按，蘇軾有《此君庵》詩云："寄語庵前抱節君，與君到處會相親。"此君，指竹。見劉義慶《世説新語・任誕》載王徽之事。

④ "文鑑"二字，原誤竄入"文與"二字下，據四庫本、知不足齋本乙正。

人相反

孔子不飲盜泉，《列子》曰："孔子至於勝母，暮矣而不宿；過於盜泉，渴矣而不飲：恶其名也。"吴隱之飲貪泉，《晋書》本傳。二人正相反。于公多陰德，于定国父。① 陳平多陰禍，《王陵傳》。二人正相反。

陳平多陰謀，而知其後必廢；邴吉有陰德，②夏侯勝識其當封及子孫。《後漢》袁安張甫等論。晋文公譎而不正，齊桓公正而不譎。《憲問》。邾子执玉高，其容仰；定公执玉卑，其容俯。《家語》。管仲失於奢，晏子失於儉。《子貢問》。商也日益，賜也日損。《談苑》。師也過，商也不及。《先進》。伯夷死名於首陽之下，盜跖死利於東陵之下。《莊》。左丘明工言人事，莊周工言天。宋景文公論。

三代不封禪而王，③秦封禪而亡。范《唐鑑》。武王諤諤而昌，紂嘿嘿而亡。《説苑》。紂以甲子日亡，周武以甲子日興。魏王珪説。西伯幽而演《易》，周旦顯而制礼。《典論》。高帝、孝文、孝景皇帝宫女不過十余人，④武帝時又多取好女至数千人以填後宫。貢禹疏。宣帝詔書好言祥瑞，元帝詔書好言灾異。《珩璜論》。唐太宗謂：李世勣、道宗不能大勝，⑤亦不能大敗；⑥薛万徹非大勝，則大敗矣。《通鑑·太宗紀》。

孔子高孔穿字。理勝於辞，公孫龍辞勝於理。《通鑑·周赧

---

① "国父"，四庫本、知不足齋本作"國傳"。
② "邴"，四庫本作"丙"。
③ "代"，原誤作"伐"。
④ "余"，四庫本、知不足齋本並作"餘"。
⑤ "大"，原作"太"。
⑥ "能"，四庫本、知不足齋本並無。

王紀》。裴頠拙於用長，荀勗工於用短。王戎《人倫鑑識》。西門豹性急，故佩韋以自緩；董安于性緩，故佩弦以自急。《韓子》。張良得黄石公書，而爲帝者師；京房得焦延壽《易》，而忘其身。① 張无垢説。非其君不事，非其民不使，治則進，乱則退，伯夷也。何事非君，何使非民，治亦進，乱亦進，伊尹也。《公孫丑上》。曾子居武城，有越寇，或曰："寇至，盍去諸?"曾子則去。子思居於衛，有斉寇，或曰："寇至，盍去諸?"子思則守。《离婁下》。子路拯溺而受其牛，《吕氏春秋》。子貢贖人而不取金。《家語》。

漢祖能用三傑，項羽不能用一范增。《高祖紀》。太宗以干戈之事，尚能起李靖於既老；而穆宗、文宗不能用裴度於未病。東坡説。漢以羽林爲南軍，金吾爲北軍；唐以金吾領南衙，羽林統北衙。蘇秦爲諸侯弱秦，張儀爲秦弱諸侯。東坡説。② 王衍口不言錢，和嶠有錢癖。《晋》。魯褒作《錢神論》，《晋》。蕭綜作《錢愚論》。《南史》。阮籍作《達莊論》，王坦之作《廢莊論》。《晋》。佛言无生，老言不死。《集古録跋》。

李廣擊胡，无部曲行陣，頓舍不擊刁斗，莫府省文書，然遠斥候，③未嘗遇害；程不識擊胡，正部曲行伍，擊刁斗，治簿至明，軍不得休息，未嘗遇害。《李廣傳》。注《本草》誤，其禍疾而小；注六經誤，其禍遲而大。唐子西易庵説。崔佑甫爲相，所用多涉親故；《代宗紀》。④ 竇易直爲相，未嘗用親故。《文宗紀》。

---

① "忘"，四庫本、知不足齋本並作"亡"。

② 按，"蘇秦"二句，見《歷代名賢確論・樗里甘茂》引潁濱曰。蘇轍號潁濱遺老，注云"東坡"，蓋誤。

③ "候"，四庫本作"堠"。

④ "代"，四庫本作"太"。

司馬迁叙三千年事，五十万言；班固叙二百年事，乃八十万言。《晋·張輔傳》。于志寧爲僕射修史，恨不得孛士；來済爲學士，恨不得修史。《南部新書》。嬰母知廢，陵母知興。班固《王命論》。

李白爲《蜀道難》，陸暢爲《蜀道易》。《禹錫嘉話》。胡元礼在，此人莫覔活；李日知在，此人莫覔死。《隋唐嘉話》。[①] 韓魏公用家資如国用，曾魯公惜官物如己物。《晁氏客語》。劉隨州有眼作无眼句，宋雍无眼作有眼句。《雲溪友議》。子美以詩爲文，退之以文爲詩。后山。蘇子瞻詞如詩，秦少游詩如詞。后山。世間好言語老杜道尽，世間俗言楽天道尽。[②] 荆公。歐陽公之文，和氣多，英氣少；《邵氏聞見後録》。蘇公之文自經中出，[③]英氣多，和氣少。《邵氏聞見後録》。[④] 韓退之文自經中來，柳子厚之文自史中來。同上。

魯直詩到人愛処，[⑤]聖俞詩到人不愛処。同上。永叔不好杜詩，子瞻不好迁史。后山。蘇明允不能詩，歐永叔不能賦。曾子固短於韵語，黄魯直短於散語。后山。韓退之不可謂之詩，有章韻文也。杜子美不可謂之文，无章韻詩也。柳宗元而下，兩失之矣。蔡君謨言文章而不言政事，歐公言政事而不言文章。蘇子容。顧長康善畫而不能詩，杜子美能作詩而不能昼。《王直方詩話》。味王摩詰詩，詩中有畫；觀摩詰

① "隋"，原作"随"，據四庫本、知不足齋本改。

② "俗言"下，知不足齋本有"語"字。"道尽"，原誤作"尽道"，四庫本、知不足齋本並作"道盡"，據以乙正。

③ "自經中出"，知不足齋本無此四字。

④ "後録"，原誤作"録後"，據四庫本、知不足齋本乙正。

⑤ "詩"字原無，據四庫本、知不足齋本補。

之畫，畫中有詩。《詩史》。

人之相反如此。

物相反

大椿以八千歲爲春秋，朝菌不知晦朔，二物正相反。《莊子》。蓂莢生而霊，蓍草死而霊，二物正相反。六一説。牡丹華之絶而无甘实，荔枝果之絶而非名花。六一。黍熟頭低，麥熟頭昂。王元景《談藪》。先種後熟謂之穜，後種先熟謂之稑。《内宰》注。艸盛在末，竹盛在本；艸寔而生，竹寔而死。唐耜解字説。

草敗而螢，木敗而芝。《藝圃折中》。牆下之木抽必外向，庭中之風行必内向。同上。沉者曰蘋，浮者曰藻。《韓詩外傳》。菊甘薏苦，《抱朴子》。菱寒芡暖，菱花開背日，芡花開向日。《仇池筆記》。凡草木花皆五出，雪花獨六出。《韓詩外傳》。葵知隨日，樫知應雨。《藝圃折中》。

烏之闘竦其尾，鵲之闘竦其翼。《甘氏星經》。鵠不日浴而白，音鶴。烏不日黔而黑。《莊》。鳧脛虽短，續之則悲；鶴脛雖長，断之則憂。[1]《莊》。雞司晨，犬司夜。燕秋去，鴈秋來。鳧善浮，鷗善没。《禽經》。雞昼明而夜昏，鴞夜明而昼昏。《化書》。大腰無雄，龜類；細腰無雌，蜂類。《博物志》。雄兔脚樸朔，雌兔眼迷离。《木蘭歌》。蚕食而不飲，蟬飲而不食。《家語》。魚無耳而聽，蟬無舌而鳴。《淮南子》。

巢居知風，穴處知雨。翼奉《地震封事》。螣蛇無足而飛，

① 兩"脛"字，原皆作"鵛"，據《莊子》改。按，《莊子·駢拇》："是故鳧脛雖短，續之則憂；鶴脛雖長，斷之則悲。"

鼯鼠五技而窮。《荀子》。仲秋鳩化爲鷹，中春鷹化爲鳩。《司裘》注。仲夏鹿角解，仲冬麋角解。《月令》。鵲巢背大歲，燕伏戊己。乾鵲知來，猩猩知往。《酉陽雜俎》。象膽隨四時在四腿，春在前左，夏在前右；熊膽春在首，夏在腹，秋在左足，冬在右足。同上。熊行数千里必在石岩枯木，虎出百里外則迷失道路。《墨客揮犀》。

蛙蟻知雨，烏鳶知風。① 燕避戊己，鵲避大歲。② 魚聚北首，針浮南指。《藝圃折中》。猩猩啼而就禽，狒狒笑而被格。左思賦。麝愛其臍，狨愛其尾。犛牛自断其尾，雄雞自断其尾。並《談苑》。

天道尚左，星辰左轉；地道尚右，③瓜匏右纍。《藝圃折中》。日生東，月生西。《禮記》曰："大明生於東。"箕星好風，畢星好雨。《洪範》注。月未望則載魄于西，既望則終魄于東。楊子。飲養陽氣，食養陰氣。《礼記》。陽燧取火，方諸取水。《論衡》。舟以行水，車以行陸。《考工記》。水流濕，火就燥。《乾卦》。

陽律以竹爲管，陰律以銅爲管。《典同》注。推手向前曰琵，却手向後曰琶。《釋名》。合樂爲柷，止樂爲敔。《書》注。外方内圓曰簠，内方外圓曰簋。方曰筐，圓曰筥。《詩》注。竹豆謂之籩，木豆謂之豆。《尔雅》。有足曰錡，無足曰釜。《詩》注。端石瑩潤，惟有鋒鋩者發墨；歙石多鋩，惟膩理者特佳。蔡君謨《硯説》。冠弊在於上，履新処於下。柳識《弔夷齊文》。前推曰槳，卻曳曰櫂。《韻釋》。

---

① "烏"，知不足齋本作"鳥"。
② "大"，四庫本、知不足齋本並作"太"。
③ "尚右"，四庫本、知不足齋本並作"向右"。

其物之相反有如此者。

自相反

梁武帝手得江左而亦自失之，唐明皇手定唐乱而亦自乱之。无垢説。唐明皇始年焚錦綉珠玉，晚年乃喜淫侈；憲宗始年四方無得進奉，晚歲乃喜羨餘。同上。裨諶謀於野則獲，謀於邑則否。《襄公三十一》。百里奚居虞而虞亡，在秦而秦霸。《史記·韓信傳》。叔孫通在秦則爲諛士，在漢而直諫；裴矩在隋爲佞人，在唐而亦直諫。无垢。冉有從夫子則爲門人之選，從季氏則爲聚斂之臣。東坡《續朋黨論》。

孟子不見諸侯，而見梁惠王，見梁襄王。韓非作《説難》之書，而卒死於説難。揚子《問明》。孟公綽爲趙魏老則優，不可爲滕薛大夫。《憲問》。黄霸爲相，功名減於治郡時。王尊乍賢乍佞。並《漢》。王吉，天下服其廉，而怪其奢。劉晏能廉於臨財，而不能廉於取名。並《廉吏傳》。司馬相如言吃，而善著書。《漢》。嵇康善著《養生論》，而自以事坐誅。阮籍口不臧否人物，而作青白眼。並《晋》。

光武却祥瑞不假而受圖讖，武宗除去浮屠而躬受道家之籙。《捫虱新論》。王衍高談物理，見石勒而下拜；王坦之剛鯁自許，見桓温而倒執手板。《晋》。退之嘗譏人不解文字飲，而自敗於女妓，[1]嘗戒人服金石藥，而自餌留黄。孔毅夫《新論》。

---

① "女妓"，四庫本、知不足齋本並作"文技"。按，韓愈《醉贈張秘書》："長安衆富兒，盤饌羅膻葷。不解文字飲，惟能醉紅裙。"知不足齋本有盧文弨按："'文技'二字未詳。或校作'女奴'，當因張籍詩云：'乃出二侍女，合彈琵琶箏。'然何謂之'自敗'？"

李太白識郭子儀之爲人傑，而不能識永王璘之爲无成。書之美者莫如顔魯公，然書法之壞自魯公始；詩之美者莫如韓退之，然詩格之变自退之始。東坡説。杜子美詩冠古今，而无韻者殆不可讀；曾子固以文名天下，而有韻者輙不工。秦少游説。梅聖俞云："前史言退之爲人木强，若寬韻可自足而輙旁出，窄韻難獨用而反不出。"《歐公詩話》。

事類

堯爲唐侯，二十以德盛；舜爲鰥民，二十以孝聞。皮日休《鹿門隱書》。漢高祖約法三章，《本紀》。唐高祖約法十二條。《本紀》。高祖從諫如轉圜，《梅福傳》。德宗從善如轉規。《崔寧傳》。高祖從諫如順流，班彪《王命論》。湯從諫如流，《伊訓》注。宣帝從諫如流。

孝宣厲精爲治，《循吏傳》。太宗厲精思治，《崔植傳》。元宗厲精求治，魏知古等贊。德宗厲精求治，《通鑑》。元宗勵精政事。本贊。文帝吏安其官，民樂其業；《刑法志》。宣帝吏稱其職，民安其業；本贊。明帝吏稱其官，民安其業。《後紀》。又《通鑑》：明帝吏得其人，民樂其業。①

光武渡滹沱河而冰合，《王霸傳》。王方翼次葉河而冰亦合。②《唐》。漢明帝作《世祖紀》，章帝爲《顯宗紀》。《玳官分紀》。肅宗与李泌爲布衣交，及即位，事无大小皆咨之；德宗以張沙爲翰林孝士，事无大小皆咨之。《通鑑·唐代宗紀》。舜

① "民"原誤作"氏"。《後紀》指《後漢書·明帝紀》。
② "冰"下原衍"一"字，據四庫本、知不足齋本删。

殛鯀而用禹，周公囚蔡叔而命蔡仲。湯以伊尹遺大甲，武王以周公遺成王。並无垢説。紂脯九侯，劉恕《外紀》。高祖醢彭越。本傳。[1] 舜罰弗及嗣，《大禹謨》。文王罪人不孥。《孟》。

三輔吏士東逆更始，見劉秀皆喜，曰："不圖今日復見漢官威儀。"《通鑑·漢淮陽王紀》。桓温伐秦，民爭持牛酒迎勞，曰："不圖今日復覩官軍。"《通鑑·穆宗紀》。楚昭奚恤之對秦使，以子西、子敖、子高、子反爲宝，[2]齊威王之對梁惠王，以檀子、盼子、黔夫、種首爲宝。《史記·田敬仲〔完〕世家》。桓公官事无攝，《告子下》。管仲官事不攝。《八佾》。殷作九市之宫而諸侯畔，靈王起章華之臺而楚民散，秦與阿房之殿而天下乱。東方朔諫武帝。

張武受賄，文帝更加賞賜以愧其心。文紀贊。長孫順德受財，大宗更賜之帛以愧切其心。本傳。魏盧毓選夆，先性行而後言才。《通鑑·明帝紀》。北魏選夆之法，先門地而後賢才。《齊明帝紀》。隋牛弘選夆，先德行而後文才。《文帝紀》。

虞不用宫之奇而晋并之，萊不用子焉《説苑》作"子猛"。而齊並之。《荀子·堯問》。伊尹去夏入殷，殷王而夏亡；管仲去魯入齊，魯弱而齊强。劉向《荀子後序》。燔肉不至，孔子去魯；《告子》。醴酒不設，穆生去楚。《前漢·楚元王傳》。孔子作《春秋》而子夏不能贊一辞，《世家》。吕氏著《春秋》而秦人不能易一字。《史記·吕不韋傳》。孔子四十不惑，《語》。孟子四十不動心。《孟》。夫子斬少正卯於魯，大公戮華士於齊。范甯《王何論》。

---

① 按，《史記》、《漢書》之彭越本傳均未記録醢彭越事。《史記·黥布列傳》："十一年，高后誅淮陰侯，布因心恐。夏，漢誅梁王彭越，醢之，盛其醢遍賜諸侯。至淮南，淮南王方獵，見醢，因大恐，陰令人部聚兵，候伺旁郡警急。"

② 四庫本有原注："劉向《新序》。"知不足齋本有原注："《新序》。"

西漢以揚雄爲東道孔子，《新論》。東漢以楊震爲関西孔子。本傳。晋士弱曰"国乱无象"，《襄九年》。牛僧孺曰"大平无象"。本傳。穰苴長於正，吴起長於奇。《藝圃折中》。陳平起於亡命而爲謀主，韓信拔於行陳而建上將。梅福上書。子産鑄刑書，《昭六》。趙鞅鑄刑鼎。《昭二十九》。

左思字大沖。作《三都賦》，豪貴之家競相傳寫，洛陽爲之紙貴。《世説》。① 司馬遷儒之外五家，班固儒之外八流。盧景亮撰《于敻神道碑》。賈山涉獵書記，《前》。② 班超涉獵書傳。《後》。晋束皙補亡詩六篇，《南陔》、《白華》、《華黍》、《由庚》、《崇丘》、《由儀》。唐白居易補逸書一篇。《湯征》。

姚鉉以柳子厚《孝門銘表》爲序，蕭統以《高唐》、《神女賦》爲序。《捫虱新話》。《文選》出於蕭統，而統自爲之序；《文粹》出於姚鉉，而鉉自爲之序。楚襄王遊高唐，夢与神女遇；宋玉《高唐賦》。楚襄王遊雲夢，亦夢与神女遇。宋玉《神女賦》。衛夫人見王逸少真書，云"咄咄逼人"；《法帖》。王子敬見王景仁名脩。隸行書，云"咄咄逼人"。《書断》。"柳家元和脚"東坡作"手"字。者，劉夢得美子厚之能書也；"黄家元祐脚"者，陳无已紀魯直之善書也。《復齋漫録》。

蚩尤爲作乱之始，三苗爲虐刑之始。羲即重之子孫，和即黎之子孫。並无垢説。衛玠神清，杜乂形清。《晋・杜乂傳》。解狐夆怨，《韓子》。咎犯夆仇。《説苑》。虞丘子薦孫叔敖，丘子家干法，叔敖戮之，虞丘子喜；《説苑》。左雄薦周夆，夆後劾

① 按，今本劉義慶《世説新語・文學》載皇甫謐爲《三都賦》作敍事，"洛陽紙貴"事見《晋書・左思傳》。

② "前"，原作"書"，據四庫本、知不足齋本改。

左雄，雄悦謝之。《通鑑·後漢順帝紀》。張釋之爲廷尉，天下无寃民；于定国爲廷尉，民自以不寃。《本傳》。[1] 劉寬蒲鞭，《後》。崔伯謙皮鞭。《北史》。

商鞅欲变秦法，則立徙木之令以示信；《史記》。吴起欲伐秦，則立移轅之令以示信。《魏》。虞世南默寫《列女傳》，无一字謬；蔣乂誦補《侍臣圖贊》，不失一字。並《唐》。魏相奉行故事，《前》。侯霸明習故事。《後》。范武子光輔五君，文、襄、靈、成、景。出《襄二十七年》。[2] 裴度事四朝，憲、穆、敬、文。馮道歷五朝八姓。《通鑑》論。

扁鵲之見威王，以爲病在骨髓；《史記》。秦緩之見晋侯，以謂疾在膏肓。[3]《成公十年》。僖負覊饋重耳盤飧，寘璧，重耳受飧反璧；《僖二十三》。衛人饋叔向羮与錦，叔向受羮反錦。《昭公十三》。唐元宗書崔琳等名，覆以金甌；本傳。唐廢帝書姚顗数人名，投琉璃瓶。《五代史·盧文紀傳》。儀狄作酒，夏禹時，《戰国策》。杜康作酒。《博物志》。孟明焚舟，《文三》。項籍湛船。《史記》。

王莽称王子僑爲皇祖叔父，唐高祖称老子爲皇祖。范《唐鑑》。段秀寔倒用司農印，[4]《唐》。继岌倒用都統印。《五代》。趙高指鹿爲馬，秦。高德孺指野鳥爲鸾。唐。魏謩議論有祖風，狄兼謩剛正有祖風。高馮爲監察，彈治不避權要；崔縱爲中丞，彈治不避權倖。並《唐》。

---

① “自以”下，四庫本、知不足齋本並有“爲”字。

② “成”，原作“武”，按《左傳·襄公二十七年》“宜其光輔五君以爲盟主也”杜預注：“五君，謂文、襄、靈、成、景。”據改。

③ “謂”，四庫本作“爲”。

④ “寔”，四庫本、知不足齋本並作“實”。

孟軻之母断織,《列女傳》。樂羊之妻断織。《後》。阮籍知母而不知父,雍姬知父而不知夫。《捫虱新話》。季子不礼於其嫂,買臣見棄於其妻。《書錦堂記》。張廵殺愛妾,許遠殺僮奴。《唐》。鄧禹子十三人,各守一藝;《後》。劉殷子七人,各守一經。《晋》。郭子儀忠貫日月,韓仁愿忠貫神明。李華《韓公廟碑》。

戴胄爲大理卿,言若湧泉;蘇頲爲中書舍人,思若涌泉。《唐》。[①] 劉寵受一錢,《後》。杜暹受紙百番。《唐》。崔洪口不言貨財,崔遊口不語財利。並《晋》。李弘節以清謹顯,歿没之後,其家賣珠,太宗疑其實貪;[②]《廉吏傳》。劉宗龜姻不可干以財,歿没之後,其家鬻珠翠,由是名損。《廉吏傳》。

屈原有《天問》,柳宗元有《天對》。盧仝作《月蝕》詩,云:"食月者,月中之蝦蟆也。"梅聖俞作《日食》詩,云:"食日者,[③]三足烏也。"東坡説。孫興公《遊天台賦序》:"天台者,盖山岳之神秀也。"《晋》。張種《与沈炯書》:"虎丘者,吴之神秀也。"《陳》。段維一餅熟成一韻詩,温庭筠一餅熟成一韻賦。《歸田録》。楊子雲有《逐貧賦》,韓退之有《送窮文》。淵明有《形神影三首》,樂天有《身心問荅三首》。少陵有《四小松》詩,東坡有《万松亭》詩。聖俞有《四禽詩》,子瞻有《五禽言》。

---

① 按,《舊唐書·戴胄傳》:"所論刑獄,皆事無冤濫,隨方指擿,言如泉湧。"又,《太平廣記·才名·蘇頲》引《譚賓録》:"蘇頲少聰俊,一覽千言。景龍二年六月二日,初定内難,准頲爲中書舍人,在太極後閤。時頲尚年少,初當劇任,文詔填委,動以萬計,時或憂其不濟。而頲手操口對,無毫釐差失。主書韓禮、譚子陽轉書詔草,屢謂頲曰:'乞公稍遲,禮等書不及,恐手腕將廢。'中書令李嶠見之,歎曰:'舍人思若湧泉。嶠等所不測也。'"

② "實",原作"食",據四庫本、知不足齋本改。

③ "食"字原無,據四庫本、知不足齋本補。

王逸少於書知变，韓退之於詩知变。陶侃用法得法外意，東坡李書得書外意。

劉歆《七畧》："古文或誤以'見'爲'典'，以'陶'爲'陰'。"《抱朴子》書三寫，①以"魚"爲"魯"，以"帝"爲"虎"。曹不興爲孫權畫屏風，筆墨誤點，因以爲蠅。張勃《吴録》。桓温使王獻之書扇，筆誤落，因畫作烏蛟㹀牛。《晋》。田單火牛，楊凝燃馬。②

長卿名犬子，王脩名狗子。《顔氏家訓》。雞有五德，《韓詩外傳》。蝉有五德。陸雲《蟬賦》。以珠彈雀，《莊》。以玉抵鵲。《鹽鐵論》。江泌不食菜心，恐傷意；③邢峙不食邪蒿，悪其名。盧氏《新録》。退之以磨蝎爲身宫，子瞻以磨蝎爲命宫。《仇池筆記》。④

張敞自請治劇郡，《漢》。袁甫自言能作劇縣。《晋》。牛洪称房暉遠爲"五經庫"，⑤《隋》。褚遂良称谷那律爲"九經庫"。《唐》。公孫景茂博涉經文，称"書庫"；《隋》。李涪以開元及第，号"周礼庫"。《唐》。陸澄不能撰宋書，号"書廚"；《南史》。李善不能属辞，号"書簏"。《唐》。

---

① "寫"，原漫漶不清，此據四庫本、知不足齋本。

② 顧氏《校補》："'田單火牛，楊凝然馬'，當作'田單火牛（本傳），楊琁然馬（後）'。兩事皆脱注文，又正文'琁'誤爲'凝'，而不可解矣。田單，《史記·列傳第廿一》有火牛事，楊琁，范蔚宗《書·列傳第廿八》有然馬事。"

③ "意"，四庫本作"生"，知不足齋本作"生意"。

④ 兩"磨蝎"，原均作"磨竭"。按，蘇軾《東坡志林·命分》："退之詩云：'我生之辰，月宿直斗。'乃知退之磨蝎爲身宫，而僕乃以磨蝎爲命，平生多得謗譽，殆是同病也。"

⑤ "遠"，原缺，按《隋書·儒林傳·房暉遠》："及高祖受禪，遷太常博士。太常卿牛弘每稱爲五經庫。"據補。

曹子建七步，《魏》。柳公權三步。《世説》。[1] 刘德千里駒，《前》。李仁吾家千里駒。[2]《唐》。五鑿爲正，蜀。[3] 六鑿相攘。《莊子》。

張釋之十年不調，《前》。駱賓王十年不調，《上裴侍郎書》。馬融十年不得調，《後》。韋澳十年不調官，《唐》。夏侯湛累年不調，《抵疑序》。顔駟三葉不遇。《後漢·張平子賦序》。

忠義，天下之大閑；《唐·忠義傳序》。節義，天下之大閑。《唐·卓行傳贊》。陶潛預爲祭文，杜牧自撰墓誌。刘恕《外紀論》。芸香辟書蠹，《筆談》。魚石子亦辟書蠹。《秘閣闲談》。陳蕃、周舉常相謂曰：[4]"期月之間不見黄生，則鄙吝之萌復存於心。"《後漢·黄憲》。陸象先嘗謂人曰："季真賀知章字。清談風流，吾一日不見，則鄙吝生矣。"《唐·賀知章傳》。

---

① 按，此"《世説》"當爲"曹子建七步"注語。《舊唐書·柳公綽傳》附《弟柳公權傳》："從幸未央宫，苑中駐輦謂公權曰：'我有一喜事，邊上衣賜，久不及時，今年二月給春衣訖。'公權前奉賀，上曰：'單賀未了，卿可賀我以詩。'宫人迫其口進，公權應聲曰：'去歲雖無戰，今年未得歸。皇恩何以報，春日得春衣。'上悦，激賞久之。"

② "李仁"，原作"李琨"。按《新唐書·太宗子列傳》：太宗子李恪有子四人：仁、瑋、琨、璄，并因事流放嶺表，"光宅中，仁遇赦還"，"嘗使江左，州人遺以金，拒不内。武后遣使者勞曰：'兒，吾家千里駒。'更名千里"。據改。

③ 知不足齋本顧廣圻按語以爲"蜀"當爲"荀"字之誤。五鑿，五情，指喜、怒、哀、樂、怨。《荀子·哀公》："五鑿爲正，心從而壞，如此則可謂庸人矣。"楊倞注："鑿，竅也。五鑿，謂耳、目、鼻、口及心之竅也。""一曰：五鑿，五情也。"王先謙《集解》引王念孫曰："楊後説以五鑿爲五情，頗勝前説。"

④ "舉"（夆），原作"孝"，據四庫本、知不足齋本及《後漢書》改。

卷之十七

廬陵鄉先生孫奕季昭撰

雜説

事同

堯秀眉，魯僖、馬卿亦秀眉。舜重瞳，項羽、王莽、朱友敬亦重瞳。漢高祖龍顔，晋元帝、嵇康亦龍顔。[①] 光武日角，唐高祖亦日角。尼父面如蒙魌，陽虎亦如蒙魌。竇憲鳶肩，[②] 馬周亦鳶肩。晋文駢脇，張儀亦駢脇。

禹扇暍，《史記》。武王亦扇暍。《世紀》。禹一沐三握髮，《吕氏春秋》。周公亦一沐三握髮。《魯世家》。成湯以六事自責，《後漢·鍾離意傳》。魯僖公亦以六事自責。《後漢·黄瓊傳》。高祖規模宏遠，《漢紀》。太宗亦規模宏遠。《張行成傳》。高帝

---

① 按，元謝應芳《辨惑編》卷三："胡忠簡公曰：'世俗所謂骨相之至貴者，宜莫如秀眉重瞳，龍顔鳳姿也。然堯秀眉，魯僖、馬卿亦秀眉。舜重瞳子，項羽、朱友敬亦重瞳子。漢高龍顔，嵇叔夜亦龍顔。文皇鳳姿，李相国亦鳳姿。然則魯僖、沐猴可比堯舜，而嵇、李可擬漢祖、唐宗乎？'"

② "竇憲"，疑當爲"梁冀"。按，《後漢書·梁統列傳》附《梁冀傳》："冀字伯卓。爲人鳶肩豺目，洞精矘眄，口吟舌言，裁能書計。"鳶肩，謂兩肩上聳，如鴟鳥棲止時狀。

无可无不可,《馬援傳》。孔子无可无不可。《語·微子》。

唐太宗作《魏徵碑》,高宗作《李勣碑》,明皇作《張説碑》,德宗作《段秀实碑》。宋朝太宗作《趙普碑》,仁宗作《李用和碑》,神宗作《韓琦碑》。《石林燕語》。張説、歐陽永叔自爲其父碑,陶淵明、秦少虚皆自作挽辞。

樗里子、《史記》。晁錯《前漢》。皆号智囊。周勃、周昌、尹斉、《酷吏》,《前漢》。韓愈、魏元忠、《唐》。公孫弘、祭遵、王良《後》。皆布被。趙廣漢、《前》。裴延齡《唐》。皆鉤距。東方朔、《前》。喬琳《唐》。皆詼諧。

陽城欲壞裴延齡白麻,德宗時。李甘欲壞鄭注白麻。敬宗時。蕭何爲民請苑,高祖時。貢禹亦爲民請苑。元帝時。子文見越椒狼子野心,張九齡見安禄山狼子野心。《唐》。刘仁本諫不听而置笏,[1]褚遂良、高宗時。崔元亮文宗時。諫不听而置笏。祁奚、《襄三年》。狄仁傑皆夆其子,鄭當時、田蚡、灌夫皆推轂。《漢》。

王衍知石勒有反相,《晋》。張九齡知安禄山有反相。《唐》。刘寬爲南陽太守,用蒲鞭;《後》。崔景真爲平昌太守,用蒲鞭。《南史》。許商四至九卿,《漢書·儒林傳》。司馬安四至九卿。《汲黯傳》。[2] 梁刘凝之爲人認所著履,即予之;沈麟士爲

---

① "仁",似當作"行"。按,《隋書·劉行本傳》:"上嘗怒一郎,於殿前笞之。行本進曰:'此人素清,其過又小,願陛下少寬假之。'上不顧。行本於是正當上前曰:'陛下不以臣不肖,置臣左右。臣言若是,陛下安得不聽?臣言若非,當致之於理,以明国法,豈得輕臣而不顧也!臣所言非私。'因置笏於地而退,上斂容謝之,遂原所笞者。"

② "漢書儒林傳"五字及"司馬安四至九卿"七字,原脱,據知不足齋本補。按,底本、四庫本脱"司馬安"句及句上原注,遂使原注"汲黯傳"接於"許商"句下,則注文與原文不符。許商事不見於《汲黯傳》,而見於《漢書·儒林傳·周堪》:"商善爲算,著《五行論曆》,四至九卿。"而《史記·汲黯列傳》:"黯姑姊子司馬安亦少與黯爲太子洗馬。安文深巧善宦,官四至九卿,以河南太守卒。"所記確爲司馬安而非許商。

鄰人認所著履，即予之。《東坡新説》。韓退之爲《送穷文》，本集。段成式爲《送穷文》。《文粹》。盧仝有《月蝕》詩，韓愈有《月蝕》詩。各本集。

項羽孝万人敵，《本紀》。張飛、関羽咸称万人敵。《三国志》。崔子美爲《坐右銘》，[1]白楽天爲《坐右銘》。李至《續座右銘序》。边韶称五經笥，《後》。任彦昇亦五經笥。《唐守素傳》。李播聚書万卷，時人号爲李公書楼；[2]《唐》。張昭遠積書万卷，時人号爲張家書楼。《五代》。公孫弘、本傳。東平王蒼《班固傳》。皆開東閤，馮衍、《後》。葛洪《晋》。皆閉門却掃。

郡国因革

周有天下，封兄弟之国十五人，姬姓之国四十人，列諸名城，班五等爵。逮至周末，諸侯流爲十二国，東迁之地，僅有七城而已。《通典》："平王時，雒邑與宗周通，東西長，南北短，相覆爲千里。後爲諸侯所侵，比周之亡，七城而已。"

嬴秦失道，瓜分天下，削去五爵，罷諸侯之制，分爲三十六郡，郡直一守，又使御史监郡，務弱其權。守權既輕，孤立於上，莫制其民。民苦賦役，相卒而爲盜，故二世而亡。

漢室龍興，监秦之弊，加置郡国，分内史爲三部。三内史者，河上、渭南、中地也。《地理志》云：武帝改河上、渭南、仲地以爲京兆、馮翊、扶風，是爲三辅。光武中興，海内凋敝，郡国併省者八。建

---

① "子美"，知不足齋本作"子玉"。按，此原文及原注似均有誤。"子美"作"子玉"是，東漢崔瑗（字子玉）有《座右銘》，見《文選》。

② "播"，四庫本作"繁"，知不足齋本作"磎"。按，作"磎"當是。《新唐書·李磎傳》："磎好學，家有書至萬卷，世號李書樓。"

武十一年，省州牧復爲剌史員，人掌一州和順，省朔方剌史，合之於司隸，凡十三部。置司隸校尉。

晉武帝太康元年，省司隸，置司州，其後立州仍郡，立梁、泰、寧、平四州，仍三国之郡一百七十三。紛紛不一。

降及南北，既爲州，又立郡，廢置靡常。

自隋文一天下，乃廢諸郡，以州治人，名則因仍戢事，同於郡守。未幾，煬帝又易州爲郡，置司隸剌史，分部巡察。

唐興，高祖改郡爲州，太守爲剌史，又置都督府以治之。太宗始命併省，分天下爲十道。明皇又因十道而析爲十五道，置十五採訪使檢察，如漢剌史。天宝之際，盜賊蠭起，因假方鎮以平群盜。

自僖、昭而後，疆土日蹙陵夷，至於五季，天下紛裂，增損因革，徒以自擾，求欲不亡，得乎？

卦配十二月

《易・大傳》曰："立天之道曰陰与陽。"又曰："一陰一陽之謂道。"

道在於天，陰得其一則一陰生，陽得其一則一陽生。盖陰極而陽生於子，則冬至矣，今之十一月是也。其卦爲復䷗，爲其一陽在下，而五陰在上也。二陽而四陰則爲十二月，其卦爲臨䷒。三陽而三陰則爲正月，其卦爲泰䷊。四陽而二陰則爲二月，其卦爲大壯䷡。① 五陽而一陰則爲三月，其卦爲

① ䷡，原誤作䷊。

夬䷪。① 六昼而皆陽則爲四月，其卦爲乾䷀。

陽極而陰生於午則夏至矣，今之五月是也，其卦爲姤䷫，②爲其一陰在下，而五陽在上也。二陰而四陽則爲六月，其卦爲遯䷠。③ 三陰而三陽則爲七月，其卦爲否䷋。四陰而二陽則爲八月，其卦爲觀䷓。④ 五陰而一陽則爲九月，其卦爲剥䷖。六昼而皆陰則爲十月，其卦爲坤䷁。

自一陽生而爲復，進進不已，至於純陽之乾而終焉。自一陰生而爲姤，⑤進進不已，至於純陰之坤而終焉。以此見天数之運，周而復始者也。

漢將相起微賤

傅説夆於版築之間，膠鬲夆於魚盐之中，管夷吾夆於士，孫叔敖夆於海，百里奚夆於市。《告子下》。嘗觀孟軻氏皆以"苦其心志，勞其筋骨"，以至"動心忍性，曾益其所不能"，乃天之將降大任於是人，是常人付天於不可柰何，而聖賢止以人事爲天命而已，其深矣哉。然則有志之士，其遇患難，嘗險阻，行貧賤，皆安之若自然，此乃天之降大任也。

至於西漢之初，高祖所用將相，亦莫不然。有如蕭、曹起於刀筆，⑥韓信起於賤隸，《梅福書》云："拔於行陳。"陳平起於亡

① ䷪，原誤作䷾。
② ䷫，原誤作䷿。
③ ䷠，原誤作䷡。
④ ䷓，原誤作䷒。
⑤ "自"，四庫本作"至"。
⑥ "有如蕭曹"，原爲注文，據知不足齋本改。四庫本無"有如"二字，"蕭曹"爲正文而非注文。

命，《梅福書》。周勃起於吹簫，叔孫通起於枹鼓，《解嘲》。黥布起於黥徒，彭越起於狗盜，樊噲起於屠狗，灌嬰起於販繒，夏侯嬰起於廐御，《史記》云"廐御"，《敍傳》云"廐騶"。酈商起於庸夫，吴芮起於江湖，各見本傳並敍傳。皆能攀龍附鳳，依乘風雲，化爲侯王，勒功帝籍，流慶後昆。孰謂漢將相名臣可以微賤而少之！

漢兵唐兵

《後漢·匈奴傳》云："漢兵若雷風。"《唐·高昌傳》云："唐兵如日月。"雖一以威勝，一以明勝，然終未若堯舜不戰而屈人兵也。[1]

唐因亡以女禍

唐高祖乘隋季荒乱，因晋陽宫女之侍而見劫於子，以成起義之志而得天下。故太宗有妻嫂之醜，[2]高宗有妻武昭儀之醜，明皇有妻楊太真之醜，盖不謹於初，世有女禍，始以是而成之，亦終以是而敗之。

---

① 按，揚雄《法言·問道》："狙詐之家曰：'狙詐之計，不戰而屈人兵，堯舜也。'"

② 按，太宗妻嫂事未詳。《新唐書·太宗子列傳》載"楊妃生福"，"趙王福，貞觀十三年始王，出後隱太子"。蓋因太宗把李福出繼給了隱太子李建成，故有人猜測楊氏原爲李建成妻妾。

太宗戒官吏

太宗皇帝御書“尔俸尔禄，民膏民脂，下民易虐，上天難欺”四句，以戒監司守令，民到於今受其賜，德至渥也。蓋本蜀後主孟氏昶《敓令箴》，以箴誡宗人之辭，九十二韻，二十四句，九十六字。而帝實摘取之，始見夫辭簡而意嚴，詳略有體，故併録之於左：

朕念赤子，旰食宵衣，託之令長，撫養惠綏。政在三異，道在七絲，驅雞爲理，留犢爲規。寬猛得所，風俗可移。无令侵削，无使瘡痍。下民易虐，上天難欺。付与是切，[1]軍国是資。朕之賞爵，固不踰時。尔俸尔禄，民膏民脂，爲民父母，莫不仁慈。勉尔爲誡，體朕无私。宋乾德三年景焕《野人闲話》。

死生以義爲重

古人処死生之際，必以義而權其輕重，不然，生爲徒生，死爲徒死耳。顔杲卿罵安禄山，顔真卿抗李希烈，段秀實擊朱泚，此以死爲輕也，而人重之。王衍拜石勒，哥舒翰拜安禄山，李元平拜李希烈，此以死爲重也，而人輕之。

微子、箕子，爲義而生者也；比干，爲義而死者也。夷、齐之死，其諸愧後之臣懷二心者与？屈平之死，其諸愧後之君好讒佞者与？申生、伋壽之死，其諸愧後之父母有憎愛者与？左儒之死，其諸愧後之友不相救者与？刘恕《周宣王外紀》。貫高之死，其諸愧後之客反咎主者与？《前漢·陳餘傳》。

---

① 付与，四庫本及《蜀檮杌》所載作“賦役”。

孝貴通古今

了翁陳瑩中自云:"予元豐乙丑爲礼部貢院點檢官,適与校書郎范公淳夫同舍。公嘗論顔子之不迁不弍,唯伯醇有之。予問公曰:'伯醇誰也?'公默然久之,曰:'不知有程伯醇耶?'予謝曰:'生長東南,实未知也。'時予年二十有九矣。自是以来,嘗以寡陋自愧,乃作《責沈文》。"張欽夫爲之跋曰:"公壯歲未聞前輩先兖之名,遂終身以爲歉,至引葉公之事自責。葉公沈諸梁,故名其文曰《責沈》。"葉公姓沈,名諸梁,字子高,食邑於葉,僭称爲公。不知孔子之爲人,故問於子路。子路以爲彼何足以知吾夫子,故不對。了翁乃引此以自責,故曰責沈。見《述而篇》注。非夫尊德樂道不自滿假,何以臻此?其視唐張由古以"班孟堅文章爲何関班固事",《大唐新語》云:張由古素无孝術,歷官臺省,嘗於众中歎班固文章不入《選》。或謂之曰:"《两都賦》、《燕山銘》、《典引》等並在《文選》中,何云无?"由古曰:"此並班孟堅文章,何干班固事!"聞者莫不絶倒。宋朝楊大年知貢夆時,夆子问"堯舜是幾事",異矣。《褚志》云:楊大年主文,夆子上請堯舜是一事,是两事。① 荅云:"如此疑事,不須使也得。"蓋程伯醇今人也,不知猶不可,堯、舜、班固不知可乎?學者可不懋戒之哉!

塗注乙

今進士書試卷,末云"塗注乙共計若干字",唐時已有此語。韓愈《讀鶡冠子》有曰:"余三讀其辝而悲之,文字脱謬爲

---

① "主",原誤作"在"。按,見江休復《江鄰幾雜誌續補》。

之正三十有五字，[1]乙者三，減者二十有二，注者十有二字云。"刘蜕《文塚銘序》云："实得二千一百八十紙，有塗者、乙者，有注揩者，有覆背者，有朱墨圍者。"[2]

癖

性癖之不同，如人面焉。阮籍有酒癖，《晋》。陸羽有茶癖，《唐》。和嶠有錢癖，王済有馬癖，並《晋》。李憕有地癖，杜牧有睡癖，王福畤有礜兒癖，[3]並《唐》。蔡師魯有勇癖，杜甫《送師魯詩》："蔡子勇成癖。"張遼養勇鋭成癖，東坡説。皆旡足貴者。

惟杜預有《左傳》癖，《晋》。简文帝有詩癖，《梁》。楊欽有文癖，《唐》。白楽天云"我癖在章句"，《山中吟》。杜子美云"爲人性癖躭佳句"，[4]李建中云"我亦生來有書癖"，李西臺建中師楊凝式書而作此詩。至於今稱之。唐相中崔郎中以《三癖詩》寄刘禹錫，自言癖於詩与琴、酒。禹錫以詩荅云："視事書屏中，自称三癖翁。"[5]

癡

王湛爲癡叔，顧凱之有癡絶。並《晋》。竇威書癡，《唐》。許褚虎癡，魏許褚如虎之癡。[6] 任育長有情癡。任育長從棺底下流

① "五"，四庫本作"七"。
② "圍"，四庫本作"圈"。
③ "畤"，原作"時"，據四庫本、知不足齋本改。
④ "躭"，原作"酖"，據四庫本及杜甫詩《江上值水如海勢聊短述》改。
⑤ "視事"，原誤作"祖來"。
⑥ "之"，原作"如"，據四庫本、知不足齋本改。

涕悲哀,王丞相聞之曰:“此是有情癡。”楊再思癡宰相,《唐》。張方回癡漢子,《天宝遺事》。馮道癡頑老子。

聖

董貝《易》聖,[①]唐。張芝、鍾繇、衛協、張墨書聖,[②]張旭草聖,唐。楊子華畫聖,北齐。阮簡、嚴子卿、馬浮明《抱朴子》。棊聖,[③]晋。李白醉聖,唐。張衡、馬忠木聖。[④]《抱朴子》云:善刻刺之巧,故曰木聖。

仙

白居易詩仙,唐。夏侯隱者睡仙,[⑤]王績酒仙,唐。杜牧詠茶仙,[⑥]牧之《春日樂山病》詩云:“誰對病太守,猶得作茶仙。”老杜歌飲中八仙,本集。李成水墨仙,李成,北海营丘人,能畫山水。東坡云:“公名爲水墨仙。”崔微之蓬萊最後仙,白居易《寄崔十八曹長兼

---

① 按,董貝,未詳。唐有衛大經,有“《易》聖”之名。《新唐書·隱逸傳·衛大經》:“大經邃於《易》,人謂之‘《易》聖’。”

② 按,葛洪、張彦遠云衛協、張墨爲“畫聖”,彦云“書聖”,顧氏《校補》引《抱朴子辨問》“衛協、張墨於今有書聖之名焉”,則顧氏所見《抱朴子》作“書聖”。又顧氏《校補》:“‘張芝鍾繇衛協張墨’,當作‘張芝(漢)鍾繇(魏)衛協張墨(抱朴子)’,皆脱注也。”

③ “浮”,知不足齋本、《抱朴子》作“綏”。顧氏《校補》:“‘阮簡嚴子卿馬浮明棊聖’,當作‘阮簡(晋)嚴子卿馬浮明(抱朴子)棊聖’,此下或原有空格,注錯倒也。”

④ “馬忠”,《抱朴子》作“馬均”。

⑤ 按,《類説》卷三引南唐沈汾《續仙傳》:“夏侯隱每登山渡水,閉目美睡,同行聞其鼾聲而行不蹉跌,謂之睡仙。”周密《齊東野語·晝寢》:“杜牧有睡癖,夏侯隱號睡仙。”

⑥ “詠”,四庫本作“之”。

寄崔微之》詩曰:“吴興卑小君應屈,爲是蓬萊最後仙。”注云:“貞元間登科者八人,崔之名居末,自詠云:‘人間不會雲間事,應笑蓬萊最後仙。’故今有落句戲之。”李白自號酒仙翁,李白《爲金陵與諸賢送權十一序》自號“酒仙翁”。[1] 又號謫仙。

殺妻食子

吴起之殺其妻,易牙之殺其子,樂羊之食其子,是皆忘其所甚愛而貪其所不必爲也,真忍人哉!

西施乳舌

江淮有河豚,吴人目其腹腴爲“西施乳”。《雌黄》。福州嶺口有蛤,閩人号其甘脆爲“西施舌”。《詩説雋永》。故東坡居常州,頗嗜河豚,而里中士大夫家有妙於烹是魚者,招東坡享之。婦子傾室闖於屏间,冀一語品題。東坡下箸大嚼,寂如喑者,闖者失望相顧。東坡忽下箸云:“也直一死。”於是合舍大悦。噫!東坡誠有味其言。使嗜色如嗜河豚者而不知戒,皆不免於死。噫!東坡誠有味其言。

託名

齐魯大臣,史失其名,孟献子五友,孟子忘其三,彼女子者獨何幸歟?黄四娘以花而託名於詩史,公孫大娘、李十二

---

① “權”,原作“莊”。

娘以彝劍而託名於是詩，[①]並見杜詩。十八娘以荔枝而託名於蔡君謨之譜。《荔支譜》。

杜秋娘以寵幸而託名於杜牧之詩，余媚娘以介潔能詩而得名，柳枝娘以喜誦《燕臺詩》而得名，泰娘以善琵琶而見取於韋尚書，[②]並《麗情集》。杳娘又因拆字而取重於隋煬帝，《南部煙花記》：煬帝會飲，爲拆字令，謂杳娘曰："我取杳字爲十八日。"以至窈娘、《本事詩》：唐喬知之婢窈娘，武承嗣留之，喬作詩以達窈娘，結詩裙帶，遂赴井而死之。踏摇娘、《隋唐嘉話》云：隋末河間有人使酒，自号郎中，醉必毆其妻。妻美而善歌，好事者呼爲踏摇娘，今轉爲踏容娘也。《教坊記》作"踏娘譙"。顔大娘、《教坊記》：顔大娘善能歌舞。玉巵娘、[③]《幽怪録》：崔書見一女郎，娶之。[④] 胡僧曰："君所納妻，王母苐二女玉巵娘，子可住一年，家必仙矣。"盧眉娘、《杜陽雜編》：順宗時，南海貢奇女盧眉娘，能於一尺綃上绣《法華經》如粟米。[⑤] 王大娘、《明皇雜録》：明皇御勤政楼，大張音樂，教坊王大娘善戴竿於百尺上，爲木山狀。[⑥] 杜韋娘、《本事詩》：李司空邀刘禹錫飲，命妓樂以送酒。刘賦詩曰："踈鬢雲鬢宫樣妝，春風一曲杜韋娘。司空見慣渾闲事，断盡蘇州刺史腸。"李以妓贈之。謝秋娘、《樂府雜録》云：李衛公爲亡妓謝秋娘撰《望江南》。隱娘、《漁樵閒話》云：唐大將聶鋒有女名隱娘，忽爲乞丐足攜至岩洞中，与□教習擊刺之法。[⑦] 真娘，《雲溪友議》云：吳門女郎真

---

① 四庫本無"而託名於詩史"六字。"是詩"，四庫本、知不足齋本並作"杜詩"。

② "以"，原作"又"，據四庫本、知不足齋本改。

③ "玉巵"，原作"王巵"，據四庫本、知不足齋本改。

④ "娶"，原作"聚"，據四庫本、知不足齋本改。

⑤ "南海"，原作"商海"，據四庫本、知不足齋本改。

⑥ "張"，原作"娘"，據四庫本、知不足齋本改。

⑦ "足"，四庫本無，知不足齋本作"人"。"与"下一字漫漶不清，四庫本無此字，知不足齋本作"藥"。

娘，死葬虎丘山，時人比之蘇小小。夆子諱銖題墓云："虎丘山下塚纍纍，松栢蕭條即可悲。何事世人惟重色，真娘墓塚独留詩。"①皆以其一技一能稱，況有節義而鳴於世者，得不大書特書屢書於青史者哉？然則爲男子者可不勉諸？

若夫廣州酒名甜娘，東海酒名二娘，荔枝名絳衣娘，鸚鵡名雪衣娘，則物亦有借重耳。

草木冬青

古今詞人多以草木冬青而寓之言，如班固《西都賦》云"靈草冬榮，神木叢生"，又《東京賦》云"脩竹冬青"，左思《蜀都賦》云"寒卉冬馥"，宋玉《高唐賦》云"玄木冬榮"，曹子建《朔風詩》云"桂樹冬榮"，陶潛《四時詩》云"冬嶺秀孤松"，杜甫《成都府》詩云"季冬樹木蒼"。蓋當時而盛者，不必言也；非時而盛者，爲可言也。

屏風兒

今人表記草録謂之"屏風兒"，何也？予按周文忠公《玉堂雜記》云：内制名色不一，故凡詞頭之小者，院吏必以片紙録旧作於前，謂之"屏風兒"。

---

① "友議"，原誤作"友詩"。"諱銖"，四庫本作"韓諱"，知不足齋本作"韋諱"。"真娘墓塚独留詩"，"娘"原誤作"上"。按，今本范攄《雲溪友議·譚生刺》："真娘者，吴国之佳人也，時人比於蘇小小，死葬吴宫之側。行客感其華麗，競爲詩題於墓樹，櫛比鱗臻。有舉子譚銖者，吴門秀逸之士也，因書絶句以貽後之來者。睹其題處，經遊之者稍息筆矣。詩曰：'武丘山下塚壘壘，松柏蕭條盡可悲。何事世人偏重色，真娘墓上獨題詩。'"

祭之明日

祭之明日又祭，殷曰“肜”，“《高宗肜日》”是也；周曰“繹”，《絲衣》“繹，賓尸”是也。

卷之十八

盧陵孫奕季昭撰

字説

畫譌

夫止戈之爲"武",門玉之爲"閏",[1]皿蟲之爲"蠱",反正之爲"乏",日月之爲"明",欠土之爲"坎",人言之爲"信",如心之爲"恕",具載經傳,炳炳如丹,則古人制字之謹嚴,不可一毫加損也。自俗書淈亂,失其本真,後李縁訛襲舛,不可勝紀。今略是正之:

錬近鍊。音東。卬近邛。音蛩。鉛近鈆。音鐘。肜近彤。音馨。逢近逄。音寵。趨近趍。音摛。羡近羨。音夷。[2] 佳近

① "玉",四庫本、知不足齋本並作"土"。按,《周禮·地官·大史》:"閏月,詔王居門,終月。"

② 知不足齋本此下有盧文弨注:"《學林》云:'字書云羡字音似面切,欲也,又延面切,餘也,延也。《前漢書·地理志》江夏郡有河羨縣,晋灼注云:羨,音夷。此又羡字之有别音者。'"

佳。音錐。睢近睢。音雖。[1] 蛇近虵。音迤。[2] 朽近杇。[3] 音烏。母近毋。音無。椓近椓。音豬。切近切。音勤。[4] 窘近宭。音羣。紙近紙。音底。[5] 第近苐。音題。巡近廵。音沿。簡近蕑。音姦。禪近禪。音單。届近屆。音田。次近㳄。音涎。淖近淖。音潮。祅近祆。[6] 音妖。本近夲。音滔。[7] 諂近謟。音韜。美近羙。音羔。余近佘。音奢。段近叚。音遐。秏近耗。音毛。[8] 惕近愓。音觴。横近撗。音黄。餳近餳。音唐。易近昜。音陽。滴近滴。音傷。錫近鍚。音陽。船近舡。音航。蚘近蚢。音剛。艽近艽。音交。艽近艽。[9] 音求。杯近抔。音裒。延近延。[10] 音征。鵬近鵬音明。卯近夘。音卿。麥近夌。音陵。觓近觓。[11] 音求。罙近罙。[12] 音深。芩近芩。音琴。貟近負。音裴。以上平聲。

---

① "雖",原作"錐"。

② "虵",原作"蛇",據知不足齋本改。四庫本作"虵"。

③ "朽近杇",原作"杇近杇",據四庫本、知不足齋本改。

④ "切近切",知不足齋本作"切近切",注云:"音砌。"顧氏《校補》:"'切近切(音砌)',案此必誤也。下文云'以上平聲',不得如今本甚明,且就文亦不可通。當作'扮近枌(音汾)',以形似而譌。"

⑤ 底,知不足齋本作"低"。

⑥ "祅近祆",知不足齋本作"祆近祅"。

⑦ "滔",四庫本作"滔"。

⑧ 知不足齋本有孫志祖案:"秏,《説文》作秏一字也。

⑨ "艽近艽",原作"艽近艽",據四庫本、知不足齋本改。

⑩ "延",原作"延",據知不足齋本改。顧廣圻《校補》:"今刻依或校改'延'爲'延'者非。"

⑪ "觓",原作"觓",據四庫本、知不足齋本改。

⑫ "罙近罙",四庫本作"罙近突",知不足齋本作"罙近突"。

揀近揀。音董。① 芊近芈。音敉。胏近胇。音茀。② 駚近駛。音史。苐近第。音滓。泚近泚。音此。改近攺。③ 音巳。豐近豊。音禮。疊近亹。音尾。秬近柜。④ 音舉。茅近芧。音序。鬻近鬻。⑤ 音□。⑥ 瘦近瘐。音愈。款近欵。音靄。匸近亡。⑦ 音隱。東近柬。音簡。篇近萹。音扁。謏近謏。音小。芍近芍。音畠。窔近窔。音杳。⑧ 匹近疋。音雅。段近叚。音假。哂近啞。⑨ 音亞。邛近卬。音仰。四近罒。音罔。⑩ 儁近雋。音吮。丐近丏。音免。寀近宷。音審。傒近徯。音喜。以上上聲。

隸近肄。音異。糸近系。音係。遲近遟。音值。⑪ 屝近屝。音翡。諡近謚。⑫ 音示。无近旡。⑬ 音既。昇近异。⑭ 音忌。圑近團。音附。伏近伏。音大。戾近戾。⑮ 音大。須近湏。

---

① "揀近揀",原作"揀近揀",顯誤。四庫本作"揀近揀"。知不足齋本作"揀近揀",原注作:"音董。"按,四庫本不知何據,當以知不足齋本爲近是,然誤倒二字之序,其注"音董"亦據倒後字而臆加。

② "胏近胇",四庫本、知不足齋本並作"胏近胇",原注並作"音滓。"

③ "改近攺",原作"攺近攺",據知不足齋本改。

④ "柜",原誤作"柜"。

⑤ "鬻近鬻",原作"鬻近鬻",據四庫本、知不足齋本改。

⑥ "□",原漫漶不清,四庫本、知不足齋本並作"煮"。

⑦ "匸近亡",四庫本作"亾近亡",知不足齋本作"亡近亡"。顧廣圻《校補》:"案此必誤也,就文不可通以音推之,當作'乚近乚(音隱)'的然無疑。'乚'即燕乚字,當時如此作,原出於隸,今楷作'乙',微異。"

⑧ "杳",四庫本、知不足齋本並作"夭"。

⑨ "哂近啞",原作"哂近哂",據四庫本、知不足齋本改。

⑩ "罔",四庫本、知不足齋本並作"岡"。

⑪ "值",四庫本作"棲"。

⑫ "謚",原作"訕",據四庫本、知不足齋本改。

⑬ "无",原作"旡",據四庫本、知不足齋本改。

⑭ "昇近异",四庫本作"昇近异",知不足齋本作"畀近畁"。

⑮ "戾",原作"戾",據四庫本、知不足齋本改。

音類。闕近閑。音飯。清近凊。音倩。杓近杓。音進。丐近丏。音眄。縛近縛。音篆。裸近祼。音貫。菀近莬。音問。由近凷。音塊。勱近勸。音邁。[①] 沫近沬。音昧。湅近涑。音練。涸近涸。音固。孝近斈。音教。吒近叱。音化。突近窔。音要。西近覀。音亞。受近受。[②] 音到。福近福。音副。袖近袖。音溜。楝近揀。[③] 音練。恨近悢。音諒。廷近迋。音旺。炙近灸。音究。[④] 裹近裛。音袖。以上去聲。

甪近角。[⑤] 音禄。玉近王。音垦。[⑥] 苗近苖。音蓄。[⑦] 朴近扑。音撲,教刑。澤近澤。音鐸。洛近洺。音涸。筆近葟。音律。劍近釰。音日,鈍也。僭近借。音鐵。[⑧] 首近荁。音蔑。商近啇。音滴。柝近析。音昔。愁近惄。音惕。脈近脈。音覓。[⑨] 伯近佰。音陌。霸近覇。音魄。[⑩] 取近耴。音輒。惚近愡。音忽。沐近沭。音术,水也。押近柙。音狎。袷近祫。音夾。眛近昧。音末。味近昧。音末。戊近戉。音越。臼近曰。音匊。[⑪] 束近朿。[⑫] 音棘。魔近魘。[⑬] 音歷。以上入聲。

---

① "邁",原作"萬",據四庫本、知不足齋本改。
② "受",原作"受",據四庫本、知不足齋本改。
③ "楝",原作"揀",據四庫本、知不足齋本改。
④ "究",四庫本作"宂"。
⑤ "角",四庫本、知不足齋本並作"甪"。
⑥ "音垦",知不足齋本作"音夙玉",顧氏《校補》以爲當作"音夙,玉工"四字而"工"字脱,引《玉篇》"王,玉工也",《集韻》、《類篇》"王,琢玉工也"爲證。
⑦ "苗近苖",知不足齋本作"苗近苖",原注作"音笛"。
⑧ "鐵",四庫本作"銕"。
⑨ "脈近脈",四庫本作"衇近脈",注作"皆音脈"。"覓",知不足齋本作"脈"。
⑩ "音魄",四庫本作"此即音𩲸"。
⑪ "臼",原作"曰",據四庫本、知不足齋本改。"匊",知不足齋本作"菊"。
⑫ "束",原作"朿",據四庫本、知不足齋本。
⑬ "魘",原作"魔",據知不足齋本改。

凡此皆畫之相近而訛也。

如虡、虔、虎、虞、虛、虐、慮、虜、盧、廬、臚、鑪、櫨、纑、艫、籚、蘆、顱、樝、據、噱、劇、鐻、遽皆從“虍”，而俗皆從“厓”。①決、減、滅、況、涼、沍、沖、淒、準、盜、梁、粱、潔、羨、渠皆從“水”，而俗皆從“冫”。《隨筆》云：書字有俗体一律不可復改者，如沖、涼、流、減、決五字，悉以“水”爲“冫”，筆陵切，与氷同，《玉篇》正收入於水部中，而冫部之末亦存之。而皆注云“俗与氷同”。具、俱、縣、懸、殖、植、埴、稙、犆皆從“具”，②而俗從“且”；堯、③曉、驍、燒、曉、鐃、澆、僥、橈、撓、鐃皆從“堯”，而俗從“尧”。④ 命、卻、俗作却。印、卯、卹、卸、卿、節、即、抑、陵、陰、陽、陸、阿、陂、阪、隅、險、限、阻、隗、陋、陜、陟、陷、隰、降、隍、阬、防、隄、隘、隔、障、隩、附、隈、阮、陳、陶、阽、除、阼、陛、隙、際、隍、陪、隖、陲、院、隆、陀、陞、阡、陌、隧、隋、墮、隮、陣、陘皆從“阜”，而俗從“邑”。⑤ 郤、去戟切，姓也，邑也。邦、鄢、鄭、鄰、郊、鄙、都、鄭、郡、郵、郛、部、郁、鄘、邠、鄠、郝、酆、邸、⑥廓、鄆、邛、郗、鄩、郕、⑦邗、邵、邑也。鄍、邲、邢、⑧郇、鄴、祁、邯、鄲、鄃、郅、鄧、郢、鄂、郘、鄘、郥、郫、那、鄱、部、郎、郴、邾、黎皆從“邑”，

---

① “厓”，原作“虎”，據知不足齋本改。

② “皆從具”，四庫本作“皆從直”，知不足齋本作“皆從且”。

③ “堯”，知不足齋本作“垚”。

④ “尧”，知不足齋本作“古”。

⑤ 顧氏《校補》：“‘皆從阜而俗從邑’，當作‘皆從阝(阜)而俗從卩’，鈔及明刻皆誤，不可通。下條同。”

⑥ “邸”，知不足齋本作“邸”。

⑦ “郕”，四庫本作“邶”。

⑧ “邢”，四庫本作“邡”。

而俗從“阜”。[①] 廛、瀍、躔、纏、廳、廚、廨、廥、廁、庤、庬、厚也。廝、㾡、廈、廜、厤、庁、座皆從“广”,而俗從“厂”。曷、葛、謁、竭、歇、揭、褐、偈、喝、愒皆從“曷”,而俗從“昜”。[②] 偏、徧、遍、編、篇、扁、褊皆從“户”,而俗從“尸”。眞、寘、顛、塡、縝皆從“眞”,而俗從“真”。朁、贊、譖、潛、[③]簮、[④]鐕、纘、酇皆從“兟”,而俗從“扶”。參、繆、謬、醪、膠、廖、瘳皆從“参”,而俗從“尒”。宜、寫、富、寇、蔻皆從“宀”,而俗從“冖”。吳、[⑤]誤、娛、悞皆從“吳”,而俗從“吴”。瞻、贍、澹、甔、檐、擔、襜、儋皆從“詹”,而俗從“詹”。船、沿、鉛皆從“㕣”,而俗從“公”。曼、冒、冕皆從“冃”,而俗從“曰”。諍、淨、靜皆從“爭”,而俗從“争”。跨、誇、侉、洿皆從“夸”,而俗從“夸”。朁、[⑥]叡、濬皆從“朁”,而俗從肜。旨、[⑦]脂、詣、嘗皆從“旨”,而俗從“百”。[⑧] 效、敫皆從“攵”,[⑨]而俗從“力”。羈、羇皆從“罒”,而俗從“襾”。協、博皆從“十”,而俗從“忄”。補、褊、袷、裸、裎、袓、裼皆從“衣”,而俗從“示”。

“兆眹”之“眹”、“眼瞼”之“瞼”皆從“目”,而俗從“月”。“亂臣十人”之“亂”從“系”從“乚”,正音治,而俗從𤔔,乃音

① 顧氏《校補》:“‘皆從邑而俗從阜’,當作‘皆從阝(邑)而俗從卩’。《五經文字》云:阝部音邑,卩部音節。阜部又作阝。此二條分别同。彼阝(邑)阝(阜)形同,而讀隨左右爲異。”

② “昜”,知不足齋本作“匃”。

③ “潛”下,知不足齋本有“皆從兟”三字。

④ “簮”下,四庫本有“皆從兟”三字。

⑤ “吳”,顧氏《校補》以爲衍,當是。

⑥ “朁”,顧氏《校補》以爲衍,當是。

⑦ “旨”,顧氏《校補》以爲衍,當是。

⑧ “百”,四庫本作“旨”。

⑨ “攵”,四庫本作“攴”。

亂。“勑天之命”之“勑”從“來”從“夂”，[①]正音飭，而俗從“來”從“力”，乃音賚。壻、坼皆從“土”，而俗書上從“女”，下從“手”。《左傳》“忨歲愒日”之“忨”，吾官切，從忄，而俗從“習”。

凡此皆偏旁之訛也。

穀、穀並音谷，上禾實，下楮名。籠、蘢並音礲，上竹器，下草名。鐘、鍾並音終，上樂器，下酒器。伶、泠並音零，上伶人，下泠汀。箴、葴並音針，上箴誡，下草名。肇、肈並音兆，上肇始，下肈擊。[②] 泮、泮並音判，上泮宮，下氷釋。邵、卲並音紹，上姓也，下高也。胄、[③]胄並音宙，上裔也，下兜鍪。祓、袚並音拂，上除恶，下蛮衣。籥、蘥並音約，上管籥，下草名。祛、袪並音墟，上衣袂，下攘却。奕、弈並音亦，上大也，下圍棋。況、况並音貺，上矧也，譬也，下寒冰。[④] 觴、鬺並音商，上觶也，下烹也。登、豋並音灯，上升車，下禮器。昬、昏並音婚，[⑤]上暝也，下目暗。

凡此皆聲同而畫異也。

聲譌

字音之譌甚於樂音之譌久矣，李者之病乎此也。如“厎定”之“厎”與“旨”同音，致也，至也，平也，上无點。俗呼爲“底”。

---

① 二“勑”字，四庫本均作“敕”。“夂”，四庫本作“攴”。

② “肇肈”至“肈擊”，原作“肈、肇並音兆，上肈始，下肇擊”，據四庫本、知不足齋本改。

③ “胄”，原作“胄”，據四庫本改。

④ “矧也，譬也”原誤作注文。

⑤ “昬”，原作“昏”，據四庫本、知不足齋本改。

見十一薺韻。上有點，止也，下也，滯也。“福祉”之“祉”與“恥”同音，俗呼爲“止”。“懈怠”之“懈”音“廨”，俗讀爲“邂”。“忽遽”之“遽”爲“詎”，俗讀爲“據”。“芥蔕”之“蔕”當讀曰“薑”，俗曰“帝”。“旱暵”之“暵”當讀曰“漢”，俗曰“歎”。“寅卯”之“寅”音“夷”，俗以爲“寅畏”之“寅”。“伏臘”之“臘”音“蠟”，俗以爲“田獵”之“獵”。“芒”合音“亡”，而以爲“茫”。“沛”合音“貝”，而以爲“佩”。“恒”合音“行”，而爲“常”。“挫”合音“佐”，而爲“坐”。“槁”合音“考”，乃以爲“稿”。① “旰”合音“幹”，乃以爲“汗”。

平聲有：以恫通。爲同，以娀崧。爲戎，以爰凶。爲蛩，以逄龐。爲逢，以髳蒙。爲矛，以鱅慵。② 爲庸，以松鍾。爲充，以榰枝。③ 爲耆，以廝斯。爲廁，以萁音期，豆萁。爲箕，以澌斯。爲西，以郿貲。爲晋，以郫皮。爲卑，以裨音卑，補也。爲皮，以裨音脾，偏也。爲卑，以椸移。爲衣，以椅猗爲倚，以嫣圭。爲揮，以濉雖。爲睢，以泜墀。爲低，以黟伊。爲移，以邿詩。爲寺，以腓肥。爲非，以痱肥。爲扉，以磯機。爲岐，以褘揮。爲韋，以崎祈。爲欹，以璩渠。爲遽，以砠趄。爲徂，以滁儲。爲塗，以臚閭。爲盧，以娛愚。爲吳，以迂于。爲紆，以斞拘。爲爽，以絇劬。爲句，以泭孚。爲附，以跗膚。爲付，以繻需。爲儒，以殳殊。爲投，以痡鋪。爲逋，以苽孤。爲瓜，以郚吾。爲俁，以栖西。爲妻，以悽西。爲萋，以撕西。爲斯，以鵜啼。爲弟，以蠡音梨，瓢也，測海。爲螺，以枅笄。爲牽，以嵇兮。爲稽，

① “稿”，原作“槁”，據四庫本改。知不足齋本作“稾”。
② “慵”，四庫本作“墉”，知不足齋本作“傭”。
③ “枝”，四庫本、知不足齋本並作“技”。

以畦携。爲葵，以狴饱。爲皮，以鞖鞋。爲奚，以佳皆。爲嘉，以悝恢。爲里，以桅嵬。爲危，以祴諴。爲戒，以璡津。爲遵，以恂荀。爲旬，以紃旬。爲荀，以櫄椿。爲熏，以畇匀。爲均，以畚均。爲瑩，以姺莘。爲先，以蟁蚊。爲氓，以饙分。爲墳，以棼汾。爲分，以鄖云。爲員，以惷熏。爲君，以皸軍。爲涓，以璠翻。爲煩，以飧孫。爲飡，①以跟根。爲銀，以糜門。爲糜，②以奸干。爲姦，以襌丹。爲襌，以躝闌。爲蔄，以槾摱。爲謾，以攽班。爲汾，以貛歡。爲觀，以煓湍。爲端，以鍰環。爲爰，以蔄艱。爲簡，以虇箋。爲薦，以舷絃。爲玄，以躚仙。爲遷，以鬋煎。爲剪，以挻羶。爲延，以鯿鞭。爲偏，以睃宣。爲悛，以佺銓。爲全，以顴拳。爲歡，以蜎淵。爲鵑，③以娟淵。爲涓，以澻遼。爲嘐，以梟澆。爲鴞，經傳惟《荀子·非十二子篇》"以梟亂天下"注："梟與鴞同。"以儌驕。爲激，以痟宵。爲肖，以膲焦。爲樵，以軺遥。爲迢，以珧姚。爲挑，以莜翹。爲收，以祅妖。爲夭，以胞抛。爲苞，以泡抛。爲匏，以蒘蒿。爲耨，以艘騷。爲搜，以轑牢。爲僚，以臑猱。爲濡，以柯哥。爲軻，以薖科。爲戈，以皤波。爲潘，以鄱婆。爲潘，以鞾靴。爲華，以杷琶。爲巴，以猳加。爲霞，以耞加。爲架，以媧瓜。爲蛙，以鋩亡。爲茫，以宋忘。爲氓，以斨鏘。爲戕，以鄣章。爲障，④以粻張。爲粮，以鏜湯。爲堂，以牂莊。爲羊，以翌皇。爲王，以芒亡。爲忙，惟《孟子》"芒芒然歸"音茫，與忙同。以秔庚。爲亢，以

① "飧"，四庫本、知不足齋本並作"餐"。
② "糜"，四庫本、知不足齋本並作"麇"。
③ "鵑"，四庫本、知不足齋本並作"涓"。
④ "鄣"，四庫本作"彰"。

䛫莖。爲經，以橙棖。爲登，以鯖征。① 爲晴，以螢熒。爲榮，以繒鄫。爲晴，以不紑。爲浮，以抔裒。爲杯，以駸侵。爲祲，以葠森。爲侵，以郯談。爲炎，以殲尖。爲纖，以縑兼。爲謙，以銛纖。爲尖，以緂郴。爲琳。

上聲有：以慫悚。爲爽，以甬勇。爲桶，以鉕項。爲垢，以砥枳。爲柢，以秕比。爲婢，以痞圮。爲缶，以時止。爲齒，以駛史。爲駃，以屺芑。爲紀，以虫虺。爲蟲，以鋙語。爲悟，以羜杼。爲貯，以詡煦。爲夆，以鄅矩。爲禹，以瘐愈。爲瘦，以譜補。爲普，以浦溥。爲補，以莆甫。爲蒲，以廡武。爲府，以姥姆。爲媪，以珇祖。爲阻，②以鄠户。爲雩，以泲濟。爲姊，以醍体。爲題，以櫑磊。爲累，以篿筍。爲巽，以惲韞。爲粉，以堇謹。爲僅，以阪反。爲板，以壼闔。爲壺，以蜑誕。爲延，以梡款。爲完，以盥管。爲澣，以侃衎。爲罕，以産滻。爲鏟，以扁音辮，扁鵲。爲褊，以靦腆。爲勉，以俛免。爲晚，以沇兖。爲允，以讜黨。爲儻，以窉丙。爲病，以璟冏。爲景，以褧頃。爲冏，③以悻脛。爲荇，以涬脛。爲杏，以剄頸。爲經，以晻暗、俺二音。爲痷，以憺淡。爲贍，以玁險。爲儼。

去聲有：以玒貢。爲工，以晬粹。爲翠，以篲音遂，帚也。爲慧，以彗音遂，星也。爲惠，以魅媚。爲昧，以鼻備。爲弼，以穗遂。爲惠，以异異。爲忌，以剸裁。爲事，以駛使。爲吏，以惎忌。爲記，以哺步。爲餔，以輅路。爲各，以媲脾。爲畀，以捂悮。爲梧，以薜避。爲癖，以嚏帝。爲替，以禊系。爲契，以

① “征”，四庫本作“正”。
② “珇”，四庫本作“坦”，注作“祖”。
③ “頃”，四庫本作“熲”。

縊曳。爲繼，以筀桂。爲圭，以繐歲。爲惠，以漸制。爲浙，以帨税。爲兑，①以轊衛。爲彗，以橛劂。爲厥，②以鱖貴。爲厥，以蕞倅。爲撮，以禬會。爲鱠，③以噦翽。爲嘒，以鄶鱠。爲會，以廥膾。爲會，以薈懀。爲會，以藹愛。爲靉，以繣畫。爲或，以態代。爲泰，以犗介。爲轄，以話壞。爲化，以碓對。爲戴，以戴帶。爲對，以邶佩。爲背，以誶碎。爲倅，以晬最。爲脆，以埭代。爲棣，以代太。爲待，以駿浚。爲俊，以焮釁。爲欣，以閈捍。爲幹，以矸岸。爲幹，以擐患。爲還，以轘官。爲環，以覵諫。爲閑，以莧限。爲現，以濺箭。爲賤，以掾院。爲椽，④以鄄絹。爲湮，以徼叫。爲竅，以噍誚。爲醮，以犦豹。爲暴，以櫂棹。爲擢，以虣暴。爲虣，以奈糯。爲耐，以挫佐。爲座，以擭化。爲獲，以舫放。爲紡，以宕蕩。爲實，以矴訂。爲釘，以賸剩。爲應，以鷲就。爲促，以籀胄。爲溜，⑤以窌溜。爲窖，以唅憾。爲含，以緻稚。爲致，以翥注。爲烎，以蒟句。爲矩。

入聲有：以濮卜。爲僕，以扑撲。爲朴，以毣木。爲翼，以瘯蔟。爲族，以倏叔。爲倐，以謖縮。爲稷，以儥育。爲賣，以嚳酷。爲梏，以韣獨。爲燭，以蕒續。爲讀，以榷各。爲確，以柷俶。爲祝，以俶觸。爲叔，以搉各。爲恪，以葯握。爲約，以稍朔。爲削，以譯亦。爲日，以郅質。爲織，以隲質。爲職，以悉膝。爲息，以膝悉。爲漆，以聖唧。爲即，以佾逸。爲益，以

① “帨”，四庫本作“悦”。“税”，四庫本作“悦”，知不足齋本作“棁”。
② “橛”，四庫本作“撅”。
③ “禬”，四庫本作“檜”。
④ “院”，四庫本作“阮”。
⑤ “籀”，四庫本作“籀”。

溢泆。爲亦，以鎰佚。爲抑，以乙壹。爲譎，以絀出。爲屈，以屈橘，姓。爲詘，以暨訖，姓。爲洎，以迄肸。爲訖，以羯訐。爲纈，以暍謁。爲竭，以昳迭。爲秩，以㓤掇。爲輟，以泬血。爲穴，以揲舌。爲攝，以埒劣。爲捋，以威呋。爲滅，以晢折。爲晢，以礿藥。爲灼，以雀爵。爲鵲，以繳斫。爲皎，唯《六家要指》云："名家苛察繳繞。"師古曰："繳，公鳥反。"以妁酌。爲約，以屩脚。爲蹻，以祏託。爲石，以壑涸。爲恪，以蠖臒。爲穫，①以舶白。爲泊，以唶窄。爲昔，以磧刺。爲積，以螫釋。爲敕，以祏石。爲託，以寔殖。爲實，以埸亦。爲埸，以集輯。爲習，以泣湆。爲吸，以鈒澀。爲靸，以部合。爲閤，以桔結。爲戞，以躃壁。爲鬩，以蹢的。爲擲，以鏑的。爲躑，以湜埴。爲實，以畟測。爲稷，以婕接。爲捷，以袷音劫，交領。爲夾，以袷音夾，衣无絮也。爲劫。

凡此皆聲之訛也。

惟"甄"有三訓：音"真"者，陶甄也。音"堅"者，察也，免也。見於"十七真"、"二僊"韻中，粲然可攷。然孝者皆押"陶甄"在"僊"字韻，獨"真"字韻反未嘗押，此皆相承之久，信耳不信目之過也。但《揚子》有"甄陶天下"，温公音"居延切"，往往取《玉篇》爲據，則又可通押。至於"真"字韻，不可不押耳。況《文選·張茂先〈女史箴〉》云"散氣流形，既陶既甄，在帝包犧，肇經天人"，②則已押在"十七真"矣。

"羽"有三訓：在"九麌"王矩切者，舒也，聚也。在"十遇"王遇切者，翼毛也。近年賦中有押一羽在"麌"字韻，偶有司

① "臒"，四庫本、知不足齋本並作"臛"。
② "史"，原誤作"使"。

失於契勘,遂幸中,後來者不可蹈覆轍。

按《孟子·離婁下》"尹公之佗"即《左氏·襄公十四年》"尹公佗"也,《前漢》"南粤王趙佗"即《文帝贊》云"南越尉佗"、《高帝紀》"南海尉佗"也,《高紀》及《項籍傳》有"項它",字与佗同。魏及項羽將。《過秦論》有"帶佗",六国時將。《後漢》有"華佗",五人名並音徒何反,讀爲"駞"。以至"賈佗"、《昭十三年》。"北宫佗"、"涉佗"、《昭二十二年》。"陽佗",《昭二十七》。并《詩》有"陳佗"。《墓門》。並同音。

按《詩·皇皇者華》"周爰咨諏",《左傳·襄四年》"咨事爲諏",並音子湏反。今《礼韻·十九侯》"諏"字音將侯切,注亦云"咨事也",其義雖同,然賦家押在"侯"字韻者,不可用《詩》与《左氏》全文。

按《孟子》云"天下之窮民而無告者","告"字无音;《梁惠王下》。《書》曰"不虐無告",《大禹謨》。《釋文》獨音故毒反,旨意並同。第賦家用作堯事者,不可作去聲押。

"祇"字有两声:音歧者,"神祇"之"祇",[1]又訓大也,《玉篇》引《易》曰"無祇悔"是也。[2] 音支者,《廣韻》訓"適"是也。如《詩》曰:"亦祇以異。"揚子曰:"兹苦也,祇其所以爲楽也歟。"陸德明與司馬温公並音支。今杜詩、韓詩或書作"秖"字,從"禾"從"氏",而俗讀曰"質"者,非也。按《玉篇》竹尸切,《廣韻》丁尼切,皆注曰:"穀始熟也。"退之詩曰"秖言池未滿","秖是照蛟龍","秖知閑信馬",子美詩曰"百舌來何處,重重秖報春","不堪秖老病,何得尚浮名",皆當平声讀。全

① 三"祇"字,四庫本並作"祗"。

② "祇",四庫本作"祗"。下"亦祇以異"同。

如“飄泊南庭老，秖應孝水仙”，不作平声可乎？合從“示”，訓適也，但也。

“只”字，韻書皆音“之移”、“之尒”二切，語已辭也。俗讀作“質”者，訛也。杜詩“只益丹心苦”，“只想竹林眠”，“寒花只暫香”，“虚懷只愛才”，①“閨中只獨看”，“憶渠愁只睡”，皆當讀作“止”。

“薄”有三声：音“泊”者，“厚薄”之“薄”。音“朴”者，疾驅声，《詩》“載驅薄薄”是也。音“博”者，迫也，但韻書中並不收。《尚書·益稷》篇：“外薄四海。”孔氏云：“薄，迫也。”《釋文》音蒲各反，徐音扶各反。《毛詩·蓼蕭》注下引《虞書》“外薄四海”，《釋文》乃獨音“博”，與《書》本文音不同。《前漢·序傳》曰“外博四荒”，則班固亦讀作“博”，第以“博”爲“薄”，誤矣。今捨本文下二音，而從《蓼蕭》注音“博”。如《繫辭》云“雷風相薄”，又云“言陰陽相薄也”，《左氏》云“宋師未陳而薄之”，《莊公十一年》。“薄而觀之”，《僖二十三》。半涉而薄我”，《僖三十三》。“薄諸河”，《文十》。“寧我薄人，無人薄我”，《宣十二》。揚子云“雷薄乎山”，並當讀作“博”。

“藹”、《詩》：“藹藹王多吉士。”《釋文》与《礼部韻》並音去声。“統”。二字《礼部韻》並收入去声，而世俗呼作上声。

“魏相”，《漢書》不音，不可作去声讀。“劉更生”，《漢書》不音，不可作平声讀。故宋景文有詩曰：“君看青史書劉向，便是當時劉更生。”

---

① “才”，原作“身”，據知不足齋本及今本杜甫《李鹽鐵二首》其二改。

卷之十九

廬陵鄉先生孫奕季昭撰

字説

字異而義同

"天地",一也,《潛虚》温公。作"萸墬"。[①] 古"天地"字。

"雷風",一也,《周礼》作"靁颿"。古"雷風"字。

"九扈",《左傳》、《毛詩》《桑扈》。用"扈"字,《尔雅》用"鳸"字,《説文》用"雇"字。又或作"鶚",其實一也。

"萱草",《毛詩》用"諼"字,《韓詩外傳》、嵇康《養生論》用"萱"字,[②]阮籍《詠懷詩》用"諠"字,[③]《説文》用"蕙"、"藼"、"蕿"三字,[④]其實一也。

"衮"者,衣之别名。《詩》謂之"衮",《礼記》謂之"卷",《荀子》謂之"裷",[⑤]其爲衣一也。

---

① "墬",原作"墜",據四庫本、知不足齋本改。

② "用",原無,據四庫本、知不足齋本補。

③ 知不足齋本有徐鯤案:"《詠懷詩》作'諼',謝惠連《西陵遇風》詩注作'諠'。"

④ "蕿",四庫本作"萱"。

⑤ "裷",四庫本作"棬",知不足齋本作"帣"。

"敔"者，止樂之器。二礼、《尚書》謂之"敔"，《詩》謂之"圉"，[①]其爲樂一也。

"獄"一也，在《詩》則有"宜岸宜獄"，在揚子則有"狴犴使人多礼"，在《漢·刑法志》則有"獄豻不平"。

"韶"一也，《書》謂之"《簫韶》"，《左傳》謂之"《磬箾》"，《周礼》謂之"《大磬》"，《史記》謂之"《九招》"，《孟子》謂之"《徵招》"、"《角招》"。

《樂記》曰"建櫜"，建讀爲鍵。《僖二十三年》作"櫜鞬"，九言反。其爲弓矢之衣一也。

《公劉》"鞞琫容刀"，《桓公二年》作"鞞鞛"，上補頂反，下布孔反。其爲容刀之飾一也。

《樂記》、《何人斯》作"壎"、"篪"，《笙師》、《文中子》皆作"塤"、"箎"。

《礼記》、《周礼》皆作"八蜡"，[②]《字林》獨作"八䄍"。[③]

《詩》"神祇祖考以安樂之"，《周礼》作"天地神示"。音祇。

《礼器》有"繁纓"，《巾車》作"樊纓"。繁、樊並步干反。

《礼記》"裨冕"，《荀子·礼論》作"卑絻"。与"裨冕"同。

《祭統》"共齊盛"，[④]《甸師》作"齍盛"。

《太宰》"以八柄詔王"，《天官》。《内史》作"八枋"。兵病反。

《係辭》"天地絪緼"，班固《東都賦》作"烟緼"。

《書》"至治馨香"，《郊特牲》作"羶薌"。"羶"當作"馨"。

---

① 按，今本《詩經》中未見"圉"字。《詩·周頌·有瞽》："應田縣鼓，鞉磬柷圉。"疑季昭所指即"圉"字。

② "《周禮》"下原衍"礼"字，今删。

③ "䄍"，四庫本作"䄍"。

④ "統"，原作"紀"，據四庫本、知不足齋本及《禮記》改。

《谷風》"匍匐救之",《檀弓》作"扶服"。

《詩》"緜蛮黄鸟",《太李》作"緡蛮"。①

《書》云"耄期",《射義》作"旄期"。

《語》云"齊衰",《昏義》作"資衰"。

《周書》"哀矜"、"折獄",《于定国傳》作"哀鰥哲獄"。

《子張篇》"君子之道,焉可誣也",《薛宣傳》作"焉可憮也"。

《論語》"申申如也",《漢書》作"伸伸"。又"侃侃如也",《唐·張嘉貞傳》作"偘偘"。又"鄉人儺",《郊特牲》作"鄉人禓",②音傷,又爲儺。《月令》又作"難"。乃多反。又"必也狂狷",《孟子》作"狂獧"。

《莊子·齊物》篇"罔兩問景",《孔子世家》"木石之怪夔、罔閬"。注:魍魎,閬音两。

《龜策傳序》"伏靈者,千歲松根也",《本草》作"茯苓"。

《祭義》"君子頃步而弗敢忘孝",《荀子·勸李》"不積蹞步"。

《孟子》"夫蚓,上食槁壤,下飲黄泉",《荀子·勸李》"螾無爪牙之利"。螾,與"蚓"同。

《魯頌》能修"泮宫",《礼器》、《王制》並作"頖宫"。

《堯典》"南訛",《馮相氏》作"南譌"。③五和反。又"毛

---

① "太李",四庫本、知不足齋本並作"大學"。

② "牲",原作"人",據四庫本、知不足齋本改。

③ 知不足齋本有徐鯤案:"《史記·五帝紀》作'南譌'。"按,今本《史記·五帝本紀》:"申命羲叔,居南交,便程南爲,敬致。"裴駰《集解》引孔安国曰:"爲,化也。"司馬貞《索隱》:"'爲'依字讀。春言東作,夏言南爲,皆是耕作營爲勸農之事。孔安國强讀爲'訛'字,雖則訓化,解釋亦甚紆回也。"張守節《正義》:"'爲'音於僞反。命羲叔宜恭勤民事。致其種殖,使有程期也。"

毹"，《司裘》作"毷毹"。上音毛。

《崧高》"不畏彊禦"，《陳咸傳》作"疆圉"。①

《甘棠》"勿翦"，《韋玄成傳》作"勿鬋"。

《學記》"夏楚二物"，《舜典》注作"榎楚"。

《詩》"和鸞雍雍"，《東都賦》作"龢鑾"。

《夬卦》"其行次且"，與"趑趄"同。韓愈《盤谷序》"足將進而趑趄"。

《進學解》"佶屈聱牙"，《唐·元結傳》作"聱齖"。

《姤卦》"羸豕孚蹢躅"，《三年問》、柳宗元《貞符》作"躑躅"。②

《困卦》"于臲卼"，《秦誓》"邦之杌隉"。

《説命》"亮陰三祀"，《喪服四制》作"諒闇"。

《儒行》"篳門圭窬"，音竇。《襄公十五年》作"閨竇"。③"縱臾王謀反事"，④縱，子勇反。臾，音勇。柳子厚《貞符》"脅歐縱踴"。⑤

宋玉《九辯》"鉏鋙而難入"，陸士衡《文賦》"或岨峿而不安"，白居易《無可柰何歌》"齟齬其心胷"。

---

① "疆"，知不足齋本作"强"。

② "符"字原脱，據知不足齋本補。

③ "十五年"，當爲"十年"。按，《左傳·襄公十年》："王叔之宰曰：'篳門閨竇之人而皆陵其上，其難爲上矣！'"

④ "縱"上，知不足齋本有"衡山王傳日夜"六字，注云："六字，文弨校增。"按，《漢書·衡山王傳》："衡山王以此恚，與奚慈、張廣昌謀，求能爲兵法候星氣者，日夜縱臾王謀反事。"顔師古注："如淳曰：'臾讀曰勇。縱臾，猶言勉强也。'師古曰：'縱音子勇反。縱臾謂奬勸也。'"

⑤ "脅歐"，四庫本作"歐脅"。按，字當作"脅驅"，脅驅爲古代駕馬用具，《新唐書·柳宗元傳》載柳宗元《貞符》："增以騶虞、神鼎，脅驅縱踴，俾東之泰山、石閭，作大號，謂之'封禪'，皆《尚書》所無有。"

《曲禮》“定猶與”，嵇康《養生論》“内懷猶豫”，《馬援傳》“計尤豫未決”，[①]《光武紀》“冘豫”。[②] 冘音淫。《説文》曰：“冘冘，行貌。”《東觀記》：“狐疑未決也。”亦音由，不定也。

大史公《六家要指論》“儒者以六蓺爲法”，《孟子序》作“藝”。

《僖二十四年》“狄固貪惏”，屈子《離騷》作“貪婪”。

經曰“嗚呼”一也，《漢・五行志》作“烏嘑”，《孔光傳》作“於虖”，[③]《王貢》作“惡虖”，[④]《董賢傳》、《禮記・大學》並作“於戲”，《詩・烈文》作“於乎”。

《詩》云“委蛇”一也，《後・儒林傳序》作“委它”，《韓詩外傳》、《任光傳贊》、《楊秉傳》並作“逶迤”，[⑤]《楚辭・離騷》、《九辯》皆作“委蛇”，《九章》作“委移”，《九歎》作“逶移”，《列子》作“猗移”。“烽燧”一也，《韓安国傳》作“熢燧”，[⑥]《子虚

---

① 按，今本《後漢書・馬援列傳》“尤”作“冘”。

② “《光武紀》”，知不足齋本作“《來歙傳》”，有鮑廷博注：“‘《來歙傳》’，原誤‘《光武紀》’，鯤校改。”按，《後漢書・李王鄧來列傳》：“囂將王元説囂，多設疑，故久冘豫不決。”李賢注：“冘豫，不定之意也。”《資治通鑑・漢紀三十四・光武帝建武六年》引此，胡三省注：“冘，讀與‘猶’同。毛晃曰：‘冘字，從犬曲其足，古與“尤”字同。’”

③ “於虖”，原作“嗚呼”，據知不足齋本改。知不足齋本有鮑廷博注：“於虖，原作‘嗚呼’，(徐)鯤據《漢書》改。”按，《漢書・孔光傳》：“於虖！君其上丞相博山侯印綬，罷歸。”顔師古注：“於讀曰烏。虖讀曰呼。”

④ 《漢書・王貢兩龔鮑傳》：“梁、齊、楚、趙之君非不富且貴也，惡虖成其名！”按，此“惡虖”非嘆詞，“惡”爲疑問代詞，“虖”同“乎”，介詞，故此“惡虖”與“烏呼”不同。顔師古注：“惡，於何也。惡音烏。”知不足齋本徐鯤注云“與‘嗚呼’異義，附著於此，殊爲失檢”，其説甚是。

⑤ 今本《韓詩外傳》無“逶迤”字。

⑥ 按，今本《漢書・韓安國傳》：“匈奴不敢飲馬於河，置熢燧然後敢牧馬。”顔師古注：“熢，古‘燧’字。”知不足齋本有顧廣圻注：“此引《韓安國傳》字與《班馬字類》同。”

賦》作"獇䄙"。"田獵"一也,《五子之歌》作"畋",[①]《無逸》作"於田",《繫辭》作"以佃",《小宗伯》作"大甸"。並音田。

《禹貢》"雲土、夢作乂",[②]《職方》作"雲瞢"。亡貢反。又"滎波",《職方氏》注作"滎播"。音波。又"被孟豬",《職方氏》作"望諸",《左傳》、《爾雅》、宋玉《對楚王問》皆作"孟諸"。[③]孔氏曰:"孟猪,《尚書》作盟豬,即《尔雅》宋有孟豬是也。"

《孟子》"封之有庳",《漢·昌邑王傳》作"有鼻",[④]《鄒陽傳》"有卑"。並毗至反。

《梁惠王下》"大王事獯鬻",《史記·匈奴傳》"葷粥居於北蠻",《外紀》黄帝"北逐葷鬻"。

《禮記》"晋人先有事於惡池",呼池。揚子"知江河之惡沲",音烏沲。《職方氏》"其川虖池",《光武紀》"渡滹沲"。又"鰥寡孤獨得其養",《詩》"至於矜寡"。矜音鰥。

《詩》"彷徨不忍去",《荀子·禮論》"方皇周挾",[⑤]讀作彷徨。《西都賦》"降周流以徬徨"。

《荀子·正論》"坎井之鼃",[⑥]《莊子》作"壇井"。[⑦]

《詩·唐風》云"采苓采苓",《爾雅》云"䈁,大苦"。釋曰:

---

① "畋",原誤作"敵",據四庫本、知不足齋本及《尚書·五子之歌》"畋於有洛之表"改。

② "乂"字原脱,據四庫本、知不足齋本補。

③ "皆",原作"當",據四庫本、知不足齋本改。

④ "昌",原作"馬",據四庫本、知不足齋本改。按,《漢書·武五子傳·昌邑王髆》:"豫章太守廖奏言:'舜封象於有鼻,死不爲置後,以爲暴亂之人不宜爲太祖。'"

⑤ "周",原作"罔",據知不足齋本及《荀子·禮論》改。

⑥ "鼃",原作"竈",據四庫本、知不足齋本及《荀子》、《莊子》改。

⑦ "壇",知不足齋本作"埳"。按,今本《莊子·秋水》:"子獨不聞夫埳井之蛙乎?"

蘦，一名大苦。郭璞云：苦草也。[①]

《孟子》云“啜粥”、“飲水”，《荀子·富國篇》“嚽菽飲水”。嚽，與“啜”同。

《書》湯居亳，《荀子·彊國》作“薄”。[②]

《詩》王居鎬京，《荀子·正論》作“滈”，又作“鄗”。

《淮南子》云屈商囚於羑里，子長《報任少卿書》作“牖里”。

《詩》“岐有夷之行”，《前·地理志》太王徙郊。[③] 古“岐”字。又“即有邰家室”，《前·地理志》“后稷封斄”。讀曰邰。

《禹書》“至於陪尾”，《前·地理志》作“倍尾”。又“析支、渠搜”，《前·地理志》作“渠叟”。

《檀弓》“自敗於臺駘”，[④]《春秋》作“狐鮐”。[⑤]

《繫辭》、《世紀》作“包犧”，《漢·律歷志》作“炮犧”，[⑥]《通歷》作“庖犧”，《左·昭公十七年》注、《莊子·大宗師》、揚子《問道》、班固《東都賦》皆作“伏羲”，《揚雄傳》作“宓犧”，《後·蔡邕》、《張衡傳》作“羲皇”，[⑦]《荀子·成相》作“伏戲”，

---

① “苦草”，似當爲“甘草”。《爾雅·釋草》：“蘦，大苦。”郭璞注：“今甘草也。”

② 按，《彊國篇》無“薄”，《荀子·議兵》：“古者湯以薄，武王以滈，皆百里之地也，天下爲一，諸侯爲臣。”

③ “太”，原誤作“文”。

④ 四庫本、知不足齋本“臺”下有注：“音胡。”

⑤ 按，今本《左傳·襄公四年》：“侵邾，敗于狐駘。”

⑥ 按，今本《漢書·律曆志上》有“自伏羲畫八卦”，“宓戲氏之所以順天地”，無“炮犧”字。

⑦ 顧氏《校補》：“‘《揚雄傳》作“宓犧”，《後·蔡邕》、《張衡傳》作“羲皇”’，‘揚’上當有‘前’字，‘邕’下不當有‘張衡’二字。”按，《漢書·揚雄傳下》載揚雄《解難》：“是以宓犧氏之作《易》也，緜絡天地，經以八卦。”顏師古注：“宓音伏。”《後漢書·蔡邕列傳》載蔡邕《釋誨》：“昔自太極，君臣始基，有羲皇之洪寧，唐虞之至時。”《張衡列傳》無“羲皇”字。

《前漢》作“宓戲”。

《書》有“皋陶”,《晁錯傳》作“咎繇”。

《荀子·成相篇》湯讓於牟光,《莊子》作“務光”。“牟”與“務”同。

《荀子》曰“堯學於君疇”,《新序》子貢對哀公作“君壽”,①史或作“尹壽”。

《書》“仲虺之誥”,《荀子·法行》篇作“中蘬”。與“仲虺”同。

《書》“説命”,《學記》作“兑命”。

《論語》“周任有言”,《季氏》。《盤庚》作“遲任”。又“子貢”,《樂記》、《荀子》、《董仲舒贊》作“子贛”。又“曾點”,《史記》作“曾蒧”。音點。又“仲弓”,《荀子》作“子弓”。又“孟之反”,《哀公十一年》作“孟之側”;又作“孟子反”,《莊子》作“孟子反”。②《何論》云:孟之反,或云字反。③

《孟子》云“宋牼”,《荀子》作“宋鈃”。與“牼”同。又“逢蒙”,④《荀子·王伯篇》作“蠭門”,音逢蒙。《淮南子》、王褒頌作“逢門”,⑤《七略》作“蠭門”。⑥ 又“離婁”,《莊子》作“離朱”。

---

① 按,今本劉向《新序》無“君壽”字。《新序·雜事五》載子夏對魯哀公有“堯學乎尹壽”句。

② “又作孟子反”,知不足齋本無此五字。

③ 顧氏《校補》:“《何論》者,何晏集解之《論語》也。但彼文在傳‘子反’下,故云爾。”

④ “逄”,四庫本、知不足齋本並作“逢”。

⑤ 按,今本《淮南子》之《原道訓》、《俶真訓》、《説林訓》均作“逢蒙”。《文選·王褒〈聖主得賢臣頌〉》:“雖伯牙操遞鐘,蓬門子彎烏號,猶未足以喻其意也。”李善注:“《孫卿子》曰:‘羿,蠭門,善服射者也。’《吴越春秋》陳音曰:‘黄帝作弓,後有楚狐父以其道傳羿,羿傳蓬蒙。’”

⑥ 按,今本《漢書·藝文志吴兵書略》有“《逢門射法》二篇”。

《左傳》納公孫寧於陳,《公羊》作"甯",《禮運》注亦作"甯",《過秦論》"六國之士有寧越",即甯越也。《史記》有《甯成傳》,《前漢》作"甯成"。

《書》"君牙",《緇衣》作"君雅"。

《書》"咸有一德",《禮記》作"尹吉"。[1] 吉音告。

"盤庚",《翼奉傳》作"般庚"。[2] 又"吕刑",《緇衣》、《孝經》作"甫刑"。說者胃吕刑後封甫,東坡本孔穎達之説。

《君奭》曰"割申勸寧王之德",[3]《緇衣》作"周田觀文王之德"。

《詩》"小雅",《孝記》作"宵雅"。宵之言小也,音消。

宣王之臣有"南仲",班固《人物表》。[4] 博古圖作"南中"。"中"、"仲"古字通用。

《前漢》"鼂錯",《荆王劉賈贊》及《叙傳》作"朝錯"。

《書》"鯀陻洪水",[5]《国語》作"鮌"。

列子名禦寇,《前・藝文志》作"圄寇"。圄音禦。

賈誼《弔屈原賦》云"莫邪",崔駰《達旨》辞作"鏌鋣"。

《詩》"顯顯令德",《中庸》作"憲憲"。又"鵲之彊彊",[6]《表記》作"姜姜"。又"脊令在原",《左傳》、《尔雅》、東方朔

---

① 按,《尚書》稱"《咸有一德》",《禮記》稱"《尹吉》",這是同文異稱,而不是字異義同。

② 知不足齋本有顧廣圻案:"引《翼奉傳》與《班馬字類》同。"

③ "勸寧"下原衍出自上文"士有寧越"起至"割申勸寧"止,共正文六十二字及原注文"吉音告"三字,據四庫本、知不足齋本删。

④ "仲",原作"中",據四庫本、知不足齋本改。"《人物表》",顧氏《校補》以爲"物"字衍。

⑤ "陻",原作"淫",據四庫本、知不足齋本改。

⑥ "彊彊",四庫本、知不足齋本並作"疆疆"。按,今本《詩經・鄘風・鶉之奔奔》:"鶉之奔奔,鵲之彊彊。"

《荅客難》作“鶺鴒”。又“樂尔妻孥”，[1]《中庸》作“妻帑”。又“氓之蚩蚩”，《過秦論》“甿隸之人”，《刘向傳》“民萌何以勸勉”。三“氓”字皆“民”也。又“倉庚喈喈”，宋玉《好色賦》作“鶬鶊”。

《信南山》云“原隰”，《遼師》作“邍隰”。古原字。

《書》云“天難諶”，《詩》“天難忱斯”。又“虎賁”、“綴衣”，沈約《宋志》作“虎奔”，班固《西都賦》作“贅衣”。

《大禹謨》“降水儆予”，《滕文公下》“洚水警余”。

《舜典》云“姦宄”，[2]《司刑》作“姦軌”。

《舜典》、《法言》曰“殂落”，《万章》作“徂落”。又《洪範》有“八政”，《前・藝文志》作“鴻範”。[3] 又“王道平平”，《史記》作“王道便便”。又“敷納以言”，《文帝紀》作“傅納以言”。又“隨山刋木”，《地理志》作“栞”。

《書》“在璿璣”，《易略例》“処琁璣以觀大運”。[4] 又“縲絏之中”，《太史公傳作》“累紲之辱”。與“縲絏”同。

《孟子》“雖有鎡基”，《樊酈等贊》作“兹基”。“今病小愈”，《前・郊祀志上》“病痛”。讀作愈。又伊尹在“畎畝之中”，《刘向傳》“雖在甽畝”，《鼂錯傳》“中国之所以離南晦也”。與“畝”同。

《大人賦》“下峥嶸而無地兮”，[5]《甘泉賦》“似紫宫之峥嶒”。音宏。

---

① 按，今本《詩經・小雅・常棣》：“宜爾室家，樂爾妻帑。”毛傳：“帑，子也。”陸德明《釋文》：“帑依字，吐蕩反，經典通爲‘妻孥’字，今讀音奴，子也。”

② “宄”，原作“究”，形近而誤，據四庫本、知不足齋本改。

③ 按，今本《漢書・藝文志》作“洪範”。

④ “琁”，四庫本、知不足齋本並作“璇”。

⑤ “《大人賦》”，原作“《子虛賦》”，據知不足齋本改。

《過秦論》"遁逖而不敢進",遁,千旬反。《趙后傳》"逡循固讓"。

《霍光傳》"使者旁午",尤言交横也。《刘向傳》"水旱饑蝝螽螟蠭午並起"。蠭午尤雜遝也。

《悼李夫人賦》"惟幼眇之相羊",尤逍遥也。宋玉《風賦》"徜徉中庭"。音常羊。一本作"倘佯"。

《刘向傳》"惓惓之義",与"拳"同。《中庸》"得一善則拳拳服膺",《司馬遷傳》"拳拳之忠"。

《王商傳》"商言有固疾",讀作痼。《賈誼傳》疏曰"必爲錮疾"。

《杜欽傳》"报睚眦",睚音厓,夆目也。"眦"即"眥"字,目匡也。[①]《孔光傳》"厓眥莫不中傷"。厓,五懈反;眥,杜懈反。

《郊祀志》"毒冒",毒音代,冒莫内反。《西域傳贊》"睹犀象瑇瑁則連珠厓七郡"。瑇瑁,音代妹。[②]

《武帝紀》"單于待命加嫚",音曼。《董仲舒傳》"桀暴謾"。音慢。

《鼂錯傳》"在俛卬之間",卬讀作仰。《王章傳》文"不自激卬"。[③] 讀作仰,仰頭爲健。[④]

《楊雄傳》"横江潭以南淮兮",[⑤]淮,往也,于放反。又《甘泉

① "欽",原作"鄴",據知不足齋本改。"匡",原作"厓",據知不足齋本改。

② "音",原誤作"古",據知不足齋本改。

③ "文",四庫本、知不足齋本並作"今"。

④ "讀作仰,仰頭爲健",四庫本作"讀作昂,仰頭爲卬"。

⑤ 知不足齋本此處有注:"廣圻案:引揚雄賦與《班馬字類》同。今本作'因江潭而淮記兮'。"按,今本《漢書·揚雄傳上》載揚雄《反離騷》:"横江湘以南淮兮,云走乎彼蒼吾。"顔師古注:"淮,往也。""淮,音于放反。"則顧氏所見揚雄賦與今本《漢書》亦不同。

賦》"迬迬離宫般以相燭兮"。迬,古"往"字。

《高帝紀》"旗幟皆赤",[①]式志反。字或作"識"作"志",音義同。《食貨志》"旗織加其上",織音熾。《叔孫通傳》"設兵張旗志"。[②] 与"幟"同,式志反。

《五行志》"刘屈氂復坐祝樝要斬",樝,側據反,古"詛"字。[③]《許皇后傳》"祝謯後宫"。[④] 謯,古"詛"字。

《律歷志》"黄帝使泠淪",音倫。《外紀·黄帝紀》"命伶倫造律吕"。

楊雄《解嘲》"縹縹有凌雲之志",縹,匹昭反。《相如傳》作"飄飄"。[⑤]

相如《子虚賦》"封彊畫界",[⑥]彊讀作疆。《王子侯表》"畺土過制"。"畺"与"疆"同。[⑦]

《趙廣漢傳》"廋索私屠沽","廋"与"搜"同。《王莽傳》"掺索城中"。"掺"与"搜"同。

《藝文志》"《易》之嗛"。又与"謙"同。

《五行志》"岷山崩廱",讀作壅。《王莽傳》"長平館西岸崩

---

① 按,今本《漢書·高帝紀下》作"旗幟上赤"。

② "設",原作"談",據四庫本、知不足齋本改。按,《漢書·叔孫通傳》作"設"。顔師古注:"志,與'幟'同。"

③ 二"樝"字,四庫本均作"謯"。按,《漢書·五行志上》作"樝",顔師古注:"樝,古'詛'字也,音側據反。"

④ "許皇",原作"上官",據知不足齋本、《漢書·外戚傳》改。按,《漢書·外戚傳下·孝成許皇后》:"(后姊)爲媚道祝謯後宫有身者王美人及鳳等。"顔師古注:"謯,古'詛'字。"

⑤ "相如傳",原誤作"楊雄",據知不足齋本改。

⑥ "封",原作"新",據四庫本、知不足齋本改。

⑦ "疆",原誤作"畺"。按,《漢書·王子侯表上》顔師古注:"'畺'亦'壃'字也。"

邑”。① 讀作壅。

《蒯通傳》“天下匈匈”,《翟方進傳》“群下兇兇”。“匈”、“兇”二字虽无音,皆當作上声讀。

《項羽贊》“頫首延頸”,頫,古“俯”字。《韓信傳》“俛出跨下”。俛,亦“俯”字。

《鄭崇傳》“皡天罔極”,②“皡”与“昊”同。相如《封禪書》“肇自顥穹生民”。“顥”与“昊”同。

《蘇武傳》“霍光寢其奏”,《趙廣漢傳》“夜不寑至旦”,③《論語》“終夜不寢”。“寖”、“寑”与“寢”同。

《書》曰“若疇圻父”,即《詩》云“祈父”。④ 孔氏曰:司馬掌封畿兵甲。古者“祈”、“圻”、“畿”同字,得通用,故《詩》作“祈”,《書》作“圻”。

字同而義異一

《大禹謨》“降水儆予”,即《孟子》謂“洚水者,洪水也”。《禹貢》“北過降水”。水名。

《伊訓》“臣下不匡其刑墨”,《祭統》“草艾則墨”,《田蚡傳》“竇嬰墨墨不得志”,讀作默。《家語·在厄篇》“有埃墨墮

---

① “長平館西岸”,原作“長王館两岸”,據知不足齋本、《漢書》改。按,《漢書·王莽傳中》:“是月戊辰,長平館西岸崩,邕涇水不流,毁而北行。”顔師古注:“邕讀曰壅。”

② “崇”,原誤作“宗”,據知不足齋本、《漢書》改。按,《漢書·鄭崇傳》:“欲報之德,皡天罔極。”顔師古注:“《詩·小雅·蓼莪》之篇曰:‘父兮生我,母兮鞠我,欲報之德,昊天罔極。’言欲報父母之恩德,心無已也。呼昊天者,陳己至誠也。‘皡’字與‘昊’同。”

③ “廣漢”,原誤作“充国”,據知不足齋本、《漢書》改。按,今本《漢書·趙廣漢傳》:“廣漢爲人强力,天性精於吏職,見吏民,或夜不寢至旦。”

④ “祈”,原作“圻”,據四庫本、知不足齋本改。

飯中，顔回取而食之”，《昭十四年》“貪以敗官爲墨”。

《冏命》“侍御僕從”，《萬章下》“使之僕僕尔亟拜也”。

《大禹謨》“汝惟不伐”，《既済卦》“高宗伐鬼方”，《車千秋傳》“千秋無伐閲”，伐讀作閥。《詩》“伐木丁丁”。

《堯典》“厥民夷”，平也。《草蟲》“我心則夷”，悦也。《舜典》“蠻夷夷狄。猾夏”，《繫辞》“夷者傷也”，《玉藻》“灌尊，夏后以雞夷”，[1]讀作彝。《孟子》引《詩》“民之秉夷”，[2]讀曰彝。韓愈《南海廟碑》“不鄙夷其民”。[3]

《堯典》“以殷仲春”，殷，正也。《詩》“憂心殷殷”，憂皃。《漢文帝贊》“海内殷富”，盛也。《語》“殷因於夏禮”，国名。《相如傳》“文君侍者通殷勤”。与“慇”同。

《大禹謨》“皐陶矢厥謨”，矢，陳也。《大東》“其直如矢”，箭也。《莊子·人間世篇》“愛馬者以筐盛矢”，与“屎”同。《雍也》“夫子矢之”。誓也。

《太甲》“惟明明后”，君也。《曲礼》“再拜稽首而后對”。与“後”同。

《書》“毋作神羞”，恥也。《左傳》可以“羞於王公”，進也。《膳夫》“掌王之食飲膳羞”。致滋味爲羞。又“永底烝民之生”，致也。[4]《梅福傳》“爵禄天下之底石”。与“砥”同。

《洪範》五“皇極”，中也。又“威用六極”，窮也。《詩》“昊天

---

① “灌尊夏后以雞夷”，見《禮記·明堂位》，此言“玉藻”，誤。

② 按，今本《孟子·告子上》：“《詩經》曰：‘天生蒸民，有物有則。民之秉彝，好是懿德。’”所引《詩經》句見《大雅·烝民》，毛傳：“彝，常。”鄭箋：“然而民所執持有常道，莫不好有美德之人。”

③ “南海”，四庫本作“羅池”。按，韓愈《柳州羅池廟碑》：“柳侯爲州，不鄙夷其民，動以禮治。”

④ “致”，原作“故”，據四庫本、知不足齋本改。

罔極”，尽也，穷也。星有北極，室亦有極，杜詩“仙仗離丹極”，李白《大鵬賦序》云可謂神遊八極之表，《倪寬傳》“天子建中和之極”。正也。

《舜典》“讓於夔、龍”，夔，舜臣也。《大禹謨》“夔夔齋栗”，敬皃。《劉子》曰“夔之一足”。獸名。

《洪範》“九疇”，類也。《孟子》“糞其田疇”，《説文》曰：“耕治之田也。”《荀子·正論》“至賢疇四海”，成也，籌也。《前·律歷志》“疇人子弟”，与“儔”同。[①]《書》“疇敢不祗若王之休命”，誰也。《檀弓》“疇昔之夜”。疇，昔也。[②]

《無逸》“君子所其無逸”，安也。《立政》“乃惟庶習逸德之人”，過也。《孟子》“遺逸而不怨”，遺也。《唐·文藝傳序》“史家逸其行事”，失也。《成公二年》“馬逸不能止”，奔也。杜詩“俊逸鮑參軍”。超也。

《大禹謨》“儆戒無虞”，度也。《国語》文王“詢於八虞”，官也。[③]《孟子》“伯者之民驩虞如也”，樂也。《詩》“騶虞”。獸名。

《舜典》“疇若予工”，[④]順也。《莊子·人間世》“吾語若”，汝也。《漢·石顯傳》“綬若若耶”，長皃。《唐·儒孝傳序》“取三品以上子弟若孫爲之”，与也。《孟子序》“若此者衆”。如也。

《泰誓》“毒痛四海”，《老子》“亭之毒之”。王弼注：“亭謂品

---

① “儔”，原作“疇”，據知不足齋本改。

② 顧氏《校補》：“‘疇昔也’，當作‘疇發聲也’，此鄭注文。又郭璞注《爾雅》‘誰昔’云：‘誰，發語辭。’‘疇昔’即‘誰昔’矣，‘疇’不得訓‘昔’可知。”

③ “官也”，原作“虞也”，據四庫本、知不足齋本改。按，《國語·晋語四》：“及其即位也，詢於八虞。”韋昭注引賈唐曰：“八虞，周八士，皆在虞官。”

④ “予”，原作“於”，據四庫本、知不足齋本改。按，《尚書·舜典》：“疇若予工。”孔傳：“誰能順我百工事者。”

其形，毒謂成其質。”

《臣工》“奄觀銍艾”，讀作乂，即乂也。《前・郊祀志》“天下艾安”，讀曰乂，治也。《王褒傳》“俊艾將自至”，讀作乂，俊乂也。《傅介子傳》“不誅無以懲艾”。讀作乂。

《下武》“昭哉嗣服”，事也。《論語》“有事弟子服其勞”，用也。又“以服事殷”，服，事也。《詩》“無思不服”，畏也。《賈誼傳》“服飛入誼舍”，讀作鵩。《書》“弼成五服”，又“彰施於五采作服”。衣也。

《詩》“麟之定”，題也。“定之方中”。星名。

《我將》“維天其右之”，“右”与“佑”同。《書》“相成王爲左右”，《泰卦》“以左右民”。音左佑，助也。

《詩・采苓》“舍旃舍旃”，之也。《王褒傳・頌》“荷旃被毳”。与“氈”同。

《甘棠》“召伯所説”，息也。《問明篇》“韓非作《説難》之書”。

《詩》“胡爲乎泥中”，胡，何也。“狼跋其胡”，頷也。“胡考之寧”。遐也。應劭《漢儀奏》曰：“宋愚人寶燕石，覩者掩口盧胡而笑。”笑皃。《李蔚贊》：“屈万乘之尊，自等於古胡。”①胡人也。又“桓桓武王”，桓，威也。《周禮》“公執桓圭”，植也。《周易》“磐桓，利居貞”。旋也。屯卦。“小心翼翼”，恭也。《書》“翼日乃瘳”，明也。《莊子》“以禮爲翼”。羽也。又“穀則異室”，穀，生也。“穀旦于差”，善也。《書》“既富方穀”，禄也。“百穀用成”。穀，粟也。又“我武維揚”，威武也。《曲禮》“堂上布武”，跡也。《語》曰“《武》尽美矣”。武王樂名。

---

① “蔚”下原有“宗”字，據知不足齋本及《新唐書》删。

卷之二十

盧陵禮津孫奕季昭撰

字説

字同而義異二

《詩》"鶴鳴於九皐",九折澤也。《哀公廿一年》"魯人之皐數年"。緩也。"燕燕於飛",鳦鳥。"嘉賓式燕以衎"。安也。又"夏屋渠渠",勤也。《前漢·吴王傳》"爲渠率",大也。《後漢·蓟子訓傳》"兒識父母,軒渠笑悦",[①]軒渠,笑貌。[②]《前漢》"石渠論五經同異",閣名。杜詩"憶渠愁只睡",他也。韓詩"清溝映汚渠"。溝也。"俾爾耆而艾",老也。"夜未艾",止也。《孟子》"求三年之艾"。草名。又"壽考且寧",考,老也。"作召公考",成也。《書》"三載考績",推也。《爾雅》、《釋名》"父死曰考",《淮南子》"夏后之璜不能無考。"瑕也。又"福履將之",履,禄也。"君子所履"。踐也。

《孝經》"滿而不溢",盈也。《維天之命》"假以溢我",

---

① "訓傳"二字原誤倒,據四庫本、知不足齋本及《後漢書》乙正。
② "渠",原誤作"舉",據知不足齋本改。

《漢・食貨志》"黄金以溢爲名",《禮樂志》"郊祀歌舞成八溢。"並與"益"同。

《公孫丑下》"弟子齊宿而後敢言",讀作肅。《漢・哀帝紀》"宿夜憂勞",讀作夙。《西域傳》大宛国有馬耆目宿,讀作苜蓿。《左傳》"再宿爲信"。

《息夫躬傳》"僕遬不足數",僕,步木反。《莊子・人間世篇》"適有蚉寅僕緣"。

《前・郊祀志》"怱明上通",怱,与"聰"同。《陳湯傳》"踰怱嶺"。与"葱"同。

《樊酈等贊》"雖有兹基",兹讀曰鎡。《匈奴傳》"前世重之兹甚",与"滋"同,益也。《書》"念兹在兹"。此也。

《李尋傳》"人民繇俗","繇"与"謡"同。《鼂錯傳》"禹得咎繇",与"臯陶"同。《高帝紀》"常繇"。讀作傜。

《王吉傳》"吸新吐故,以練五臧",①才浪反。《王莽傳》"府藏完具"。

《前・地理志》"市明珠璧流離",与"琉璃"同。《楊雄傳》"亡春風之被離",②讀作披離。《易》"明两作,離",卦名。《詩》"彼黍離離",盛皃。《旄丘》"流離之子",别也。班固《東都賦》"僸佅兜離",夷樂名。《張良贊》"高祖數離困厄",遭也。《毛詩注》"芍藥一名可離",③草名。《文選》沈休文詩"紫燕光陸離"。明也。

《食貨志》"賦入貢棐",与"篚"同。《戾太子傳》"毋作棐

① "吸",原作"火",據四庫本、知不足齋本及《漢書・王吉傳》改。
② "風",原誤作"秋",據知不足齋本、《漢書・揚雄傳》改。
③ "可",原作"何",此據知不足齋本改。顧氏《校補》:"'毛詩'當作'古今'。"按,崔豹《古今注・草木》:"芍藥一名可離,故將别以贈之。"

德”，古“匪”字。《書》“天棐忱辞”。輔也。

《高帝》“發関中老弱未傅者悉詣軍”，傅音附。《晁錯贊》“爰盎亦善傅會”。[①] 讀曰附。

《律曆志》“罷去尤疏遠者十七家”，与“踈”同。《王吉傳》“布衣疏食”。与“蔬”同。

《翼奉傳》“般庚遷殷”，《谷永傳》“般樂遊畋”。並音盤。

《乾卦》“反復道也”，復，芳服反。《叔孫通傳》“惠帝作復道”，与“複”同。《高帝紀》“目沛爲湯沐邑，復其民”。除也。

《雍也》“亦可以弗畔矣夫”，畔，背也。《左傳》“如農之有畔”，田界。《詩》“無然畔援”。猶跋扈也。

《鄉黨》“屏氣似不息者”，《漢廣》“不可休息”，《高帝紀》“臣有息女”，《荅客難》“喟然長息”。

《雍也》“今汝畫”，止也。楊子“書，心畫也”，字畫。《晁錯傳》“計畫始行”。策也。

楊子“或曰人羡久生”，《告子上》“無或乎王之不智也”。惑同。

《泰卦》“后以財成天地之道”，“財”与“裁”同。《賈誼傳》“唯陛下財幸”，“裁”字同。《五行志》“選期門郎有財力者”，与“才”同。《文帝紀》“見馬遺財足”，与“纔”同。《曲礼》“臨財毋苟得”。貨財。

《中孚卦》“我有好爵，吾與爾靡之”，靡，本作“縻”，同亡池反。《文帝紀》“爲酒醪以靡穀者多”。音糜。

《繫辞》“天高地卑”，《丙吉傳》“西曹地忍之”。地，但也，亦

---

① “盎”，原作“益”，據四庫本、知不足齋本及《漢書・鼂錯傳》改。按，《漢書・鼂錯傳》顔師古注引張晏：“因宜附著合會之。”“傅”即有“附著”義，“傅會”即借引古事而結合時事發議論，“傅”似不必讀爲“附”。

弟也。又“其臭如蘭”，香也。《鄉黨》“臭恶不食”。穢也。又“其殆庶幾乎”，庶，幸也。《論語》“既庶矣”。衆也。

《籩人》“棗㮚”，古“栗”字。《叙傳》“郡中震㮚”，讀作慄。又云“㮚取弔”。① 孝景姬也。

《礼記》“以共齊盛”，“共”与“供”同。《小明》“靖共尔位”。作“恭”字。

《中庸》“拳拳服膺”，胷也。《詩》“戎狄是膺”，《書》“誕膺天命”。上擊也，下受也。

《曲礼》“儗人必於其倫”，比也。《食貨志》“黍稷儗儗”。盛貌，音擬。

《少儀》“客爵居左”，又礼器，《周礼》曰“享先王以玉爵”，酒器。《孟子》“周室班爵禄也”。

《經解》“潔静精微”，妙也。又“不遺微小”，《毛詩》“不以微薄廢礼”，小也。《語》曰“微管仲，吾其被髪左衽矣”。無也。

《學記》“善孝者如攻堅木”，《論語》“剛毅木訥，近仁”。

《檀弓》“事君有犯無隱”，匿也，積也。《中庸》“索隱行怪”，逸也。《孟子》“惻隱之心”。痛也。

《荀子·哀公》篇“其馬將失”，②讀作逸，奔也。《杜欽傳》“言失欲之生害也”。与“逸”同。

《繫辞》“原始要終”，要，求也。賈誼策“一脛之大幾如要”，讀作腰。《王莽贊》“以要名譽”，讀作邀。③《論語》“雖曰不要君，吾不信也”。

---

① “弔”，原作“予”，據知不足齋本、《漢書·敍傳上》改。

② “哀公”，原作“法得”，據四庫本、知不足齋本及《荀子》改。

③ “讀”字原無，“作邀”二字原竄入正文。知不足齋本無“讀”字，原注爲“作邀”。此據四庫本改。

揚子“般投其斧而習諸”,《楊雄傳》“般倕棄其剞劂”,与“班”同,人名。《礼樂志》“般裔裔”,班。《趙充国傳》“般師罷兵”。音班,還也。

《孟子》“有欲爲王留行者”,《霍去病傳》“留落不耦”。

《孟子》“我非堯舜之道不敢陳於王前”,漢史“陳陳相因”,《論語》“子在陳”。

揚子“一卷之書,必立之師”,《周易》“師,衆也”,《論語》“加之以師旅”。

《易》“不速之客三人來”,速,召也。楊子“辰乎辰,何來之遲而去之速也”。

《易》“元者,善之長也”,《孟子》“勇士不忘喪其元”,首也。《書》“一人元良”,大也。董策“《春秋》謂一爲元”。① 始也。

《司馬遷贊》“或有抵梧”,音悟。《項羽傳》“諸將莫敢枝梧”,音悟。《張良等贊》“魁梧奇偉”。音悟。言可警悟今人。讀爲“吾”,非也。

字異而音同

《鄉黨》“當暑,袗絺綌”,《玉藻》“振絺綌不入公門”。与“袗”同,之忍反。

《爲政》“非其鬼而祭之,諂也”,《表記》“事君遠而諫則讇也”。本亦作“諂”。

《傳》“潢汙行潦之水”,《食貨志》“川原爲黄滹”。与“潢汙”同。

---

① “董”,原作“薫”,據四庫本、知不足齋本改。

《五行志》“兒嗁腹中”，①亦作“啼”。《嚴助傳》“孤子謕號”。② 古“啼”字。

《吕后紀》“徘徊往來”，古“裴”字。《郊祀志》“神裴回若留放”。③

《文帝紀》“見馬遺財足”，与“裁”同。《高惠后文功臣表》“裁十一二”，与“纔”同。④《晁錯傳》“遠縣纔至”。音才，僅也。

《王褒傳》“萬祥畢溱”，讀作臻。《礼樂志》“四極爰轃”。与“臻”同。⑤

《項籍傳》“楚蠭起之將”，古“蜂”字。《過秦論》“豪傑蜂起”，《東方朔傳》“變詐鏠出”，⑥《谷永傳》“災異鋒起”，《趙廣漢傳》“專厉强壯蠭氣”，《中山靖王傳》“讒言之徒蠭生”。並讀曰“鋒”。

相如《封禪書》“逢浦原泉”，⑦逢，讀曰“燙”，言如逢火原泉也。《五行志》“逯火長通”。

《詩》“頡之頏之”，《甘泉賦》“魚頡而鳥䀐”。胡行反。

《詩》“差池其羽”，《子虚賦》“柴池茈虒”。柴音差，参差也。茈音此，虒音豸，不齐也。

《刑法志》“法度墒”，《異姓諸侯王表》“墮城銷刃”。火規反。

① “嗁”，原作“唬”，據四庫本、知不足齋本改。

② “謕”，原誤作“謔”，據四庫本、知不足齋本及《漢書·嚴助傳》改。

③ “神裴”句，見《漢書·禮樂志》，季昭云“郊祀志”，誤。

④ “纔”，四庫本、知不足齋本並作“財”。按，今本《漢書·高惠高后文功臣表》作“户口可得而數裁十二三”，顔師古注：“‘裁’與‘纔’同，十分之内纔有二三也。”

⑤ “轃”，原作“轋”，據四庫本、知不足齋本及《漢書·禮樂志》改。

⑥ “詐”，原作“作”，據四庫本、知不足齋本及《漢書·東方朔傳》改。

⑦ “浦”，當爲“涌”之訛。

《礼楽志》"六合紛員",音云。《相如傳》"威武紛云",《楊雄傳》"紛沄沸渭",奮擊皃。①

《韋賢傳》"万国逌平",古"攸"字,所也。《叙傳》"九疇逌叙"。古"攸"字。

《食貨志》"直爲此廩廩也",危也。《楊雄傳》"下陰懵以慘廩兮",②廩,來感反,一讀如本字,寒涼意。《循吏傳》"此廩廩庶幾德讓君子之遺風",言有風采也。《西域傳》"須国稟食"。給也,音廩。

《王莽傳》"封剿胡子",子小反。《西域傳》"王莽封郭欽爲剿胡子"。③ 子小反。

《枚乘傳》"隊入深淵",隊,直類反。《王莽傳》"危亡之禍,不隧如髪",直類反。《天文志》"枉矢磓至地,則石也",讀作"墜"。《叙傳》"薄姬碌魏。"古"墜"字。

《礼楽志》王吉疏"恩爱寖薄",④古"浸"字。《溝洫志》"西南出,寖數百里",古"浸"字。《劉向傳》"灾異浸甚",《嚴延年

---

① "奮擊皃"三字,疑原注竄入正文。按,今本《漢書·揚雄傳》及《文選》所載揚雄《長楊賦》均作"汾沄沸渭"。《文選》李善注:"汾沄沸渭,衆盛貌也。汾音紛。"《漢書》顔師古注則云:"奮擊貌。"王先謙《補注》:"汾沄即紛紜","善注以爲衆盛皃是也"。

② "懵",知不足齋本作"潛"。按,今本《漢書·揚雄傳》載揚雄《甘泉賦》及《文選·揚雄〈甘泉賦〉》均作:"下陰潛以慘廩兮,上洪紛而相錯。"《漢書》顔師古注:"慘廩,亦寒涼之意也","廩,讀如本字,又音來感反。"《文選》李善注:"慘廩,寒貌也。廩,來感切。"

③ "莽",原作"奔",據四庫本、知不足齋本及《漢書·西域傳下》改。按,《漢書·西域傳下》:"莽封欽爲剿胡子。"顔師古注:"剿,絶也,音子小反。字本作'剿',轉寫誤耳。"

④ "寖",四庫本、知不足齋本、《漢書·禮樂志》載王吉上疏均作"寖"。按,《漢書·禮樂志》顔師古注:"寖,古'浸'字。浸,漸也。"

傳》"浸浸日多",漸也。《地理志》"寖曰五湖"。① 古"浸"字。

《中庸》"君子之道闇然而日章",音暗。《元帝紀》"詔三光晻昧"。② 音暗。

《律歷志》"宓戲氏之所以順天地",③"宓"与"伏"同。《相如傳》"青琴虙妃"。虙,讀作"伏"。

《藝文志》"蹵鞻",上子六反,下巨六反。《枚乘傳》、《東方朔傳》作"蹵鞠",《霍去病傳》作"蹴鞠"。

《高帝紀》"令趨銷印",又"令趣丞相急定功行封"。並音促。

《孟子》舍己之田而芸人之田,《甫田》"或耘或耔"。音云,本亦作"芸"。

《礼運》"君位危則大臣倍",步内反。《坊記》"利禄先死者而後生者,則民不偝"。音倍。

《莊十一年》"禹湯罪己,其興也悖焉",蒲忽反。《告子》"浡然而生",《梁惠上》"則苗浡然興之矣"。作"勃"同。

《繫辞》"屈信相感,而利害生",《樂記》"習其俯仰詘伸"。

《郊祀志》"莫不搤掔",音戹,又与"扼"同。又"嗔目扼掔",《張良等贊》"數離困阸",与"戹"同。《太史公傳》"仲尼戹而作《春秋》",《翟義傳》"以成三阨"。古"戹"字。

《刑法志》"聖人既躬明悊之性",讀作"哲"。《叙傳》"聖喆之常"。音哲。

《孟子》"抱関擊柝",《貨殖傳》作"擊㯳"。与"柝"同。

《周礼·弁師》"五采繅"。音早,古"藻"字。《都宗人》"國

① "寖",四庫本及《漢書·地理志上》作"寑",顔師古注:"寑,古'浸'字也。"
② "元",原作"文",據知不足齋本及《漢書·元帝紀》改。
③ "戲",原作"乂",據四庫本、知不足齋本及《漢書·律曆志上》改。

有大故，則令禱祠”。本作“禱”，丁老反。《太卜》“清二蓍”。音夢。《占人》“八簭”。音筮。①《太卜》“三兆”。音兆。《太祝》“卞九撵”。② 音拜。《太胥》“舍采”。音釋菜。

字同而音異

《賈誼傳》“貴賤有等而不隃貴”，“踰”同。《趙充國傳》“兵難隃度”。音遥。

《韋賢傳》“我王以媮”，“愉”同。《襄三十年》“晋未可媮也”。音偷，薄也。

《孝經》“示之以好惡”，《周礼》“天地神示”。音祇。

“子路行行如也”，音項。《詩》“寘彼周行”，音航。《詩》“有覺德行”。音幸。

《論語》“從之純如也”，從音縱。又“從者見之”，才用反。《詩》“衡從其畝”，平声。《檀弓》“爾無從從”。“縱”字上声。

《繫辭》造書契，音忌。《書》“帝曰契”，音屑。《詩》“死生契闊”，音挈。《通鑑·安帝乂熙二年》“契丹”。③ 音乞。

《左傳叙》“創通大義”，音刱。《曲礼》“頭有創則沐”。初良反。

《禮器》“犧尊在西”，素何反。《書》“犧牷牲用”。音羲。

《易》“輿説輹”，吐活反。《詩》“説於桑田”，音税。《論語》“不亦説乎”。音悦。

《采薇》“命將率”，本亦作“帥”。《桓二年》“藻率”，畢音音革

---

① “筮”，原作“吝”，據四庫本、知不足齋本改。
② “卞”，四庫本、知不足齋本、今本《周禮·春官·大祝》均作“辨”。
③ “乂”，四庫本、知不足齋本並作“義”。

革律。①《祭義》"古之獻繭者，其率用此与"。音律。

《中庸》"山一卷石之多"，卷音權。《玉藻》"龍卷以祭"，音衮。《論語》"則可卷而懷之"，音捲。《毛詩》"卷阿"。音拳，曲也。

《曲礼》"定猶与"，音又。《檀弓下》"咏斯猶"。音摇。

《孟子》"般樂飲酒"，音盤。《學行》"般投其斧"，音班。相如《封禪書》"般般之獸"，古"班"字。《趙充國傳》"般師罷兵"。音班。

《書》"十旬弗返"，音循。《均人》"豐年則公旬用三日"。音均。

《論語》"不能專對"，如字。《大司徒》"其民專而長"。徒刃反。②

《孟子》"今病小愈"，《荀子·君子篇》"天子者，形至佚心至愈"。音偷。③

《媒氏》"純帛無過五兩"，④音緇。《詩》"白茅純束"。音屯。

《高祖紀》"諸侯罷至戲下"，虚爲反，旄旌之旌。⑤《通鑑·高祖紀》"項羽進至戲"，許宜反，地名。《荀子》"文武之道同伏戲"，与羲同。《太學》"《詩》云'於戲，前王不忘'"。好胡反。

《樂記》礼有報，《喪服小記》"報葬者報虞"。音赴。

《成二年》"左輪朱殷"，⑥音因，赤黑色也。《詩》"殷其靁"。音隱。

---

① 按，原注文不成義，當有譌誤。四庫本、知不足齋本"藻率"下有"鞸鞈"二字，原注作"音律"。

② "刃"，知不足齋本作"丸"，當是，作"刃"乃形近而誤。

③ 按，《荀子》此例中的"愈"似當爲快樂義，不當讀爲"偷"。

④ "兩"，原作"旬"，據知不足齋本及《周禮》改。

⑤ "旄旌之旌"，四庫本作"謂軍之旌麾"，知不足齋本作"麾旌之麾"。

⑥ "左"，原作"血"，據四庫本、知不足齋本及《左傳·成公二年》改。

《景帝紀》"罪人不帑",《匈奴傳》"虛費府帑"。台黨反。

《礼樂志》"陳,舜之後,《招》樂存焉",音韶。《項羽贊》"招八州而朝同列"。音翹,夅也。

《楊雄傳》"默有深湛之思",与"沉"同。《成帝贊》"湛于酒色"。音耽。

《大禹謨》"奄有四海",与"掩"同。《漢》《郊祀歌》"神奄留"。与"淹"同。

《論語》"辟諸草木",音譬。《戾太子傳》"辟諸甘泉",音避。《洪範》"惟辟作福",必益反,君也。《孟子》"放辟邪侈",与僻同。《礼記·王制》"正刑明辟"。音闢,法也。

《張釋之傳》"跪而結之",音係。《陸賈傳》"尉佗結箕踞"。音髻。

《尚書》"推而内之溝中",[1]音納。《溝洫志》"盟津洛内"。音汭。

《樂記》"《詩》云'莫其德音'",武白反。[2]《詩》"維莫之春"。音暮。

---

① "溝",原作"講",形近而誤,據四庫本、知不足齋本改。"推而"句,見《孟子·萬章上》:"思天下之民,匹夫匹婦有不被堯、舜之澤者,若己推而内之溝中,其自任以天下之重如此,故就湯而説之以伐夏救民。"朱熹《集注》:"内,音納。"季昭云"《尚書》",誤。

② "武",四庫本作"莫"。按,《禮記·樂紀》陸德明《釋文》:"莫,亡伯反。"今本《詩經·大雅·皇矣》作"貊其德音",毛傳:"貊,静也。"陸德明《釋文》:"貃,本作'貊',武伯反,《左傳》作'莫',音同。《韓詩》同,云:'莫,定也。'"

卷之二十一

廬陵鄉先生孫奕季昭撰

字説

集字凡諸家小説奥篇隱袠有字音異同,皆裒集左方,以便考閲,庶急於肄業者免泛觀之勞也。

許慎《説文解字》所引六經,與今六經字多不同。如《説文》於"逑"字引《書》曰"旁逑孱功",今《書》作"方鳩"。"草木蔪苞",今作"漸"。[①] "璪火、粉米",今作"藻"。"有能俾嬖",今作"乂"。"宅堣夷",今作"嵎"。

"五品不悉",今作"遜"。"娶於悆山",[②]今作"塗"。"邶成五服",今作"弼"。"竄三苗",[③]今作"竄"。"稘三百有六

① 按,今本《尚書・禹貢》作"草木漸包",陸德明《釋文》:"漸,如字,本又作'蔪'";"包,必茅反,字或作'苞'"。

② "悆",四庫本作"餘",知不足齋本作"嵞"。按,《説文解字・屾部》"嵞"字條:"《虞書》曰:'予娶嵞山。'"

③ "竄",原作"竄",據知不足齋本及《説文解字》改。按,《説文解字・宀部》"竄"字條:"讀若《虞書》曰'竄三苗'之'竄'。"

旬",今作"朞"。[①] "元首叢脞哉",今作"脞"。[②] "譒告之修",今作"播"。

"至於岱宗祡",今作"柴"。"高宗夢得説,使百工敻求諸野",今作"營"。"庶草繁無",今作"廡"。"鳥獸毴毛",今作"毨"。"若藥不眄眩",今作"瞑"。"彝倫攸殬",今作"斁"。"西伯戡曶",今作"黎"。

"粊誓",[③]今作"費誓"。"若顛木之甹枿",[④]今作"由"。[⑤]"我之不辪",[⑥]今作"辟"。"焯見三有",[⑦]今作"灼"。"今汝懖懖",今作"聒"。[⑧]

"左杖黄戉",今作"鉞"。"與紂戰於坶野",今作"牧"。"一人冕,執銳",今作"鋭"。"堋淫于家",今作"朋"。"平豑東作",今作"秩"。

"武王惟睸",今作"冒"。"敃我于艱",[⑨]今作"扞"。"常敀常任",[⑩]今作"伯"。"陳宋赤刀",今作"寶"。"刖劓斀

① "朞",四庫本作"期"。"三百"原誤入注文。按,《尚書·堯典》:"朞三百有六旬有六日,以閏月定四時,成歲。"

② "元首"二句,二"脞"字重複,當誤。四庫本作"'元首叢脞哉',今作'挫'",知不足齋本作"'元首叢睉哉',今作'脞'"。按,《説文解字·目部》"睉"字條徐鉉等案:"《尚書》'元首叢睉哉',叢睉猶細碎也,今从'肉'非是。"

③ "粊",知不足齋本作"柴"。按,今《説文解字》作"棐",云:"《周書》有《棐誓》。"

④ 知不足齋本"之"下有"有"字。按,《説文解字·马部》"甹"字條:"《商書》曰:'若顛木之有甹枿。'古文言由枿。"

⑤ "由"下,知不足齋本有"蘖"字。

⑥ "辪",四庫本作"壁"。

⑦ "有",原作"友",據《説文解字》、《尚書》改。

⑧ "聒",原作"晧",據知不足齋本及《尚書》改。

⑨ "我于"二字原誤倒,據知不足齋本乙正。

⑩ "敀",原作"皈",據知不足齋本改。

黥",[①]今作"椓"。"乃惟孺子攽",今作"頒"。

又於"玼"字引《詩》曰"新臺有玼",乃作"泚"。"陶寖陶穴",[②]今作"復"。"瓶之窒矣",[③]今作"罄"。"譬彼瘣木",今作"壞"。"佌佌彼有屋",今作"仳"。

"瘏瘏駱馬",今作"嘽"。"衣裳齇齇",今作"楚"。"壿壿舞我",今作"蹲"。"卭有旨蒚",今作"鷊"。"彼薾維何",[④]今作"爾"。

"葛藟藥之",[⑤]今作"縈"。[⑥]"墻有薺",今作"茨"。"顔如蕣華",今作"舜"。"蔋蔋山川",今作"滌"。"食鬱及藿",今作"薁"。

"菉竹猗猗",今作"綠"。"克岐克嶷",今作"嶷"。"犬夷呬矣",[⑦]今作"喙"。[⑧]"無然呭呭",今作"泄"。"咠咠幡幡",今作"捷"。

"振旅嗔嗔",今作"闐"。"民之方唸吚",[⑨]今作"殿

---

① "刵",知不足齋本作"刵"。
② "寖",原作"復",四庫本作"覆",據知不足齋本改。
③ "窒",原作"室",據知不足齋本及《説文》改。
④ "何",原作"河",據四庫本、知不足齋本改。
⑤ "藟",原作"纍",據四庫本、知不足齋本改。
⑥ "縈",原作"榮",據四庫本、知不足齋本改。
⑦ "犬",原作"大",據知不足齋本、《説文解字》改。
⑧ 按,今《詩經》未見"犬夷呬矣"或"犬夷喙矣"句。《詩經·大雅·緜》有"混夷駾矣,維其喙矣"句,毛傳:"駾,突;喙,困也。"鄭箋:"混夷,夷狄國也。見文王之使者,將士衆過己國,則惶怖驚走,奔突入此柞棫之中而逃,甚困劇也。"孔穎達疏:"《説文》云:'駾,馬疾行貌。'引《詩》云:'混夷駾矣。'然則馬之疾行,即有奔突之義,故云突也。喙之爲困,則未詳。"
⑨ "吚",四庫本作"咿"。

屎”。[①]“謂地蓋厚,不敢不趚”,今作“蹐”。“詞之咠矣”,今作“輯”。“誐以溢我”,今作“假”。

“我埶黍稷”,今作“蓺”。“營營青蠅”,今作“營”。“岦兮達兮”,今作“挑”。“無我敿兮”,今作“魗”。“國步斯矉”,今作“頻”。

又於“犕”字引《易》曰“犕牛乘馬”,[②]今作“服”。“百穀草木麗於地”,今作“麗乎土”。“雜而不戉”,[③]今作“越”。“其牛觢”,今作“掣”。“夫乾隺然”,今作“確”。

“昃之離”,[④]今作“昃”。“寷其屋”,今作“豐”。“爲馰顙”,今作“的”。“再三黷”,今作“瀆”。“忼龍有悔”,今作“亢”。

“天地壹壺”,[⑤]今作“絪緼”。“粇升大吉”,[⑥]今作“允”。“包巟”,[⑦]今作“荒”。

又於“郩”字引《周礼》曰“任郩地”,[⑧]今作“稍”。“廟門

① 按,今本《詩經·大雅·板》:“民之方殿屎。”陸德明《釋文》:“殿,都練反,郭音坫,《説文》作‘念’。屎,許伊反,郭音香惟反,《説文》作‘吚’。”馬瑞辰《通釋》:“《説文》引《詩》作‘念吚’者,正字;《詩》及《爾雅》作‘殿屎’者,段借字也。”

② “犕牛”,原作“備牛”,據四庫本、知不足齋本及《説文解字》改。

③ “雜”,原作“新”,據知不足齋本改。

④ “昃”,原作“萫”,據知不足齋本改。按,《説文解字·日部》“昃”字條:“日在西方時側也。从日,仄聲。《易》曰:‘日昃之離。’”

⑤ “壹壺”,四庫本作“壹壹”,知不足齋本作“壹壼”。按,《説文解字·壺部》“壺”字條:“壹壺也。从凶,从壺。不得泄,凶也。《易》曰:‘天地壹壺。’”

⑥ 粇,知不足齋本作“𠂔”。按,《説文解字·本部》“粇”字條:“進也。从本,从中,允聲。《易》曰:‘粇升大吉。’”

⑦ “巟”,原作“巟”,據知不足齋本改。《説文解字·川部》“巟”字條:“水廣也。从川,亡聲。《易》曰:‘包巟用馮河。’”

⑧ “任郩地”原作“任削地”,據知不足齋本改。按,《説文解字·邑部》“郩”字條:“國甸,大夫稍。稍,所食邑。从邑,肖聲。《周禮》曰:‘任郩地。’在天子三百里之内。”

容大鼏七个”，今作“扃”。[1] “赤魃”，今作“茇”。“煣牙外不熑”，今作“兼”。[2]

又於“磒”字引《春秋》曰“磒石於宋五”，[3]今作“隕”。“芟夷藴崇之”，今作“芟”。

又於“悠”字引《孝經》曰“哭不悠”，今作“偯”。

案古之治經者，各有師承，各尊其師之所傳而成一家之夈，故字有不同者，各因其所傳之本而已。許氏《説文》所引，乃雜夈諸家之本，故用字有不同。今諸家訓註多云故本者，乃别本也。許氏訓字之義，而爲《説文》，其引經皆不悖於義，徐鉉稍爲之粉飾，遂成一家之夈。後世訓釋字義者皆以此爲宗，可謂博矣。至於俗字訛謬，增損偏旁者，亦皆明出於本字之下。

“吝”者，惜也，俗作“悋”。“赴”者，告也，俗作“訃”。“祚”者，祭福也，俗作“胙”。“蹇”者，蹇蹇也，俗作“謇”。“緥”者，襁褓也，[4]俗作“褓”。“瀓”者，清也，俗作“澄”。“頻”者，[5]水厓也，俗作“瀕”。“閔”者，弔也，俗作“憫”。“尊”者，酒尊也，俗作“罇”。“埶”者，種也，俗作“蓺”。“雅”，烏加反，楚烏也，俗作“鴉”。“創”，楚良反，傷也，俗作“瘡”。“汻”，呼古反，水厓也，俗作“滸”。“鮏”，桑經反，魚臭也，俗作“鯹”。“捼”，奴禾反，兩手摩也，俗作“挼”。“虚”，丘如反，[6]大丘

① “作”字原脱，據四庫本、知不足齋本補。

② “兼”，知不足齋本作“廉”，當是。按，今本《周禮·考工記·輪人》：“凡揉牙，外不廉而内不挫，旁不腫，謂之用火之善。”

③ “磒石”，原作“�石”，據四庫本、知不足齋本改。

④ “襁褓”，四庫本、知不足齋本並作“襁緥”。

⑤ “頻”，四庫本、知不足齋本並作“顭”。

⑥ “丘”，四庫本作“邱”。

也,俗作“墟”。“撼”,胡感反,摇手也,俗作“撼”。已上俗作字皆非是。

“賡”者,古文“續”也,俗作古行反。“草”者,自保反,櫟實也,一曰象斗子,可染墨,今俗人以爲“料”,[①]又作“皂”、“皁”二字,皆無意義。“充”耳者,塞耳也,俗加“玉”爲“琉”。“差池”,後人加“足”爲“蹉跎”。“儋何”,俗作“檐荷”。[②]“橐佗”,俗作“駱駝”。“裴回”,俗作“徘徊”。“結環”,俗作“髻鬟”。“滂沛”,俗作“雱霈”。“劈歷”,俗作“霹靂”。“蝄蜽”,[③]俗作“魍魎”。“秋千”,俗作“鞦韆”。

“嵇”字非古也,奚氏避難造之。

“低”、“債”、“價”、“停”、“僦”、“伺”皆從“人”,後人所加。又有它語訓字“逴”,敕角反,遠也,讀爲“棹”。[④]“蕠”,[⑤]此芮反,数祭也,讀爲“舂麦爲蕠”之“蕠”。[⑥]“啄”、“琢”從“豕”,“蠡”從“彘”,皆從其声。徐鉉皆曰“今無此語”。謂“逴”字下數字。

案五方之俗,言語不同,歷時㐲久,則有不相通曉者,毋足怪也。許慎《説文》之後,又有《玉篇》、《廣韻》、《類篇》、《集韻》等,字書愈廣,率皆兼載俗書,讀其書者往往不知本始,惟觀許慎《説文解字》可以槩見。秦昌朝《字譜》。

《東觀餘論》云:《隋·經籍志》、《唐·藝文志》、《何遜集》皆八弓,晋天福本但詩兩弓,今世傳本是也。獨春明宋氏有

---

① “料”,知不足齋本作“艸”,當是。
② “檐”,四庫本、知不足齋本並作“擔”。
③ “蝄蜽”,四庫本、知不足齋本並作“蝄蜽”。
④ “棹”,知不足齋本作“掉苕之掉”。
⑤ “蕠”,知不足齋本作“蕠”。
⑥ “麦”,知不足齋本作“麥”。

舊本八弓，特完，因借傳之。

又云：小宋《太一宫詩》"瑞木千尋聳，仙圖幾弔開"，注云"《真誥》謂一卷爲一弔"，殊不知《真誥》所謂"弓"即"卷"字，蓋從省文。《真誥》音亦尔，非"弔"字也。碧虚子陳景元據《真誥》以此字即"篇"字，亦誤也。

《東皋雜録》云：嘗見人讀"冒頓"音"墨突"，徧閱《漢書》无此音，後出《晋書音乂》。[①] 又"曲逆"，音"句遇"，事出《文選注功臣贊》。予以李善《文選・陸士衡〈高祖功臣頌〉》撿之无此音，俟别借五臣本參考。

史炤《通鑑釋文》："冒頓，劉伯莊音'墨特'，或讀如本字。"程大昌《演繁露》云：陳平封曲逆侯，或讀如"去遇"，非也。《地理志》中山国曲逆縣得名因濡水至城北曲而西流，乃官反。故曰"曲逆"。章帝醜其名，改曰"蒲陰"。則"曲逆"之讀當如本字，不當借音。孔毅父《珩璜論》曰：[②]陳平封曲逆侯，《漢書》无别音。《文選》載陸士衡《高祖功臣頌》"曲逆宏達，好謀能深"，注："曲，區句反；逆，音遇。"見五臣《文選》，章貢本同。

《孝林新編》云：[③]《前漢・地理志》上郡有"龜兹"，應劭注曰："龜兹，音丘慈。"案字書，龜，居逵切，又居求切。蓋居求者音鸠，亦收在"鸠"字韻中。然則"龜兹"當音"鳩慈"。而應劭音龜作"丘"者，於字書"居求切"誤調入"丘"音也。其餘史書並音"龜兹"作"丘慈"，实應劭唱其誤耳。

《通鑑釋文》云：光武二十二年"龜兹"，前書"丘慈"，今

---

① "乂"，四庫本、知不足齋本並作"義"。

② "毅父"，原作"殷父"，據知不足齋本改。

③ 按，宋王觀國有《學林》，吴曾《能改齋漫録》、趙與旹《賓退録》引之，均稱《學林新編》。而今所傳本，但題《學林》，無"新編"二字。袁文《甕牖閒評》、王楙《野客叢書》亦只稱王觀國《學林》，蓋自古已有二名。

"龜"音勾丘切,"兹"音沮惟切,盖急言耳。章懷説。

《通鑑釋文》:安帝義熙二年"契丹",音乞,夷狄国名。《新唐書》"契丹"音欺訖切,又直音乞。

《演繁露》云:蕃語以華言譯之,皆得其近似耳。"天竺"語轉而爲"捐篤"、"身毒"。唐有"吐蕃",本秃髪烏孤,①"秃髪"語轉遂爲"吐蕃"。唃厮羅之父名"籛逋",乃贊普也,"達怛"乃靺鞨也。"契丹"之"契"讀如"喫",②惟《新唐書》有音,"冒頓"讀如"墨突",③惟《晋書音義》有之,《漢音義》无也,不知其何所本。然嘗怪蕃語入中国,其元無本字而以華語記之,如"捐篤"、"身毒",固無所奈何,至如"龜兹",既知其爲"丘慈",何不徑以"丘慈"書之,迺借用"龜兹"以待飜字者而後音讀乃明,是必有説也。華戎語異,虽借華字記之,尚与本語不全諧協,其必宛轉於两字之間,如"龜"近"丘"而不全爲"丘",必"龜"、"丘"聲合,然後相近,故不得以一字正命也。《新唐書》音"靺"莫著切,"鞨"何莫反,又直音"末曷"。④

《孛林新編》云:蕃夷名號有他音不讀作本字,故"可汗"、音榼寒。"閼支"、音煙支。"谷蠡"、音禄梨。"獮氏"、⑤音權精。⑥"浩亹"、音閣门。⑦"番汗"、音盤寒。"允吾"、音鈆牙。"先零",音銑嶙。凡此皆爲它音,書亦不載者。

《舊唐書·回紇傳》云:元和四年,里迦可汗遣使請改爲

---

① 烏,原漫漶不清,據知不足齋本補。
② "喫",四庫本作"吃"。
③ "墨",原作"黑",據知不足齋本改。
④ "末曷"後原有"反"字,據知不足齋本删。
⑤ "獮",四庫本、知不足齋本並作"狝"。
⑥ "權",原作墨釘,據四庫本、知不足齋本補。
⑦ 门,四庫本作"名",知不足齋本作"門"。

"回鶻",義取回旋輕捷如鶻。《新·回鶻傳》:貞元四年七月,可汗上表請改"紇"字爲"鶻"。

《通鑑釋文》:"敦煌"、音屯皇。"康居"、下音渠。"月氏"、下音支。"於寘"、与闐同。"楽浪"、音洛郎。"浩亹"。音誥门。

顯宗咸康五年,"羯虜"居列切,①虜別號。②

永和二十年,"索虜"昔各切,③戎虜以索辮髮。④

元與三年,"番禺"音"潘愚",南海邑,属廣州。

又宋明帝泰始二年,⑤"番禺",上蒲何切,下魚容切。南海邑。

《光武紀》"牂柯",上兹郎切,下古何切。牂柯者,係船杙也。楚伐夜郎,椓船於且蘭岸,因以名其地。

漢高帝元年"殽函",上何交切,下胡讒切。殽山名函谷,名或作"崤崡"。又景帝前三年"函谷関"音"咸"。

《齊和帝紀》"瀏陽",力久切,長沙邑。予按《毛詩》"浏其清兮"音"留",又力久切。今長沙亦呼"刘陽"爲"留陽"。

魏世祖黄初六年"番陽",音"婆",或作"鄱",漢豫章邑,吴芮所封,号番君,以此至三国鄱陽郡。

明帝景初元年"山茌",⑥仕之切。⑦ 漢泰山郡有茌縣,茌山,在縣東北。或音淄。東海爲茌侯国,入三国属魏。⑧

---

① "虜",四庫本作"部"。

② "虜別號",四庫本無此三字。

③ "虜",四庫本作"頭"。

④ "戎虜以索辮髮",四庫本作"西北之人以服飾爲別號"。

⑤ "泰",原誤作"秦"。

⑥ "茌",四庫本作"茬",知不足齋本作"茬"。下同。

⑦ "仕",四庫本作"任"。"切",原誤作"初"。

⑧ "東海",顧氏《校補》:"'海'當作'漢',謂《郡国志》泰山郡之茌侯国也。""入",四庫本作"又"。

晋惠帝永熙元年"繆",莫六切,姓也。《廣韻》一屋韵莫六切,《礼記》有繆公,又姓也。

太寧元年"郄隆",①上抽遲切,姓也。

愍帝建興元年"郗鑑",綺鑑切,姓也。又元帝大興二年"郗鑑",丑之切,姓也。鑑,其名,古銜切。又見明帝大寧元年。

懷帝永嘉六年"郝詵",上呵各切,姓也,下所臻切。

大興二年"應詹",於陵切,姓也。詹,其名。"應"本自周武王後,《左傳》曰:"邘晋應韓,武之穆也。"

顯宗咸康四年"鮮於屈",鮮於,覆姓。《風俗通》曰:武王封箕子於朝鮮,其子食采於於,因氏焉。

元興元年"朝鮮",上音"潮",直驕切,下音"仙"。

顯宗元和三年"昝堅",上子感切,姓也。

宋太祖元嘉二十八年"惡来",哀都切,商紂之臣。《史記》曰:"惡来善讒毁諸侯。"

梁武帝普通六年"万俟醜奴",音"墨棋",虜複姓,醜奴,其名。

前漢成帝永始五年"翟方進",上徒歷切,姓也。《王莽傳》二年"翟義",②徒歷切,亦音"澤",翟方進之子。又曰姓譜徒歷切,方進之子。

五年"侯芭",音"葩"。

晋愍帝建興元年"刁勰",音"協"。

---

① "太寧",原作"元寧",據知不足齋本改。"郄",知不足齋本作"郗"。

② 顧氏《校補》:"'王莽傳二年翟義','傳'當作'紀',此在《王莽紀上》居攝二年,下文云'五年侯芭'在《王莽紀下》天鳳五年,皆《通鑑》也,非班書之《王莽傳》也,傳寫誤耳。又下文云'王莽傳駱驛','傳'亦當作'紀',在《王莽紀下》地皇元年,其誤同此,不更出。"

“傖子”，助耕切，楚人别種。

周赧王三十六年，“夫”音“扶”，“差”，初加切。《檀弓下》：“夫差謂行人儀曰：‘是夫也多言’。”夫音“扶”，差音初佳反。《前漢·陸賈傳》：“吳王夫差、智伯極武而亡。”師古曰：“夫音扶，差楚宜反。”

蒼梧王元徽二年“蛮蜑”，[①]蕩旱切，蛮属。

元帝大興二年“左衛率”，所類切，与“帥”同。掾，俞絹切，官属。

魏元帝景元四年“閹官”，衣廉切，又石檢切，[②]宫中守門者，通作“奄”。

晋惠帝永熙八年“賨人”，徂東切，南蛮付称賨人者，[③]乃税賦之家。

“永熙二年蔕芥”，上丑迈切，下居拜切。蔕芥，刺鯁也。

愍帝建興二年“聽事”，他丁切。古者治官謂之聽事，後語省，直曰“聽”，故加“广”。[④]

“堂皇”，堂无四壁曰皇，見《漢·胡建傳》注。

“袠”，直一切，書帙，亦謂之書衣。[⑤]

魏嘉平三年“造次”，七到切，急遽也。

邵陵厲公嘉平五年“蟣蝨”，上辛豈切，蝨之子也，下色櫛切，齧人蟲。

“張設”，知亮切，陳設也。

---

① “梧”，原誤作“格”。
② “石”，四庫本作“於”，知不足齋本作“衣”。
③ “付”，四庫本、知不足齋本並作“賦”。
④ “广”，原作“庑”，據四庫本、知不足齋本改。
⑤ “亦”，四庫本無此字。

元帝景元二年“比屋”，毗必切，比次也。

晋武帝大元十四年“浮屠”，同都切，袁宏《漢記》：浮屠，佛也。佛者，漢言覔也，將以覔悟羣生。宋武帝元年“浮圖”，“圖”或作“屠”，与前“浮屠”同。

“五誡”，音戒。釋家有五誡。

二十一年“曖昧”，於代切，晻曖暗昧也。

安帝隆安二年“肺附无他”，音“肺附”者，[1]如肝肺之捴附著也。《前漢·劉向傳》“臣幸托肺附”，師古曰：“舊解云肺附謂肝肺相附著，猶言心膂；一説謂斫木之肺札也，自言於帝室猶肺札附於大材木也。”

宋文帝元嘉二十六年“偵候”，丑正切，謂覘偵而伺候之也。

元徽四年“青繖”，蘇旱切，盖也。

梁武帝天監四年“迢遰”，上田聊切，下徒計切，謂去相遠也。

中大通“挽乳”，美辨切，生子免娠也。

漢宣帝地節三年“繡絪馮”，“絪”亦作“茵”，“馮”讀曰“憑”。茵，蓐也，謂以繡爲絪馮。

秦十四年“説林”、“説難”，“説”，式拙切，“難”，乃旦切。説林者，廣説諸事，其多若林，故曰“説林”。難者，説前人行事，与之不同而詰難之。按《商君傳》云：其事有十餘万言。又按刘伯莊云：[2]《説難》自是一書，非《説難》之篇所謂“説

---

① “附”，四庫本作“腑”。
② “云”，原作“之”，據四庫本、知不足齋本改。

難”者。[①]“説”音“游説”之“説”，“難”音“難易”之“難”。《韓非傳》索隱曰：[②]“説音税，難奴干反。言游説之道爲難，故曰‘説難’。”揚子《問明篇》“韓非作《説難》之書而卒死乎説難。”司馬曰：“説音税。”

漢宣帝二年“耳孫”，“耳”音“仍”，昆孫之子爲耳孫。《藝苑雌黄》曰：《孶林》云《漢書》在《紀》言“耳孫”，在《表》言“曾孫”，當從《漢書》以“耳孫”爲曾孫，若音仍，則誤。予謂不然。“耳”字正當作“仍”音，以世数言之，曾孫爲四世，玄孫爲五世，仍孫爲八世，所謂仍孫者，即玄孫之曾孫也。晋灼之言當矣。彦竇謂耳孫爲曾孫，非也。

“綜核”，上子宋切，讀若緫，[③]下夏革切，讀若覈。

孝元永光元年“舛午”，[④]上尺兖切，下五故切。舛，錯也；午，逆也。

孝成永始五年“弟弟”，徒計切。弟弟者，言弟能順理也。

《王莽傳》“駱驛”，音“洛懌”，言不絶也。

“屈彊”，上其勿切，下其两切，梗戾也。

更始元年“屈起”，渠勿切，如山之崛起。

魏明帝大和三年“於邑”，[⑤]上汪胡切，呼也，通作“嗚”；下於及切，憂也，通作“悒”。《前漢·中山靖王勝傳》師古曰：“於邑，短氣皃。於音烏，邑一合反，或讀如本字。”

周赧王二十九年“鵩”，刘向《説苑》作“鸇”。《字林》：

---

① “非説難”下，原衍“自是一書非説難”七字，據知不足齋本删。“非”下，四庫本有“史記所云韓非囚秦”八字。

② “非”下，原有“三”字，四庫本有“子”字，據知不足齋本改。

③ 知不足齋本錢馥注：“緫，上聲，作孔切，讀‘綜’若‘緫’，非。”

④ “元年”，四庫本、知不足齋本並作“三年”。

⑤ “大”，四庫本、知不足齋本並作“太”。

鷂属。

始皇二十五年“蛛蝥之靡”，上音朱，下音矛，蜘蛛也。靡，美爲切，与‘縻’同，謂縻爛也。[①] 以上多見史炤《通鑑釋文》上。

《項羽傳》：楊喜追羽，羽叱之，喜人馬俱驚，“辟易”。師古曰：“辟易，[②]謂開張而易其本処。”辟音壁，易音亦。

《左傳·襄公三十一年》：[③]“未知見時，不敢輸幣，亦不敢暴露。”暴，普卜反。《史記·張儀贊》曰：“世悪蘇秦者，以其先死，而儀振暴其短以扶其説。”[④]《索隱》曰：暴，步卜反。

退之《南海廟碑》云不爲“表襮”，音博，又逋沃切。又云“蜿蜿蜒蜒”，上音鴛，下音延。歐公《集古録跋》云：以集本校之皆同，惟集本云“蜿蜿蜒蜒”，而碑云“蜿蜿蛇蛇”，[⑤]小異，當以碑本爲正。

揚子《君子篇》“蠢迪檢柙。”[⑥]温公曰：當作“檢柙”，[⑦]柙，户夾切。

《重黎篇》“六国蚩蚩，爲嬴弱姬，卒之屏營。”温公曰：屏音并，謂屏營，猶旁皇失據之皃。予謂今世士大夫表牋結尾有“激屏營”之語，[⑧]正用是也，故特附於此。

《周礼·地官·大司徒》注：“若今度支經用。”《内宰》：“正歲均其稍食。”注：“均，調度也。”上徒弔反，下待洛反，或

---

① 二“縻”字，四庫本、知不足齋本並作“糜”。

② “易”，原作“見”，據四庫本、知不足齋本及《漢書》顔師古注改。

③ “三”，原作“二”，據《左傳》改。

④ “儀”，原誤作“議”。

⑤ “蜿蜿蛇蛇”，四庫本作“蜒蜒蜿蜿”。

⑥ “檢柙”，四庫本、知不足齋本並作“撿押”，《漢書·揚雄傳下》作“檢押”。

⑦ 按，此“檢柙”與上文重複，於理不通。四庫本作“撿押”，亦與該本上文重複。知不足齋本作“檢柙”，與上文不同。

⑧ “激”下，四庫本、知不足齋本並有“切”字。

如字。《通鑑釋文》前哀帝二年:調,徒弔反,調賦也;度,徒故反,用度也。

《詩·何彼襛矣》"王姬之車",《釋文》曰:《釋名》云"車"声如"居",今尺奢反。韋昭曰:"古皆音尺奢反,從漢以来,始有'居'音"。

《史記·燕王刘澤世家》張卿田生子説曰:"今吕氏雅故本推轂高帝就天下。"《索隱》曰:"推,昌誰反。"《通鑑釋文》前孝文十四年"推轂",上通回反,推也,下古禄切,輻所湊也。[①]《左傳·成公二年》鄭丘緩曰:"自始合,苟有險,苟必下推車。"陸音昌誰反,又他回反。前漢鄭當时"其推轂士","推"字無音。

澹庵先生胡忠簡《跋保静庵記》云:"静",古文作"靚",攷經史有数義。《韓弈》詩傳云:"祁祁,徐也,靚也。"許氏《説文》云:"靚,召也。"賈誼《鵩賦》云"澹乎若深淵之靚",則取澹泊之義。相如《上林賦》"靚莊刻飾",郭璞云:"靚莊,粉白黛黑。"則取刻飾之義。"閻朝隱之文如麗服靚莊",則取文章靡麗之義。然又有以爲名者。周顯王四十八年"子謹靚王定立"是也。按陸德明"靚"音"静",又一音"才性反",則"靚"非惟数義,亦自两音,然"祁祁"之義一也。德明於《風》則云"舒遲",於《雅》則云"徐也",此又不可不辯。近世孝者不精音訓,如上庠魁選,"夫子之道忠恕",於"恕"字押"誰毁誰譽",[②]不知"譽"字乃在平声。故予讀《保静庵記》"表而出

---

① "通鑑釋文",原作"通鑑"。史炤《通鑑釋文·漢紀七》"推轂":"上通回切,進也;下古禄切,輻所湊也。"據改。"禄",四庫本作"録"。

② "押",原脱,據四庫本補。按,《論語·衛靈公》:"子曰:'吾之於人也,誰毁誰譽?'"

之”,貴孝者以根經爲本。忠簡公諱銓。

洪景盧《欸乃齋記》云,[①]二字本書爲“欸乃”,見元次山、柳子厚集中,其音如“襖靄”。涪翁始以“欸”爲“欵”,[②]虽字異,音則同。元、柳相去久遠,[③]流傳或譌,翁當有所据。柳别本或并二字爲“襖”音,又别出一“靄”字,非也。

又《蠙洲記》云:[④]淮蠙書於《禹貢》,今番江漁者采蚌蛤或得琲,如芡實,有光熖,不愧合浦珠。字書又出“玭”、“玼”二字,皆与“蠙”音義同。梁馬仙玭、唐柳玼所名者也。

馬大年云:元城先生嘗論漢高帝功臣曰:“屠狗販繒之徒。”呼“繒”字与“餳”相近,後檢《漢·灌嬰傳》注,但云“帛之總名”而已。今按《韵略》“慈陵切”,注云:“帛也。”增,咨登切,則世人以“繒”爲“增”,誠非也。《尚書》“厥篚元纖縞”,注云:元,黑繒也;縞,白繒也。釋音云“似陵反”。《礼運》云“瘞繒”,注云:“幣帛曰繒。”釋音“似仍反”。《左氏》衛文公“大帛之冠”注云:“大帛,厚繒。”繒,疾陵切。《晋書·地理志》繒,才陵反。以諸音義攷之,當以“疾陵”爲正。見《懶真子·説文》。《元城語録》曰:然韻切爲慈陵,又若似陵之近也。“餳”字乃在“耕”字韻中,徐盈切,則与“似陵”不相类,但声相近。

---

① “欸”,知不足齋本作“欵”。
② “欵”,原作“款”,據知不足齋本改。
③ “元柳”,四庫本、知不足齋本並作“柳元”。
④ “洲”,四庫本作“州”。

卷之二十二

廬陵鄉先生孫奕季昭撰

字説

集字二

胡仔《苕溪叢話》曰:《元次山集·自釋》曰:①"帶笭箵而盡船。"注:"上下郎荒,②竹器也。"故《唐書音訓》云:"讀作'郎桑',見結本集。"《音訓》又音上力丁切,下息拯切,取魚籠也。盖有平仄两音。《自釋》又云:③"能帶笭箵,全独保生。"其語虽協韻,然《廣韻》、《集韻》於"庚"、"清"、"青"三韻中不收此"箵"字,並於上声"迥"字韻中收之。

又曰:退之《与崔立之》詩云:"四坐各低面,不敢捩眼窺。""捩"音麗,琵琶撥也,謂左右窺。又《荷池》云:"未諳鳴摵摵,④那似卷翻翻。"又有"摵摵井梧踈更殞",摵音縮,又音蹙。

---

① "自",原作"字",據四庫本改。

② "上下郎荒"不辭,知不足齋本作"上丁郎,下桑荒"。四庫本無此四字,有原注:"上郎下切,下桑荒切。"

③ "自",各本均誤作"字",據上文改。

④ "摵摵",四庫本作"槭槭"。按,今本韓愈《奉和虢州劉給事使君三堂新題二十一咏·荷池》作"摵摵"。

並到也。又音索，殞落皃。[①]

後漢趙壹詩：[②]"伊優北堂上，骯髒倚門边。"音"亢葬"，盖高抗倖直皃，見東坡詩註。

東坡《和陳履常雪中》詩："老檜作花真彊項。"趙次公云：潁州多檜而花白，指檜爲言檜老矣，而假雪以爲花，猶人之彊項不伏其老矣。"强項"字如董宣不屈於公主，帝目之彊項令。

東坡《次韻滕大夫》詩云："碣來城下作飛石，一礮驚落天驕魂。"次公云：礮，匹皃反，今之砲石也。又《送鮮於都曹帰蜀》云："籋尽霜須照碧銅。"次公云：籋，讀如"鑷"。《礼部韻》亦作"籋"。

山谷《筍》詩寄東坡，云："大和諸生傀於用韵。"[③]又《伯時畫揩蛘虎》詩云："猛虎肉醉初醒時，揩摩苛蛘風助威。""蛘"與"癢"同。

神宗御製《通鑑序》云："断之以邪正，要之以治忽。"注云："要，伊消切，若'要膂'之'要'。盖要者，衆體之所會也，凡會其宗者爲要之。"

又云："此亦古人述作造端立意之所繇也。"繇，夷周切，与"由"同。古"由"字從"由"從"丂"，《書》曰"若顛木之有甹蘖者"也。[④] 後人省"丂"字，故徐鍇曰：《説文》无"由"字。

---

① "又音"上，四庫本有"搣"字。"又音索殞落皃"六字，知不足齋本爲注。

② "漢"下"趙"上原衍"起"字，據四庫本、知不足齋本删。

③ 顧氏《校補》："'傀於用韻'，此下當注'傀與窘同'四小字。以下文注'蛘與癢同'四小字例之，可見履齋之意，謂'傀'字一音塊，一音欺全反，一音窘，而此合於音窘之讀，故裒集之也。"

④ "丂"，四庫本作"丂"，知不足齋本作"丂"，下同。"甹"，四庫本、知不足齋本並作"甹"。

《南史·劉杳傳》:杳在任昉坐,有人餉昉榐酒而作“榐”字,昉問杳此字是否,荅曰:“葛洪《字苑》作‘木’旁‘吝’。”《集韻》陣榐梠。木名,汁可为酒,或作“㭱”。

《孝林》云:“天保”爲一大人口八十,“甄仲舒”爲予舍西土瓦中人,[①]“董”爲千里草,“趙”爲小月走,“亨”爲二月了,[②]“卓”爲十日卜,“李”爲十八子,“昌”爲二日,“運”爲軍走,“隆”化爲降賈,[③]三刀爲“州”,破田爲“丑”,[④]凡此皆象形取義,非字書偏旁之法也。

《藝苑雌黄》云:食品有“畢羅”者,蕃中畢氏、羅氏好食此味,因以名之。今俗乃從“食”而爲“饆饠”。蔬品有“頗陵”者,昔人自頗陵国將其子来,[⑤]因以爲名。今俗乃從“艸”而爲“菠蔆”。嗚呼!字書之不講久矣。以“對”爲“對”,以“辠”爲“罪”,自秦漢以來則然。熙豐間嘗有成書是正譌謬。孝者不能深考,類以穿鑿訾之,至乃妄有增損。如加“玉”之點,去“井”之一,以“棗”爲“來來”,以“劉”爲“卯金刀”,以“貨泉”爲“白水真人”,以“裴”爲“非衣小兒”,以“松”爲“十八公”,以“董”爲“千里草”,以“安”爲“两角女”,以“春”爲“一日夫”,“幽”爲“山”上掛“絲”,“吴”爲“天”上有“口”,“朱”爲“斗”下“木”,“蘭”爲“門東草”,[⑥]“州”爲“三吴刀”,“羅”爲“四維”,[⑦]

---

① 顧氏《校補》:“‘學林云天保爲一大人口八十’,‘口八’當作‘只’,誤分爲二字”;“下《藝苑雌黄》條同此”。

② “二月”,四庫本作“二口”。

③ “賈”,知不足齋本作“死”。按,“隆化”句似有訛誤。“隆”與“降”字形相近,但“賈”或“死”與“隆”在形體上似無聯繫。

④ “丑”,四庫本作“刄”。

⑤ “自”,原作“有”,據四庫本、知不足齋本改。

⑥ “東”,四庫本作“柬”。

⑦ “四”,四庫本作“天”。

“杳”爲“十八日”,“吉”爲“十一口”,“火”爲“八人”,“昌”爲两“日”,“合”爲“人一口”,“德”爲“人十四心”,“甄仲舒”爲“予舍西土瓦中人”,“天保”爲“一大人口八十”,“趙”爲“小月走”,“亨”爲“二月了”,[①]“卓”爲“十日卜”,“李”爲“十八子”,“運”爲“軍走”,“岳”爲“丘山”,“隆”爲“降死”,[②]“業”爲“苦末”,以破“田”爲“丑”,[③]以“召刀”爲“劭”。狃於習俗,恬不爲非。甚者“果”加“艸”而爲“菓”,“須”加“髟”而爲“鬚”,“景”加“彡”而爲“影”,“準”去“十”而爲“准”,[④]鳳鳥之“皇”爲皇王之“皇”一也,必加“凡”而爲“凰”,燕雀之“燕”与燕安之“燕”一也,必加“鳥”而爲“鷰”。“暴”加“日”而爲“曝”,“然”加“火”而爲“燃”,“岡”加“山”而爲“崗”,“莫”加“日”而爲“暮”。若是之類,豈非俗孶之謬欤?

《皇朝類苑》云:古文自变隸,其法已錯乱,後轉爲楷字,愈訛舛,殆不可攷。如言“有口爲吴,無口爲天”,按字書“吳”字本從“口”從“夨”,音捉。非“天”字也,此因近世謬從楷吴言之。至如两漢篆文尚未廢,亦有可疑者。如漢武帝以隱語召東方朔云“先生來來”,解云:“來來,棗也。”按“棗”字從“朿”不從“來”,音棘。此或是漢人所傳,非當时語。如“卯金”爲“劉”,“貨泉”爲“白水眞人”,此則出於緯書,乃漢人之語。按“劉”字從“丣”從“金”,音酉。如“栁”、“畱”、“駵”皆從“丣”,非“卯”字也。“貨”從“貝”,“眞”乃從“具”,亦非一體。不知緣何如此。字書與本史所記必有一誤也。

---

① “月”,四庫本作“口”。

② “隆爲降死”,四庫本作“隆爲降化”,知不足齋本作“隆化爲降”。

③ “丑”,四庫本作“刃”。

④ “去十”二字原缺,據四庫本、知不足齋本補。

《孝林》云:《沈約傳》曰:"約譔《四声譜》,以謂在昔詞人累千載而不悟,而獨得於胷襟,窮其妙旨,自謂入神。"陸法言論声韵曰:"吴楚則傷輕淺,燕趙則傷重濁,秦隴則去声爲入,梁益則平声似去。"固有即音切而知其義,如之于切爲"諸",①而已切爲"耳",②如是切爲"爾",何不切爲"盍",不可切爲"叵"。至於閭里鄙俗亦有以音切爲呼者:"突鸞"爲"團","屈陸"爲"曲","鶻崙"爲"渾","鶻盧"爲"壺","忒噤"爲"大","咳洛"爲"殻",初非有師孝教授之也,天成自然,莫知所以。約所謂入神,殆此類耶?③

《皇朝類苑》云:切韵之孝,出於西域。漢人訓字,止曰"讀如某字",未用反切。然古語已有二声合爲一字者,④如"不可"爲"叵"、"何不"爲"盍"、"如是"爲"爾"、"而已"爲"耳"、"之乎"爲"諸"之類,⑤從西域二合之音,盖切字之原也。《筆談》。

《緗素雜記》云:古語有二声合爲一字者,如"不可"爲"叵","何不"爲"盍","而犬"爲"耎","酷竉"爲"孔",⑥"竉"音郎動反,孔也,故從"穴"。從西域二合之音,蓋切字之原也。孝者不曉"龍鍾潦倒"之義,正如二合之音是也。"龍鍾"切爲"癃"字,"潦倒"切爲"老"字,謂人之老羸癃疾者,即以"龍鍾

① "于",知不足齋本作"乎"。
② "切"字原脱,據四庫本、知不足齋本補。
③ "此",原作"非",據四庫本、知不足齋本改。
④ "有",原作"者",據四庫本、知不足齋本改。
⑤ "乎",四庫本作"於"。
⑥ "竉",原作"寵",據知不足齋本及注改。按,顔之推《顔氏家訓·書證》:"古無二字,又多假借……'獵'化爲'獦','竉'變成'寵'。"盧文弨《補注》:"從'穴'者,'窟竉'字。"窟竉,即今"窟窿"。

潦倒”目之，其義取此。

《宋子京筆記》云：孫炎作反切，語本出於俚俗常言，故謂“就”爲“鯽溜”，凡人不慧者即曰“不鯽溜”，謂“團”曰“突欒”，謂“精”曰“鯽令”，謂“孔”曰“窟龍”，不可勝夆。而盧仝詩云“不鯽溜鈍漢”，林逋詩云“團欒空繞百千匝”，是不曉俚人反語。逋雖变“突”爲“團”，亦其繆也。

《容齋隨筆》云：切脚語，世人語音有以切脚而稱者，亦間具之於書史中。如以“蓬”爲“勃籠”，[①]“槃”爲“勃闌”，“鐸”爲“突落”，“叵”爲“不可”，“團”爲“突欒”，“鉦”爲“丁寧”，“頂”爲“滴顊”，“角”爲“矻落”，“蒲”爲“勃盧”，[②]“精”爲“即零”，“螳”爲“突郎”，“旁”爲“步郎”，“茨”爲“蒺藜”，“錮”爲“骨露”，“窠”爲“窟駄”是也。[③]

《容齋隨筆》云：今人書二十字爲“廿”，三十字爲“卋”，[④]四十爲“卌”，皆《説文》本字也。“廿”音入，二“十”并也。“卋”音先合反，三十之省便，古文也。“卌”音先立反，数名，今直以爲四十字。案秦始皇凡刻石頌德之辭，皆四字一句。《泰山辭》曰：“皇帝臨位，二十有六年。”《琅邪臺頌》曰：“維二十六年，[⑤]皇帝作始。”《之罘頌》曰：[⑥]“維二十九年，時在中春。”《東觀頌》曰：“維二十九年，皇帝春遊。”《會稽頌》曰：“德愈修長，三十有七年。”此《史記》所載，每稱年者，輒五字一句。嘗得《泰山詞》石本，乃書爲“廿有六年”，想其餘皆如是，

① “蓬”，知不足齋本作“蓬”。
② “勃”，四庫本作“敕”。
③ “窠”，原作“巢”，據四庫本、知不足齋本改。
④ “卋”，四庫本作“卉”，知不足齋本作“卅”。
⑤ “二十六”，《史記·秦始皇本紀》所載作“二十八”。
⑥ “罘”，原作“四不”二字，據四庫本、知不足齋本改。

而太史公誤易之,或後人傳寫之訛耳,其實四字句也。

《世説》云:①皕音祕,二百爲皕。廿音入,二十爲廿。卅,先合切,三十爲卅。卌,先入切,四十爲卌。

《雌黄》云:重疊之"疊",古從三"日"。至亡新以三日大盛,遂改作三"田"。戰陣之"陣",古用"陳",至羲之《字篇》变爲"陣",字遂改從"車"。字晝之变,因循若此者甚多。如"蠶"字作"蚕",不知"蚕"乃音腆。"船"字作"舡",不知"舡"乃音工。書"鬬"作"鬦","鬦"乃音弁。書"商"作"啇","啇"乃音的。書"須"作"湏","湏"乃音潰。書"簡"作"蕳","蕳"乃音艱。書"本"作"夲",②"夲"乃音滔。書"體"作"体","体"乃音捹。③ 書美悪字爲"羙",不知"羙"字從"火",乃羔羊之"羔"也。書肺腑字爲"胇",不知"胇"字從"弗",乃乾胇之"胇"也。以"紙"爲"帋",不知"帋"字都奚切。以"劵"爲"券",④不知"券"字巨願切。⑤ 以"麦"爲"麥",不知"麦"字力升切。以"筆"爲"筆",不知"筆"字兵苗切。場,音傷,乃以爲"塲"字。受,音到,多以爲"受"字。"徘徊"之"徘"或用"俳"字,"俳"乃音排。"角里"之"角",⑥或用"甪"字,"甪"乃音竟。⑦ 以"无"爲"旡","旡"則音既。以"耒"爲"耒","耒"則音劣。

---

① "《世説》",知不足齋本作"《小説》"。顧氏《校補》:"'世'當作'小',謂林罕《小説》也,唐林罕撰,載《郡齋讀書志》,亦載馬氏《經籍考》。"

② "本"、"夲"二字原互倒,據四庫本、知不足齋本及上文文例改。

③ 二"体"字,四庫本均作"骵"。"捹",四庫本作"旞"。

④ "以券爲券",知不足齋本作"以劵爲券"。

⑤ "巨願",四庫本作"逵眷"。

⑥ "角里之角",知不足齋本作"甪里之甪"。按,《史記·留侯世家》有商山四皓,中有"角里先生",《漢書·張良傳》顏師古注作"甪里先生"。

⑦ 二"甪"字,知不足齋本並作"角"。

或以“毆擊”之“毆”爲“毆逐”。或以“边徼”之“徼”爲“儌倖”。[1] “卅”字先合切，[2]乃以爲“茻木”之“茻”。“盻”字下計切，乃以爲“盼視”之“盼”。“陜州”之“陜”与“陜隘”之“陜”形似同而義不同。“甲胄”之“胄”與“世胄”之“胄”音虽同而字不同。[3] “邵公奭”之“邵”，異乎“德弥卲”之“卲”。“郤獻子”之“郤”，[4]異乎“以心卻”之“卻”。“車筴”之“筴”音“簪”，[5]有类乎“笑言”之“笑”。地名之“仗”音“大”，有类乎“伏藏”之“伏”。以“進趨”之“趨”爲“趍”，“趍”乃音“馳”。以“圖諜”之“圖”爲“啚”，[6]“啚”乃音“鄙”。“東”与“柬”不分，“臼”与“舀”无辨；甚者以“著”爲“着”，以“乾”爲“乹”，以“畫”爲“畵”，以“華”爲“花”，而制字之法掃地矣。

《字譜揔論·訛字》云：久矣俗書字體分毫點劃訛失，後李相承，遂成即真。今攷訂其訛謬，疏於後。[7] 且如“蟲”之“虫”，“虫”音“虺”；字“須”之“湏”，“湏”古“頮”字；“關”之“関”，“関”音“弁”字，[8]又扶邁反；“船”之“舡”，“舡”音“航”；“商”之“啇”，“啇”音“的”；“蠶”之“蚕”，“蚕”音“腆”；“鹽”之“塩”，“塩”音“古”；“美”之“羙”，“羙”音“羔”；“體”之“体”，“体”音“坋”；“本”之“夲”，“夲”音“滔”；“匹”之“疋”，“疋”音“雅”，又音“所”；“麥”之“麦”，“麦”音“陵”。凡此非爲訛失，

---

① “儌倖”，原作“徼倖”，據知不足齋本改。

② “卅”，原作“卉”，據知不足齋本改。

③ “甲胄”之“胄”與“世胄”之“胄”底本及知不足齋本字同，今字形亦同。四庫本“世胄”之“胄”作“胄”。

④ 二“郤”字，原均作“卻”，據四庫本、知不足齋本改。

⑤ “車筴之筴音簪”，知不足齋本作“車笑之笑音替”。

⑥ “諜”，四庫本作“牒”。

⑦ “後”，原作“后”，據四庫本、知不足齋本改。

⑧ 二“関”字，四庫本、知不足齋本並作“開”。

是全不識字也。

又如“顧”之“頋”，“覇”之“霸”，①“喬”之“高”，“獻”之“献”，“國”之“国”，“廟”之“庿”，②“亂”之“乱”，③“殺”之“煞”，“趨”之“趋”，④“虧”之“虧”，“錢”之“𢦏”，“齊”之“斉”，“齋”之“斎”，“學”之“斈”，“臺”之“坮”，“寶”之“宝”，“驅”之“駈”，“棲”之“栖”，“甕”之“瓮”，“兔”之“兎”，“遲”之“遅”，“著”之“着”，“㮚”之“栗”，“繩”之“縄”，“飯”之“飰”，“備”之“俻”，“豬”之“猪”，“鄒”之“邹”，“若”之“若”，⑤“肅”之“粛”，“襄”之“褻”，“繼”之“継”，“斷”之“断”，“嬭”之“妳”，“獮”之“狝”，“畛”之“訡”，⑥“珍”之“珎”，“參”之“叅”，⑦“泰”之“泰”，“恭”之“恭”，⑧“醉”之“酔”。凡此皆俗書也。

又有“暴”字之類者，上有“日”矣，旁又加“日”焉。類如“莫”之“暮”，“基”之“堪”，“然”之“燃”，“岡”之“崗”。凡此皆偏旁之贅者也。

又有“尊”、“樽”字，只一字耳，而旁又加“木”焉。如“昏”之“婚”，“女”之“汝”，“匊”之“掬”，“與”之“歟”，“回”之“迴”，“園”之“薗”，“果”之“菓”，“席”之“蓆”，凡此皆偏旁又贅者。

① “覇之霸”，四庫本作“霸之覇”，知不足齋本作“霸之罷”。

② “庿”，知不足齋本作“庙”。

③ “亂之乱”，知不足齋本作“辭之辞”。鮑廷博案：“舊刻‘亂之乱’，鈔本如此。”

④ “趋”，四庫本作“趍”。

⑤ “若”，四庫本作“若”。

⑥ “訡”，四庫本作“診”。

⑦ “叅”，四庫本、知不足齋本並作“条”。

⑧ “恭”，原作“恭”，據四庫本、知不足齋本改。知不足齋本孫志祖注：“‘恭’乃恭本字，‘恭’亦非俗書也。”

如“宜”、“冥”、“富”、“寇”皆從“宀”，[1]而俗書爲“宜”、“冥”、“冨”、“冦”而從“冖”；“沖”、“況”、“梁”、“涼”皆從“水”，而俗書爲“冲”、“况”、“梁”、“凉”而從“冫”，“冫”音“冰”字；“廚”、“廳”皆從“广”，而俗皆從“厂”；“博”、“協”皆從“十”，俗皆從“忄”。

又有偏旁相錯者。如“舀”、“臽”相似，“取”、“耴”相亂，“東”、“朿”不分，“奕”、“弈”無辨，“鳥”、“隹”通用，“冃”、“月”同體。[2] 凡此皆俗書之訛也。近時以來，用字之的當以監本《省韻》及《廣韻》、《玉篇》、《集韻》爲正。韻非不正也，其如鋟木，匠士何，皆不可攷訂。況《廣韻》雖分明注爲俗字，而《集韻》所載則真俗相亂耳，學者可不審諸！

《雌黄》云：晉、宋以來，多能書者，至梁大變。蕭子雲改易字體，邵陵王頗行僞字，前上爲“草”、能傍作“長”之類是也。至爲一字，唯見數點，或妄斟酌，遂使轉移。北朝喪亂之餘，書迹猥陋，専輒造字，猥拙甚於江南。乃以“百念”爲“憂”，“言反”爲“變”，“不用”爲“罷”，“追來”爲“歸”，“更生”爲“蘇”，“先人”爲“老”，如此非一，徧滿經傳。

又云：李濟翁《資暇録》云：“俗之誤談何限！呼郡刺史爲‘刺史’，謂官涉爲‘官陟’，振鼻爲‘噴涕’，呿口爲‘愛富’，熨斗爲‘熅’，[3]剪刀爲‘箭’，帽爲‘幕’，禮爲‘里’。”予攷字書，熅，於問切，以火伸物。則知呼熨斗爲“熅”，當用此字。濟翁不攷，一槩謂之誤談，非也。

“无”亦作“亡”，自古只用此二字。秦時始以“無”字爲

---

① 知不足齋本顧廣圻注：“‘冥’從‘冖’聲，見《説文》，季昭失考。”
② “冃月”，原作“月月”，據四庫本改。知不足齋本作“月冃”。
③ “熅”，原作“醖”，據四庫本、知不足齋本改。

“有無”之字。《説文》曰：無，文甫切。今借爲“有無”字。《玉篇》云：蕪，文甫切，繁蕪豐盛也，[①]今爲有無字。古之經書皆篆文，秦变篆爲隸，多改其字形。《詩》、《書》、《周礼》、《春秋》、《礼記》、《論語》皆用“無”字，[②]乃变篆爲隸者改之。惟《周易》首尾尽用“无”字，蓋变隸時不曾改易，不在焚之数，亦不得而改。至於“亡”字，亦有存而不改者。《論語》曰“有若亡”，“亡而爲有”，“人皆有兄弟，我獨亡”，“焉能爲亡”，“不如諸夏之亡也”，以上“亡”字獨不改者，盖变隸時誤讀爲“存亡”之“亡”，[③]故存而不改也。史書亦多用之爲“無”。《漢書》曰：“内亡骨肉本根之輔，外亡尺土藩翊之衛。”又曰：“朝亡廢官，邑亡敖民，地亡曠土，国亡捐瘠。”司馬相如賦曰：“亡是翁者。”賈山曰：“錢者亡用器也。”翟方進曰：“苟能亡恥。”《漢書》用“亡”字甚多。

“敕”字亦作“勑”字，[④]此詔敕之字也。“敕”不若“勑”也，從“力”，[⑤]則順於行草書而美看，故古今寫“敕”字惟用從“力”之“勅”。[⑥] 然世俗寫“束”字“來”字並作“来”形，[⑦]寫“敕”爲“勑”者，盖俗書变“束”爲“來”也。[⑧]《説文》、《玉篇》、《廣韻》“勑”字並音“賚”，惟《集韻》“來”字韻中有“勑”字，又於“敕”字下收“勑”，注曰：“相承用作‘勑’字。”盖言相承用，

---

① “蕪”、“蕪”，知不足齋本均作“橆”。“蕪”，四庫本作“英”。
② “無”，原作“无”，據四庫本、知不足齋本改。
③ “存”，原作“有”，據四庫本、知不足齋本改。
④ “勑”，四庫本、知不足齋本並作“勅”。
⑤ “勑也”，知不足齋本作“敕之”。
⑥ “勅”，原誤作“敕”。
⑦ “來字”，四庫本無此二字。“来形”，原作“來形”，據知不足齋本改。
⑧ “束”，原誤作“敕”。

則元非“勑”字。[①]

《雌黄》云：“勞勑”之“勑”，洛代反；“詔勅”之“勅”，蓄力切。世俗多以“勑”爲“勅”，縁“勅”字古從“力”，是以因循致誤。《集韻》旣於去声“代”字韻出“勑”字，又於入声“職”字韻列一“勑”字，於“勅”字之下注云：“勑，本音賚，世以爲‘勅’字，行之久矣。”夫“勑”既非“勅”字，實出於世習之誤。“勅”字下自不當出此字，[②]亦《集韻》之誤。

《邵氏聞見後録》云：文彦博本姓敬，其曾大父避石晋高彦諱，更姓文；至漢復姓敬，入本朝其大父避翼祖諱，又更姓文。初，敬氏避諱，各用其一偏，或爲文氏，或爲苟氏。然“敬”字從“茍”，[③]音棘。非“苟”也，從“攴”，非“文”也。俱非其一偏也。[④]

《吕氏家塾記》：大宗欲相正惠公，左右或曰：“吕端之爲人糊塗。”讀爲“鶻突”。帝曰：“端小事糊塗，大事不糊塗。”決意相之。

柳子厚詩云：“善幻迷冰火，齊諧笑柏塗。”注云：《東方朔傳》“老柏塗”，“塗”音“茶”。

又云：“猶訝雉爲鸛”，音“華”，雉也。即孔安国注《益稷》篇“華虫”之義。

東坡《和刘景文〈雪〉》詩：“童子愁冰硯，佳人苦膠杯。”次公云：“膠”字去声，与白樂天“一楪膠牙餳”之“膠”同。“膠杯”虽出《莊子》“置杯焉則膠”，而此所謂“膠杯”乃是酒凍也。

---

① “元非”，原作“無非”，據知不足齋本改。四庫本作“無用”。
② “出”，四庫本作“收”。
③ “茍”，知不足齋本作“苟”。
④ “偏”，原作“徧”，據四庫本、知不足齋本改。

又《次韵子由柳湖感物》詩："胡爲譏評去声。不少借，生意凌挫難爲繁。"

又《謝陳季常惠一揞巾》，於感反，藏也。

又《次韵周種惠石椩》詩，①皆鼎鐺之意，想与"銚"同。

山谷云：能，奴登切，獸名，熊属，足似麞鹿，絶有力，故有絶人之才者謂之能。能，奴来切，三足鼈也。今徐季海於"来"字韵用"法士多瓌能"，②乃是僧似鼈耳。然魏晋人作詩多如此借韵。

潘子真云：曾子固言：《阿房宫賦》"鼎鐺玉石，珠瑰金礫，棄擲邐迤，秦人視之，亦不甚惜"，"瑰"當作"塊"，盖言秦人視珠玉如土塊瓦礫也。

洪駒父云：牧之云"未雩何龍"，鮑欽止謂予言古本是"未雲何龍"，當以此爲是。

《摭言》云：李相讀《春秋》，誤以叔孫婼"敕略"呼爲"敕晷"。有小吏曰："某緣師受誤呼文字，今聞相公呼'婼'爲'婼'，方悟之耳。"公曰："不然。"因檢《釋文》，果"敕畧反"。公大慚，号小吏爲"一字師"。

李陽冰《上李大夫古篆書》云：常痛孔壁遺文、汲冢旧簡，年代浸遠，謬誤滋多。蔡中郎邕。以"豐"同"豊"，李丞相斯。將"束"爲"宋"，魚魯一惑，涇渭同流。

《抱樸子》云：書三寫，"魚"成"魯"，"帝"成"虎"。

刘歆《七略》云：古文或誤以"見"爲"典"，以"陶"爲"陰"。

蔡邕撰《郭有道碑文》："先生諱泰，字林宗"，"其先出自

① "椩"，今本蘇軾詩作"銚"。
② "瓌"，原作"壊"，據知不足齋本改。

有周王季之穆,有虢叔者,實有懿德,文王咨焉。建国命氏,或謂之郭,即其後也。”李善曰:“高誘《戰国策》注曰:郭,古文‘虢’字也。”

嵇康《養生論》云:“内懷殷憂,則達旦不瞑。”李善曰:“瞑,古‘眠’字。”刘良曰:“閉目曰眠。”

《孝林》云:“格”亦音“閣”。《前漢·文三王傳》:太后欲以梁王爲嗣,大臣及袁盎等有所関説,太后議格。蘇林注曰:“格音閣。”《義縱傳》:楊可方受告緡,縦以爲此亂民,捕其可使者。天子聞,以爲廢格沮事。《漢書音義》曰:“廢格詔書,沮已成之事。”師古曰:格音閣。凡此皆讀爲“閣”。《礼記》:“發然後禁,則扞格而不勝。”注:“讀曰‘凍洛’之‘洛’。”陸德明《釋文》云:“洛”,胡格反,[①]一音户各反,“格”,胡客反,又户隔反。凡此讀爲胡客反。又《史記·楊僕傳》云“置伯格長”,徐廣曰:格,古村落字,街陌屯落皆設督長也。[②]《前漢·楊僕傳》云“置伯樂長”,[③]師古曰“置伯及邑落之長”,予考《前漢》“落長”之語乃在《王温舒傳》,非《楊僕傳》也。則知《史記》讀“格”爲“落”。凡此“格”讀爲“落”。

《孝林》云:《孟子》曰:“士未可以言而言,是以言餂之也。”趙岐注曰:“餂,取也。”郭璞注曰《方言》音忝,謂取物也,其字從“金”,亦作奴兼切。《玉篇·食部》有“餂”字,注曰:“達兼切,古‘甜’字。”《廣韻》曰“餂,他點切,取也”。義

---

① “洛”,原作“格”,據知不足齋本改。

② “徐廣”,原誤作“胡廣”。按,裴駰《史記集解》引徐廣曰:“(格)一作‘落’。古‘村落’字亦作‘格’。街陌屯落皆設督長也。”“設”,原誤爲“殺”,據四庫本、知不足齋本改。

③ “前漢”,原作“前後”,據四庫本、知不足齋本改。

与《孟子》合。孫奭《音義》:“餂,奴兼切。”《礼部韻》:“奴廉切。”①

《公羊傳·昭公二十年》:“惡惡止其身”,“善善及子孫”。“惡惡”,並如字,一讀上烏路反。又《定公八年》:“睋而鋟其板”。“睋”,五多反。“鋟”,本又作“鑯”,七廉反,又且審反,以爪刻鏤斂板也。

古汳高元之《茶甘録》云:杜子美《哀貶台州鄭司户虔》詩云:“薈蕞何技癢。”“薈”,烏外切,草多皃。“蕞”,在最切,又徂外切,小也。虔自謂著書雖多,而皆碎小之事也。後人傳寫誤爲“會粹”,謂會集其純粹,失之遠矣。“癢”,以两切,痒也,謂人有藝技不能自忍,如人之癢也。甫謂虔私著国史者,不能自忍也尔。唐史氏謂虔集當世事著書八十篇,目其書爲“會粹”,亦承襲之誤矣。

《邵氏聞見後録》云:《前漢·敍傳》“外博四荒”,按《書》“外薄四海”,“博”字爲誤。《魏·高堂隆傳》“是用大簡”,按《詩》“是用大諫”,“簡”字爲誤。《後漢書·方術傳》“懷協道藝”,當作“挾”字。《胡廣傳》“議者剥異”,當作“駮”字。《朱浮傳》“保宥生人”,當作“祐”字。王允“乳藥求死”,當作“茹”字。《珩璜論》此一段並同,但“王允”作“充”字。史官失於是正,類此者不一。

王荆公晚喜説字。客曰:“‘覇’字何以從‘西’?”荆公以“西在方域主殺伐”,累言数百不休。或曰:“‘覇’從‘雨’不

---

① 知不足齋本錢馥注:“《廣韻》下平聲二十五添部:‘鲇,奴廉切。’《孟子音義》本亦作‘鲇,奴廉切’。奴廉切是音‘鲇’字,與《廣韻》同也。認‘奴廉切’爲‘餂’字之音,非。”

從‘西’。”荆公輒曰：“如時雨化之耳。”其孝務鑿無定論類此。

刘器之与東坡元祐初同朝，東坡勇於爲義，或失之過，則器之必約以典故。東坡至發怒曰：“何处把上把，去声，農人乘以事田之具。① 獲得一‘刘正言’來，知得許多典故！”

夔州古名“朐䏰”。“朐”音蠢，又音劬；“䏰”，如尹反，又音忍，蚯蚓也。

崔偓佺淳化中判国子監，有字孝。太宗問曰：“李覔嘗言四皓中一人姓，或云‘用’上加一撇，或云‘用’上加一點，果何音？”偓佺曰：“臣聞‘刀’下‘用’，榷音，两點下‘用’，鹿音。‘用’上一撇一點俱不成字。四皓中一人，甪里先生也。予謂今書甪里‘用’上加撇者非是。”②

俗語：借与人書爲一癡，還書与人爲一癡。予每疑此語近薄。借書還書，理也，何癡云？後見王樂道《与前穆四書》：③出師頌書，函中最妙絶，古語：借書一瓻，還書一瓻。欲以酒二尊往，知卻例外物不敢。因檢《説文》，瓻，抽遲反，亦音絺，注云：“酒器。”古以借書，盖俗誤以爲“癡”也。並《邵氏聞見後録》。

《顔氏家訓》云：“文字者，墳籍根本。世之孝徒，多不曉字：讀五經者，是徐邈而非許慎；習賦誦者，信褚詮而忽吕忱；

---

① “把上”，知不足齋本作“杷上”。“乘”，知不足齋本作“秉”，當是。

② 按，《史記·留侯世家》有商山四皓，中有“角里先生”，《漢書·張良傳》顔師古注作“甪里先生”。

③ “前”，今本《邵氏聞見後録》作“錢”。

明《史記》者，專皮、鄒而廢篆籀；[①]李《漢書》者，悦應、蘇而略《蒼》、《雅》。不知書音是其枝葉，小李乃其宗系。”

“晋宋以來，所有部帙楷正可觀，[②]不无俗字，非其大損。至梁天監之間，斯風未变，大同之末，訛替滋生。蕭子雲改易字躰，邵陵王頗行僞字，前上爲“草”、能傍作“長”之类是也。朝野翕然，以爲楷式，畫虎不成，多所傷敗。”“尔後墳籍，略不可看。北朝丧乱之餘，書迹鄙陋，加以專輒造字，猥拙甚於江南。乃以‘百念’爲‘憂’，[③]‘言反’爲‘變’，‘不用’爲‘罷’，[④]‘追來’爲‘歸’，[⑤]‘更生’爲‘蘇’，[⑥]‘先人’爲‘老’，如此非一，徧滿經傳。”

“或曰：‘今經典，子皆謂非，《説文》所言，子皆云是，然則許慎勝孔子乎？’曰：‘今之經典，皆孔子手迹耶？’客曰：‘今之《説文》，皆許慎手迹乎？’[⑦]荅曰：‘許慎檢以六文，貫以部分，使不得誤，誤則覔之。孔子存其義而不論其文也，先儒尚得改文從意，何況書寫流傳耶？必如《左傳》“止戈”爲“武”，反“正”爲“乏”，“皿蟲”爲“蠱”，“亥”有二首六身之類，後人自不

---

① “皮”，王利器《顔氏家訓集解》作“徐”，注云：“‘徐’，原作‘皮’，今據《少儀外傳》上引改。案：司馬貞《史記索隱序》：‘貞觀中，諫議大夫崇賢館學士劉伯莊，達學宏才，鉤深探賾，又作《音義》二十卷，比於徐、鄒，音則具矣。’正義徐、鄒并言。以徐、鄒注《史記》，重在字義，故此云‘專徐、鄒而廢篆籀’也。趙曦明曰：‘皮，未詳，疑是裴字之誤，裴駰著《史記集解》八十卷。或云是徐，宋中散大夫徐野民撰《史記音義》十二卷，見《隋書·經籍志》。’”

② “有”，原作“以”，據知不足齋本改。按，今本《顔氏家訓》亦作“有”。

③ 釋行均《龍龕手鑑·心部》：“悳，古文，於求反”，“今作‘憂’，同”。

④《龍龕手鑑·不部》有“甭”字，云“音弃”。音與此不同。

⑤《龍龕手鑑·來部》：“皫，音歸。”

⑥《龍龕手鑑·更部》：“甦，音蘇。”今“蘇醒”之“蘇”亦可作“甦”。

⑦ “手迹”二字，原無，據知不足齋本補。按，今本《顔氏家訓》有此二字。

得輒改也，安敢以《説文》校其是非哉？且余亦不專以《説文》爲是也，其有援引經傳与今乖者，未之敢從。’”

“大抵服其爲書，隱括有條例，剖析窮根源，鄭玄注書，往往引其爲證。若不信其説，則冥冥不知一點一畫有何意焉。世間小孝者，不通古今，必依小篆是正書記。及《尔雅》、《三蒼》、《説文》，豈能悉得蒼頡本指哉？亦是隨代損益，各有同異。西晋已往字書，何可全非？但令體例成就，不爲專輙耳。”

古字多假借，“以‘中’爲‘仲’，以‘説’爲‘悦’，以‘召’爲‘邵’，以‘間’爲‘閑’，如此之徒，亦不勞改。自有訛謬，過成鄙俗，‘亂’傍爲‘舌’，‘揖’下無‘耳’，‘席’中加‘帶’，‘惡’上安‘西’，‘鼓’外設‘皮’，‘鑿’頭生‘毁’，‘獵’化爲‘獦’，音葛，獸名，出《山海經》。‘寵’变成‘寵’，寵音郎動反，孔也，故從“穴”。如此之類，不可不治。吾昔初看《説文》，蚩薄世字，從正則懼人不識，隨俗則意嫌其非，略是不得下筆也。所見漸廣，更知通變，救前之執，將欲半焉。若文章著述，猶擇微相影響者行之，官曹文書，世間尺牘，幸不違俗也。”

《楊文公談苑》云：今之姓胥姓雍者，皆平声。春秋胥臣、漢雍齒、唐雍陶皆是也。蜀中作上声去声呼之，盖蜀人率以平爲去。

陳曄《瑣碎録》云：《南粤志》載：嶺南字“奣”、音匾。“奀”、音矮。“坙”，音穩。似此有数十字，[1]皆以意爲之。又云：数之大字，皆是借用，“專壹”、“疑貳”、“相參”、“放肆”、“軍伍”、

① “数十”，四庫本、知不足齋本並作“十數”。

“水陸”、“膠柒”、“把捌”、“瓊玖”、“收拾”、“叔伯”、“阡陌”、“萬舞”。[1] 又云：“善”字從“口”，“惡”字從“心”，“喜”、“怒”字亦然。

---

① “貳”，原作“二”，據四庫本、知不足齋本改。“萬舞”下知不足齋本錢馥注：“《説文》‘鳳’字解：‘鳳飛，羣鳥從以萬計。’則‘萬’字非借用也。”

卷之二十三

廬陵鄉先生孫奕季昭撰

字説

集字三

謝玄暉《銅雀臺》詩曰:“繐帷飄井幹,尊酒若平生。”五臣注:“銅爵臺,一名井幹楼。”《孝林》按,幹,音翰。《史記》始皇幽母於咸陽宫,諫者殺之於井幹闕下。又:漢武帝立井幹楼,高五十丈。《漢·郊祀志》亦云,師古注曰:“井幹楼,積木而高,於楼若井幹之形也。[①] 井幹者,井上木欄也,其形或四角,或八角。”又謂之“銀床”,皆井欄也。

楊子《重黎篇》:“或問:茅焦歷井幹之死。”司馬曰:“幹”音韓。井幹謂始皇殺諫者二十七人,積尸闕下,如井幹之狀。

魯直詩云:“君家氷茄白銀色,殊勝垻裏紫彭亨。”注云:“垻,必駕切。蜀人謂平川曰垻。”

刘器之《元城語録》云:《襄公三十年》所謂“亥二首六身”者,注云:“亥字二畫在上,併三六爲身,如筭之六。”蓋古之

---

① “於”,今本《漢書·郊祀志下》顔師古注作“爲”。

“亥”字如此寫，故曰“二首六身”，其下六畫如筭子三个六数也。所謂“下二如身，是其日数”者，注云：“下亥上二畫，立置身傍。”①蓋如者往也，移下“亥”上二畫，往於“亥”字身仄，則當如此“㤥”寫，其左竪者二畫乃二万也，②其右重者六畫乃三箇筭子六数，③則六千六百六旬也，故曰“是其日数也”。且四百四十五甲子，合得二万六千七百，今乃差四十日者，則前所謂“其季於今三之一”，謂其末甲子纔得二十日，故少四十日也。

孔毅父《珩璜論》云：王弼注《易》“鼎折足，其形渥，凶”，以爲“沾濡之形也”。《新唐史·元載贊》以爲“刑剭”，《廣韻》“剭”音屋，又音握。鄭玄《周礼注》“剭誅，謂所殺不於市而以適甸師氏”。《邵氏聞見録》云：王弼注“鼎折足，覆公餗，其形渥，凶”，以爲“沾濡之形也”，盖弼不知古《易》“形”作“刑”，“渥”作“剭”。“剭”音“屋”，故《新唐史·元載贊》用“刑剭”，亦《周礼》“剭誅”云。

《珩璜論》云：“朝請”，音才性反，非“請託”之“請”也，見《成帝紀》注。又云：古字通用，後人草則加“草”，木則加“木”，遂相承而不知也。如“倚”、“卓”遂作椅桐之“椅”、棹船之“棹”。廳者，於此聽事也，只作“聽”字，後人以爲屋也，加“广”，宜檢切。如“庭”、“廡”之類，今訛遂作“厂”字。《玉篇》：厂呼旦切。者，山石之厓岩人可居也。今《礼部韻》亦訛也。

《孛林》云：古篆“五”字爲義，象陰陽交乂之義，“午”字亦取此義。《周礼》：“壺涿氏掌除水虫”，“以牡橭午貫象齒而沉

① “立置身傍”，今本《左傳》杜注作“竪置身旁”。
② “二畫”，原作“一畫”，據四庫本、知不足齋本改。
③ “子”，原作“字”，據知不足齋本改。

之,則其神死”。鄭氏注曰:“‘午故書爲‘五’。杜子春曰:‘五貫’當爲‘午’。”蓋用象齒交五貫於椁木之上也。故書,别本《周礼》也。故書作“五”,則“午”、“五”通用明矣。史言“旁午”者,四通八達皆通,亦縱横交互之義也。“端五”或作“端午”,亦見通用。《資暇録》云者,非也。李正文《資暇集》云:周处《風土記》:“仲夏端五,烹鶩角黍。”端,始也。謂五月初五日也。今書“端午”,其義无取。予家元和中端五詔書並无作“端午”字。①

《雌黄》云:江南有小栗,謂之“茅栗”,音“草茅”之“茅”。沈存中云:正所謂“芧”,《莊子》云“狙公賦芧”者,音屿。《本草》有羊蹄,一名“蓄”,陶隱居云“今人呼爲秃菜,蓋蓄音之訛”。《詩》曰:“言采其蓄。”“茅”與“芧”,其文相近,“蓄”與“秃”,其声相近,故其訛如此。

竊怪杜詩有“皂鵰寒始急”,白樂天詩有“千呼万唤始出來”,二者似涉語病。司馬温公云:“始”字皆作去声讀,若從上声,尤可怪笑。故李希声云:“始”有二音,“終始”之“始”則音上声,“万物資始”是也。有所宿留而今甫然者,則音去声,“蟬始鳴”是也。“寒始急”、“始出來”,亦“蟬始鳴”之類乎。同上。

《古今詩話》云:詩人用“也”字,本皆音“夜”。杜云“青袍也自公”,元稹云“也向慈恩寺裏遊”,今人讀如字,非也。

程大昌《演繁露》云:《周禮》“廉能”之類,②諸家雖訓“廉”爲“察”,常疑理不相附。因閲《漢高帝紀》詔“廉問,有不

---

① “元和中端五詔書”,原作“元和中端五端五詔書”,知不足齋本作“元和端平中端五詔書”,據四庫本及今本唐李匡乂《資暇集·端午》改。按,“李正文”即李匡乂。李匡乂一作“李匡文”,宋諱“匡”字,缺筆,遂誤爲“正”,詳見知不足齋本鮑廷博附志。

② “周”,原作“思”,據四庫本、知不足齋本改。

如吾詔者，以重論之”，顔氏曰：“‘廉’字本作‘覝’，其音同。”乃知“廉”之爲察，本“覝”字也，有覘視之義。①

《後漢・馮衍傳》説鮑永曰：“然而諸將虜掠，飢者毛食，寒者裸跣。”注云：“毛，草也。”大子賢案：“《衍集》‘毛’作‘無’，今俗語猶然，或古亦通用乎？”②“耗矣哀哉”，注以“耗”爲“毛”，毛，无也。③ 唐黄繙綽諧語以“賜緋毛魚袋”，借“毛”爲“无”，則知閩人之語亦有本。

古字不拘偏旁，多借同声用之。《漢志》“疇人”疑“籌人”也，從筭曆言之，比“疇列”之“疇”於義爲徑。並《演繁露》。

馬大年《嬾真子録》云：“俗諺云‘一鉤絲能得幾時絡’，以諭小人之逐目前之樂也。然‘鉤’字合作‘緰’。《太玄經・務》之‘次五’曰：④‘蜘蛛之務，不如蠶一緰之利。’‘緰’音七侯切，與‘鉤’同音。今以《太玄經》證之，故‘鉤’當作‘緰’。”

又云：“二十八宿，今《韻略》所呼與世俗所呼往往不同。《韻略》‘宿’音綉，‘亢’音剛，‘氐’音低，‘觜’音訾，皆非也。何以言之？二十八宿，謂之二十八舍，又謂之二十八次。次也，舍也，皆有止宿之意。今乃音綉，此何理也？⑤《尔雅》

---

① “覘”，原作“硯”，據四庫本、知不足齋本改。

② “衍集”，原作“衍傳”，據知不足齋本改。按，今本《後漢書・馮衍傳上》章懷太子李賢按語作：“《衍集》‘毛’字作‘無’，今俗語猶然者，或古亦通乎？”

③ 按，“耗矣哀哉”出《漢書・董仲舒傳》，注文并未解“耗”爲“毛”，此當是季昭誤記。《漢書・高惠高后文功臣表序》：“訖於孝武後元之年，靡有孑遺，耗矣。”孟康注：“‘耗’音毛。無有毛米在者也。”顔師古注：“孟音是也，而解非也。孑然，獨立貌，言無有獨存者，至於耗盡也。今俗語猶謂無爲耗，音毛。”此蓋季昭所本。

④ “太玄”，原作“大元”，知不足齋本作“太元”，“元”字係避清康熙帝諱改，據今本《懶真子》改正，下同。

⑤ 知不足齋本盧文弨案：“北人以‘宿’呼‘秀’，自古相傳爲然。如‘宿留’亦爲‘秀’，今北士尚如此，不便以南音改之。”

云：‘壽星，角亢也。’注云：‘數起角亢，列宿之長。’故有高亢之義。今乃音剛，非也。《尔雅》：‘天根，氐也。’注云：‘角亢下繫於氐，若木之有根。’其義如《周礼》‘四圭有邸’、《漢書》‘諸侯王邸’之‘邸’，音低誤矣。西方白虎，而參觜爲虎首，故有觜之義，音訾誤矣。彼《韻略》不知，但欲異於俗，不知害於義也，學者當如其字呼之。”洪景盧《容齋隨筆》云：二十八宿，“宿”音“秀”，若考其義，則止當讀如本音。嘗記前人有説如此。《説苑・辨物篇》：“天之五星運炁於五行”，“所謂宿者，日月五星之所宿也”。其義昭然。①

魯臧武仲，名紇。孔子父，鄹人。② 紇，乃叔梁紇也，皆音恨發切，而世人多呼爲“核”。有一小説：唐蕭穎士輕薄，有同人誤呼武仲名，因曰：“汝‘紇’字也不識。”或以爲“瞎”字也，不識誤矣。

今之士人簡尺中或以“薢茩”易“邂逅”字，非也。《離騷經》云：“製芰荷以爲衣兮。”王逸注云：“芰，蔆也。秦人曰‘薢茩’。”薢，音皆；茩，音苟。僕仕於関陝之間，不聞此呼，正恐王逸别有義尔。

文房四物，見於傳記者，若紙、筆、墨皆有據，至於硯，即不見之。獨前漢張彭祖少與上同研席書，又薛宣思省吏職，下至筆研皆爲設方略。盖古无“硯”字。古人諸事簡易，凡研墨處不必硯，但可研処即爲之尔。矛楯、螭坳，載於前世，不若今世事事冗長，故只謂之“研”，不謂之“硯”。然任緝之《北

① “辨物”，原作“卞根”，“天之五星”原作“吴之晋生”，均據知不足齋本及今本《説苑》改。

② “子父”，“父”字原脱，據四庫本補。《懶真子》作“之父”。

征記》"孔子廟中有石硯一枚，乃夫子平生物"，①非經史，不足信。

《前漢·百官表》"少府"之屬官凡五十餘人，有導官掌米穀以奉至尊。② 然孝者多疑"導"字之義。僕考《唐·百官志》："䆃官令，掌䆃擇米麥，凡九穀，皆隨精麄考其耗損而供。"然"導"字下從"寸"，唐"䆃"字下從"禾"。今按《韻略》"瑞禾一莖六穗謂之䆃"，恐唐以瑞禾名官也。僕嘗以此問僕舅氏，笑云："此盖讀司馬長卿《封禪書》誤耳。《書》云'導一莖六穗於庖'，注云：'導，擇也。'③一莖六穗謂嘉禾之米也，後人誤以瑞禾爲䆃，遂併官名失之，可一笑也。"並《嬾真》。

《通鑑釋文》云：晉惠帝元康七年"寗馨"，《晉書》音哦音而以"甯"音之，寗馨猶言"阿堵"，阿堵之義盖指物之稱。④《演繁露》云：山濤見王衍曰："何物老嫗，生寗馨兒。""寗"作去声，"馨"音"亨"，今南人尚言之，猶言"恁地"也。宋前廢帝悖逆，太后怒語侍者曰："將刀來，割我腹，那得生寗馨兒！"此两"寗馨"同爲一意。《雌黄》云：晉書"寗馨兒"，"寗"字相傳

---

① "北"，疑當作"從"。按，《初學記》多次引"任緝之《從征記》"。《初學記·文部·硯》："《從征記》曰：'鲁国孔子廟中有石硯一枚，蓋夫子平生時物。'"

② "奉至"二字原誤倒，據《懶真子》改。

③ 二"導"字，四庫本及今本《史記·司馬相如列傳》均作"䆃"。按，《史記·司馬相如列傳》載司馬相如《封禪書》："䆃一莖六穗於庖，犧雙觡共抵之獸。"裴駰《集解》："徐廣曰：'䆃，瑞禾也。'駰案：《漢書音義》曰：'謂嘉禾之米，於庖廚以供祭祀。'"司馬貞《索隱》："䆃，一莖六蕙。鄭玄云：'䆃，擇也。'《説文》云：'嘉禾一名䆃。'《字林》云：'禾一莖六蕙謂之䆃也。'"

④ "元康"，原作"永熙"。按，晉惠帝永熙僅一年，無"永熙七年"。考之《通鑑》，晉惠帝元康七年："（王）衍神情明秀，少時，山濤見之，嗟歎良久，曰：'何物老嫗，生寧馨兒！'"據此改之。"哦音"，四庫本作"義寧"。"《晉書》音哦音"有訛誤。《通鑑釋文·晋紀四》"寧馨"："寧，《晋書音義》無音，而世以'甯'音之。寧馨猶言'阿堵'，阿堵之義蓋指物之稱。"

多作去声，如唐人詩云“家无阿堵物，門有寧馨兒”是也。而劉夢得詩“爲問中華孝道者，幾人雄猛得寧馨”，則又作平声。

《南部新書》云：天宝四載改《尚書》“无頗”作“陂”。

《顔氏家訓》云：大史公曰：“寧爲雞口，无爲牛後。”此是删《戰国策》耳。按，延篤《音義》曰：“尸，雞中之主；從，牛子。”然則“口”當爲“尸”，“後”當爲“從”，俗寫誤也。

甫者，男子之美稱，古書多假借爲“父”字，北人遂无一人呼爲“甫”者，唯管仲、范增之號湏依字讀耳。《談苑》云：《千字文》題云“勑員外散騎侍郎周兴嗣次韻”，“勑”字乃“梁”字傳寫誤耳。時帝王命令尚未稱“勑”，至唐顯慶中，始云不經鳳閣鸞臺不得稱“勑”，“勑”之名始定於此。

《筆談》云：王聖美治字孝，以爲右文。古之字書皆從左文，凡字其類在左，其義在右，如木類其左皆從“木”。所謂右文者，如戔，[①]小也，水之小者曰“淺”，金之小者曰“錢”，貝之小者曰“賤”，如此之類，皆以“戔”爲義也。

《遯齋閑覽》曰：今士俗同訛者，豈唯“打”字，如“不”字，本方鳩切，人皆以逋骨反呼之。遍檢諸韻，並無此音。

《歸田録》云：世俗語訛君子小人同其謬者，惟“打”字。“打”音丁雅。其義本謂考擊，故人相毆，以物相擊，皆謂之打。而工造金銀器，亦謂之打可矣，盖有槌擊之義也。至於造舟車曰打舡、打車，網魚曰打魚，汲水曰打水，役夫餉飯曰打飯，兵士給衣糧曰打衣糧，從者執傘曰打傘，以糊粘紙曰打粘，以丈尺量地曰打量，伞手試眼之昏明曰打試，徧檢字書，了无此字。音丁雅者。其義主考擊之“打”自音“謫耿”，以字孝言之，

---

① “如”，原作“皆”，據《夢溪筆談》改。

"打"字從"手"從"丁",丁又擊物之声,故音"謫耿"爲是。不知因何轉爲"丁雅"也。

又云:京師食店賣酸鎌者,皆大出牌榜,而俚俗昧於字法,轉"酸"從"食","鎌"從"舀"。有滑稽子謂人曰:"彼家賣餕餡,音俊叨。不知何物也。"飲食四方異宜,而名號亦隨時俗言語不同。至或傳者轉失其本。湯餅,唐人謂之"不托",今俗謂之"餺飥"。晋束晳《餅賦》有"饅頭"、"薄持"、"起溲"、"牢丸"之號,惟饅頭至今名存,而起溲、牢丸,莫曉何物。薄持,荀氏又謂"薄夜",亦莫知何物也。

《集古録跋》云:《漢北海相景君碑銘》有云"不永麋壽",余家集録三代古器,銘有云"眉壽"者皆爲"麋",盖古字簡少通用,至漢猶然也。

又,《漢樊毅華嶽碑》云:《周礼·識方氏》華謂之西嶽。其字畫頗完,惟以《周礼》"職方"爲"識方氏",其字畫分明,非訛缺,疑當時《周禮》之學自如此,盖"識"、"誌"其義皆通也。

又,《漢張表碑》云有"畔桓利正"之語,"畔桓"疑是"盤桓",文字簡少假借尔。

又,《鄧乂碑》,考其事蹟,即魏鄧艾碑也。艾於三國時爲名將,史與兖州人皆不應誤。而"艾"、"乂"二名不同如此。余謂古人"艾"、"乂"常通用。《漢書》曰"黎民艾安",與"懲艾"、"創艾"注皆讀爲"乂"。豈非鄧侯名"艾"音"乂",而書碑者從省歟?後人讀史無音注,乃直以爲"蒿艾"之"艾",而流俗轉失。

程大昌《攷古編》云:《史記·堯本紀》載《書》"欽哉,惟刑之静哉",徐廣曰:"《今文尚書》云'惟刑之謐哉'。"司馬貞《索隱》云:"案古文作'恤哉',今文是伏生口誦,'恤'、'謐'相近,遂作'謐'也。"

又云:《孟子》:"孝子之心爲不若是恝"。徐鍇曰:《説文》無"恝"字,至心部"忿"字引《孟子》爲釋,乃用忿,字從"心"從"介",其義爲"忽",與今《孟子》文不同。凡《説文》引六經、《論》、《孟》,多異今文,不獨點畫偏旁,雖其語意皆不同也。

貢父《詩話》云:前世所稱"駔儈","駔",子黨切。今人謂之"牙"。韓文公贈玉川詩曰:"水北山人得名聲,去年去作幕下士。水南山人又繼往,鞍馬僕從塞閭里。少室山人索價高,两以諫官招不起。"又云:"先生有才須大用,宰相未許終不仕。"王向子直謂韓公與處士作牙牙商度物價也。"駔儈"謂"牙"者,世不曉所謂。道源云:[①]"本謂之'互',即互市事尔。唐人書'互'字作'㸦','㸦'字似'牙'字,因轉讀爲'牙'。"其理如可信。或云何得舉世同辭?盖不足怪,今人以"万"爲"力",[②]以"千"爲"丿",亦人人道之也。

《雌黄》云:嘗攷韋曜《博弈論》曰:"所志不出一枰之上,所務不過方罫之間。"《方言》曰:"投博謂之枰。"皮兵切,今俗讀作北萌切。《爾雅》曰:"孫之子爲曾孫。"又曰:"王父之考爲曾祖。"郭璞注:"曾,猶重也。"當音"層",今俗多讀作"曾"。酒缸謂之"缸",其字從"缶",[③]罌也,下江切,今俗多與"釭"字相亂,[④]讀作古雙切。殊不知"釭"乃車轂中鐵,又燈也,與酒缸不同。顧眄謂之"眄",其字從"丏",斜視也,莫甸切。今

① "道源",今本《中山詩話》作"劉道原"。
② "力",知不足齋本作"方",今本《中山詩話》亦作"方"。
③ "缶",原作"金",據四庫本、知不足齋本改。
④ "釭",原作"缸",據四庫本、知不足齋本改。

俗多與“盼”字相乱，讀作匹莧切。殊不知“盼”乃美目，與顧眄不同。是皆俗學訛呼字如此。

又云：古人制字，皆有意義，後世有因忌諱而妄爲之改易者，有以私意而撰成俗字者。如秦始皇以“辠”字似“皇”字，因改作“罪”，宋明帝以“騧”字似“禍”字，因改作“驷”，文帝以“隨”去“辵”而爲“隋”，光武以“洛”去“水”而爲“雒”，此類以忌諱而改也。①《集古録》云：漢人闕銘其一曰《雒陽令王君闕》，不知爲何人。按顔師古注《地理志》曰：魚豢云：漢火行忌水，故去“水”加“隹”。師古謂光武以後始改爲“雒”。吴孫休爲四子立名字，有“𩅦”、彎。“𠅌”、觥。“䞬”、莽。“𥦫”、褒。“𣞢”、迄。“𡸃”、礥。“昷”、舉。“㒒”擁。之文。② 唐天后以“𠀑”、“埊”、“乙⃝”、“囝”、“〇”、“𠁈”、“𢘑”、“𡕀”、“𠡦”、“𠦚”、“𠙺”、“曌”、“𧗟”、“𨲟”、“𨚏”、“𩡯”、“𤯔”代“天”、“地”、“日”、“月”、“星”、“君”、“臣”、“載”、“初”、“年”、“正”、“照”、“證”、“聖”、“授”、“戴”、“国”、“人”等字。③ 南唐劉龑，初名巖，採《周易》

---

① 自“以忌諱而改也”起，至下文“周大臣王朴名朴而自謂樸案説文朴”止，計正文 281 字，原注 66 字，爲四庫本所無。

② “䞬”，原作“𧻓”，據知不足齋本改。“𣞢”，原作“𦱤”，據《三國志·吴書·三嗣主傳·孫休》裴松之注引《吴録》載孫休詔書改。

③ “丙”，原作“而”，據知不足齋本改。“囝”，原作“屯”，據《資治通鑑·唐紀二十·則天后天授元年》胡三省注改。“〇”，原作“垒”；“𠁈”，原作“𠜂”；“𢘑”，原作“𢘓”，均據知不足齋本及《資治通鑑·唐紀二十·則天后天授元年》胡三省注改。“𡕀”，知不足齋本作“𡕁”。“𠙺”，《資治通鑑·唐紀二十·則天后天授元年》胡三省注作“缶”。“𧗟”，原作“𧗠”，知不足齋本作“𧗡”，據《資治通鑑·唐紀二十·則天后天授元年》胡三省注改。“𨲟”，原作“𨲠”，知不足齋本作“𨲡”，據《資治通鑑·唐紀二十·則天后天授元年》胡三省注改。“𨚏”，知不足齋本作“𨚐”。知不足齋本顧廣圻注：“‘𧗡’、‘𨲡’舊誤，今據其時碑刻訂正。”“人”，原作“父”，據知不足齋本及《資治通鑑·唐紀二十·則天后天授元年》胡三省注改。《資治通鑑·唐紀二十·則天后天授元年》：“鳳閣侍郎河東宗秦客改造‘天’、‘地’等十二字以獻，丁亥，行之。”

“飛龍在天”之義，改名“龑”，音儼。此類以私意而撰成俗字也。後魏江式嘗譏俗人好撰字，云“巧言爲辯”，①因作“䛒”字，今唐史亦有“康䛒”。② 又竇懷真族弟名“維鍌”，攷諸字書，並無此字，自唐史以來，相傳以爲先典切。大抵俗書甚多，史傳中亦稍有用之者，亦相承之久然耳。

又云：“榿”字，字書皆無之。蜀中多此木，相傳以爲丘疑切。按介甫絶句“濯錦江邊木有榿”者，與“移”字同押，則知丘宜切是也。杜陵有《覔榿木栽詩》云：“飽聞榿木三年大，與致溪邊十畝陰。”鄭尚明昂作《杜詩釋音》云“五來切”，誤矣。

《宋景文筆記》云：“周大臣王朴名‘朴’，平豆反。而自謂‘樸’。案《説文》‘朴’無‘樸’音，③俗以‘朴’爲‘樸’尓。”予謂《唐韻》“朴”、“樸”二字並匹角切，惟《韻略》止有“樸”字。孫諤曰：“按《漢・文紀》‘示敦朴爲天下先’，今韻無‘朴’字，乞附入覔字韻押。”由此觀之，則“朴”與“樸”同。《集韻》乃景文撰定，凢字訓悉本許慎《説文》，④去声既出“朴”字，蒲候切，入声又出“朴”字，與“樸”字同匹角切。則與《筆記》所謂“朴”無“樸”音者不同矣。豈景文而自爲矛盾乎？

《顔氏家訓》云：世稱匆匆，不知所由。按《説文》云：“勿者，⑤州里所建之旗，象其柄及三游之形，所以趣民事。故勿遽者稱爲勿勿。”⑥

---

① “爲辯”，原作“僞辯”，據知不足齋本及《魏書》改。
② 二“䛒”字，原均作“䛒”，據知不足齋本改。
③ “無”，四庫本作“以”。
④ “悉”，原作“急”，據四庫本改。知不足齋本作“多”。
⑤ “勿”，原作“匆”，據知不足齋本及《説文解字》改。
⑥ “勿勿”，原作“匆匆”，據知不足齋本及《説文解字》改。

蔡襄《茶録》云："茶色貴白，而餅茶多以珍膏油其面，去声。故有青黄紫黑之異。"又云："茶碾以銀或鐵爲之，黄金性柔，銅及鍮石皆能生鉎，音星。不入用。"

《邵氏聞見後録》云：宋景文公納子婦三日，其婦家饋食物，書云"以食物煖女"。公曰："'煖'字錯用。從'食'從'而'從'大'。"其子退檢字書，《博雅》中出"餪"字，注云："女嫁三日餉食爲餪女。"

《幕府燕閒録》云：《唐韻》虔字部有"揠"字，經字部有"鱓"字。"揠苗"本以"軋"爲音，訛作"乾"字，遂入虔部。《爾雅》："鱓，白魚。"本以"淫"爲音，訛作"涇"字，遂入經部韻中。似此甚多。

元結《惡曲》云："嗚呼！曲爲之，小爲大之漸，曲爲之也，有何不可？姦邪凶惡其圝音由。乎？"①

関子明《易傳》十一篇率多奇字，②以生爲"\u{21B9}"，③以象爲"\u{2A6}"，④以一爲"弌"，以三爲"弎"。

《亢倉子》多古文書，以"事"爲"岦"，⑤以"其"爲"丌"。⑥

貢父《詩話》云：司馬君實嘗論九旗之名，"旗"与"旂"相近，緩急何以區別。《小雅·庭燎》"夜向晨"，"言觀其旂"，《左傳》"龍尾伏辰"，"取虢之旂"，當爲"芹"音耳。閩中人言清濁之音則不改，言"丹青"之"青"爲"萋"，又以"中"爲"蒸"，"蟲"爲"塵"，不知"旂"本是"芹"，亦閩中人語轉"青"、"中"爲

---

① "圝"，原作"圞"，據知不足齋本改。
② 知不足齋本盧文弨注："關氏《易傳》了無奇字，或後人已改之乎？"
③ "\u{21B9}"，原作"坐"，據知不足齋本改。
④ "\u{2A6}"，原作"烏"，據知不足齋本改。
⑤ "岦"，知不足齋本作"叓"。
⑥ "丌"，原作"下"，據知不足齋本改。

“萋”、“蒸”也。①《珩璜論》云:《詩》“思樂泮水,薄采其芹,魯侯戾止,言觀其旂”,《左傳》“丙之辰,龍尾伏辰,均服振振,取虢之旂,鶉之賁賁,天策焞焞,火中成軍,虢公其奔”,“旂”字從“斤”,以《詩》与《左傳》驗之,合音“芹”字。“芹”、“畿”声相近,故後人相承呼之訛矣。

《古今詩話》云:樂天詩云“請錢不早朝”,“請”作平声,唐人語也。今人不用“廝”字,唐人作“斯”音,五代時作入声。陶穀詩云“尖簷帽子卑凡廝”是也。樂天又云“金屑琵琶槽,雪擺胡勝琶”,胡語与今人同。②

章聖朝試《天德清明賦》,有閩士破題云:“天道如何,仰之弥高。”讀作“歌”。會考試者亦閩人,遂中選。又荊南士人吟雪詩用“先”字韻,③其末句云“十二峯前漸漸添”。讀“添”爲“天”。

《曲礼》曰:“以足蹙路馬芻者,有誅。”陸音:“‘蹙’又作‘蹴’,徐采六反,又子六反。”《礼器》云“不然則已蹙”,子六反,又音“促”。

《韻語陽秋》云:近世作文者,多以“紫荷橐”作侍從使,不知其誤。《晋·輿服志》云:“八座尚書則荷紫,以生紫爲袷

① “青”,原作“丹”,據上文改。

② “雪擺”至“人同”十一字,此當有訛誤。知不足齋本“廝”作“琵”,盧文弨注:“當先云‘琵琶’之‘琵’樂天作入聲,云‘金屑琵琶槽’,‘忽聞水上琵琶聲’,與今人同。”阮閱《詩話總龜》卷三十一《正訛門》:“樂天又云:‘金屑琵琶槽,雪擺胡騰衫。’‘琵琶’胡語,與今人同。”顧氏《校補》則云:“吾友戈小蓮(名宙襄)云,當作‘雪擺胡騰衫。琵、胡語與今不同’。‘騰’誤作‘勝’,脱‘衫’字,‘不’誤作‘人’。上文云‘金屑琵(入)琶槽’(《寄獻北都留守裴令公》),此云‘雪擺胡(音鶻)騰衫’(《奉和令狐相公》),‘胡’作入聲,‘琵’亦作入聲,故云‘琵’、‘胡’語與今不同。以類舉之也。”

③ “士人”下原有“云”字,據知不足齋本删。按,阮閱《詩話總龜》卷三十一《正訛門》引《古今詩話》亦無此字。

橐，綴之服外，加於左肩。"所謂"荷紫"者，非"芰荷"之"荷"，乃"負荷"之"荷"也。人徒見《南史》"著紫荷橐"四字，遂作一句讀之，殊不知《晋書》"荷紫"之義。

《史記・韓安国傳》："臣以三万人衆不敵，禔取辱耳。"徐廣曰："禔，一作'秪'也。"

《南史・王筠傳》：沈約製《郊居賦》，締思積時，[1]尤未都畢，示筠草。筠讀至"雌霓五的反。連蜷"，約抚掌欣抃曰："僕常恐人呼爲'霓'。"五兮反。《孛林》云：《南史》沈約作《郊居賦》，以章草示王筠，讀之至"雌霓連蜷"，抚掌，恐人讀作"雌霓"。平声。《郊居賦》注五結反。与"齧"同音。本朝范蜀公鎮召試孛士院，用"彩霓"字作平声。考試者判《郊居賦》"霓"爲入声，景仁爲失韵，除館閣校勘，孛者皆爲景仁憤鬱。案"霓"字雖有两音，然文士用"霓"倪。音多而"齧"者少，若專用"雌霓"則當音"齧"，若泛用"霓"字則"倪"音可通用。杜甫《石龕》詩"驅車石龕下，仲冬見虹霓"，於"迷"字押韻。[2] 又《滕王亭子》詩："尚思鼓吹入，千騎把霓旌。"凡此以"霓"作平声押，何傷？並《孛林》。

《明皇雜録》云：劉晏以神童爲秘書省正字。上問："汝爲正字，正得幾字？"晏曰："天下字皆正，唯'朋'字未正。"

《侯鯖録》云：《海物異名》云：江珧柱，其甲美如玉，肉柱膚寸。郭景純《江賦》云："玉珧海月，肉吐石華。"世人不用此"珧"字，是未知此耳。

楊億《談苑》云：[3]徐鍇仕江左，至中書舍人。校秘書時，

---

① "締"，今本《南史・王筠傳》作"搆"。
② "杜甫"，原作"林逋"，據四庫本、知不足齋本改。
③ "談苑"，原作"説苑"，據知不足齋本改。

吴淑爲校理。古樂府中有“槮”字，[①]淑多改爲“操”，盖章草之变。鍇曰：“非可以一例。若《漁陽摻》者，音七鉴反，三撾鼓也，祢衡作《漁陽參撾》。古詞云：‘边城晏開漁陽摻，黄塵蕭蕭白日暗。’”淑歎伏之。

① “槮”，知不足齋本作“摻”。